NOUVELLE BIBLIOTHÈQUE LITTÉRAIRE

JULES LEMAITRE

IMPRESSIONS
DE THÉATRE

QUATRIÈME SÉRIE

> Eschyle — Molière — Racine — Marivaux
> Théâtre libre ancien
> Alexandre Dumas — George Sand
> Théodore Barrière — Emile Augier
> Alexandre Dumas fils — Auguste Vacquerie
> Edmond et Jules de Goncourt — Dostoïewsky
> Ostrowsky—Meilhac et Halévy—Meilhac et Ganderax
> Théâtre libre — Théâtre des marionnettes

PARIS

SOCIÉTÉ FRANÇAISE D'IMPRIMERIE ET DE LIBRAIRIE

ANCIENNE LIBRAIRIE LECÈNE, OUDIN ET Cie

15, rue de Cluny, 15

Tout droit de reproduction et de traduction réservé.

IMPRESSIONS DE THÉATRE

QUATRIÈME SÉRIE

EN VENTE A LA MÊME LIBRAIRIE

DU MÊME AUTEUR

Les Contemporains. Etudes et portraits littéraires. *Sept séries.* Chaque série forme un vol. in-18 jésus, br.   3 50
Ouvrage couronné par l'Académie française
Chaque volume se vend séparément,

Impressions de Théâtre. *Dix séries.* Chaque série forme un vol. in-18 jésus, broché. 3 50
Chaque volume se vend séparément.

Dix Contes. Un superbe volume grand in-8° jésus, illustré par Luc-Olivier Merson, Georges Clairin, Lucas, Cornillier, Loévy, couverture artistique dessinée par Grasset, édition de grand luxe sur vélin, broché. . . . .   20 »

Myrrha, vierge et martyre, un volume in-16 jésus, sous couverture illustrée, huitième mille, broché 3 50

En marge des vieux livres, Contes et légendes, *Première série.* Un vol. in-16 jésus, sous couverture illustrée, broché, *onzième mille.* 3 50

En marge des vieux livres, Contes et légendes, *Deuxième série.* Un vol. in-16 jésus, sous couverture illustrée, broché, *huitième mille.* 3 50

Opinions à répandre, 4e édition, revue et augmentée. Un volume in-18 jésus, broché. 3 50

Théories et Impressions, un volume in-18 jésus, broché 3 50

Quatre discours, Racine et Port-Royal, les Prix de vertu, la Réponse à M. Berthelot, les Femmes du monde. Un joli volume in-18 jésus, broché. . . . . . .   2 »

Discours de réception à l'Académie française et réponse de M. Gréard. Une brochure in-18 jésus. 1 50

Discours de réception de M. M. Berthelot à l'Académie française, avec réponse de M. Jules Lemaitre. Une brochure in-18 jésus. 1 50

Corneille et la poétique d'Aristote, une brochure in-18 ésus. 1 50

IMPRESSIONS
DE THÉATRE

ESCHYLE

Matinées classiques de l'Odéon : L'*Orestie d'Eschyle*, conférence à propos des *Erynnies*.

23 mars 1889.

L'*Orestie* est plus vénérable encore qu'*Œdipe-Roi*, *Macbeth* ou *Athalie*. C'est un des plus anciens chefs-d'œuvre littéraires de la civilisation à laquelle nous appartenons. Il faut donc l'écouter pieusement. Il faut assister à cette représentation comme à la grand'-messe dramatique des races gréco-latines, et même indo-européennes.

L'auteur de l'*Orestie*, le poète Eschyle, a été lui-même, à ce qu'il semble, un des plus beaux exemplaires de l'humanité antique. Athénien pur, eumolpide, né à Eleusis, la ville des Mystères, il avait pour frères cet Amynias, qui coula le premier vaisseau des Perses, et ce Cynégire, qui, ses deux mains coupées, s'accrochait par les dents à la nef ennemie. Lui-même se battit à Marathon, à Salamine et à Platée. Il mourut en Sicile, exilé (on ne sait pourquoi). Il s'était composé cette épitaphe :

« Ce monument couvre Eschyle, fils d'Euphorion. Né Athénien, il mourut dans les plaines fécondes de Géla. Le bois tant renommé de Marathon et le Mède aux longs cheveux diront s'il fut brave : ils l'ont bien vu. »

Il oublie de nous apprendre qu'il avait écrit quatre-vingt-dix tragédies et qu'il avait été couronné cinquante-deux fois. Vous voyez qu'il n'est nullement « homme de lettres. » C'est qu'il est né à une époque de vie complète, de développement intégral et harmonieux de l'être humain. Il ne fut point confiné dans une tâche ; il n'eut rien du mandarin cloîtré dans son cabinet. Il n'écrivait point par métier, mais pour soulager son cœur. On pouvait, dans ce temps-là, avoir du génie, d'abord parce que la production avait quelque chose d'involontaire et d'inspiré ; puis parce que les idées et les sentiments n'étaient point ressassés, étaient presque vierges encore.

Eschyle fut initié aux mystères d'Eleusis. Ces mystères recouvraient la philosophie la plus pure. Dans la religion chrétienne, le simple d'esprit et l'homme intelligent, quand ils croient, ne croient pas sans doute tout à fait de la même manière, mais enfin ils

croient l'un et l'autre à des dogmes qui excluent
toute interprétation individuelle. Les religions antiques, qui n'avaient point de *credo*, se prêtaient avec
une bienfaisante souplesse aux exigences des esprits
les plus divers. Il y avait plus d'une façon de concevoir et d'adorer Zeus, Athéné, Iacchos et Perséphoné. Les mystères d'Eleusis étaient la religion des
âmes tendres et des intelligences épurées. Leurs
rites étaient des symboles d'expiation, de purification progressive par l'épreuve et la douleur, de
renaissance et d'immortalité. C'est la morale des
mystères que les trois tragiques grecs ont mise dans
leur théâtre. Et vraiment nous n'avons pas trouvé
grand'chose de mieux.

*
* *

Le grand poète Eschyle fut donc, par surcroît, un
sage éminent. L'*Orestie* est un plus riche trésor que
le fameux « trésor des Atrides. » Il n'est besoin d'aucune complaisance pour y découvrir tout ce qu'on
veut. Qu'y chercherons-nous aujourd'hui ? Si vous
le voulez bien, nous démêlerons, dans les trois parties dont l'*Orestie* se compose, les types des principales espèces de drame qui se sont ensuite développées au cours des âges : drame de passion, ou de
fatalité intérieure ; drame d'aventures, ou de fatalité extérieure ; enfin, drame philosophique et religieux.

Tout cela s'y trouve, mais n'éclate peut-être pas toujours au premier regard. Le drame s'y débat sous une enveloppe encore à moitié lyrique et épique.

C'est que nous sommes, ici, tout près des origines de la tragédie. Vous n'ignorez pas que le théâtre est le dernier en date des genres littéraires. Les hommes ont commencé par les chants et par le récit. Ce n'est que sur le tard qu'ils ont songé à représenter directement la vie humaine par l'action et par le dialogue.

Mais cette représentation est, nécessairement, très conventionnelle. Les anciens Grecs prirent leur parti de ces conventions et les firent très larges. Sans doute, ils savaient bien que, dans la vie réelle, on ne chante pas en parlant, qu'on ne parle pas en vers, etc... Mais ils savaient aussi que, le théâtre ne pouvant jamais donner l'illusion complète de la réalité, il est puéril de trop rechercher cette illusion. La vérité du fond, la vérité des caractères et des sentiments leur paraissait seule belle et seule intéressante. Ils n'auraient pas compris du tout nos soucis de réalisme. Et, en effet, c'est nous qui sommes des enfants et des barbares, de tant tenir à une imitation matérielle, — qui d'abord est impossible et qui, si elle était possible, serait assez peu intéressante.

Ce n'est qu'avec la comédie de Ménandre que le théâtre grec deviendra une peinture un peu plus approchée de l'extérieur de la vie. Quant à la tragédie grecque, c'est quelque chose d'intermédiaire entre ce que sera la tragédie française et ce que sera le grand opéra. L'*Orestie* n'est pas encore entièrement dégagée du « dithyrambe » originel. Les chants lyriques et les monologues narratifs en occupent la plus grande part. Mais pourtant, comme j'ai dit, tout le théâtre futur s'y agite, déjà reconnaissable.

*
* *

Et, d'abord, l'*Agamemnon* (où nous voyons le roi des rois, à son retour dans Argos, assassiné par sa femme) est le prototype du drame passionnel.

Car notez que c'est bien parce qu'elle aime Égisthe que Clytemnestre tue son mari. Elle dit qu'elle venge la mort de sa fille Iphigénie. Mais ce n'est qu'un prétexte. Si elle était une bonne mère, elle ne maltraiterait point Électre, son autre fille, et elle ne se serait pas débarrassée de son fils Oreste. Son vrai mobile, c'est sa passion adultère. Le chœur nous le dit. Et quand elle triomphe sur le cadavre d'Agamemnon, on sent bien que ce n'est pas le cri d'une mère vengée, mais l'explosion de haine d'une femme qui aime un autre homme :

... Enfin, j'ai réussi ! Je suis debout, il est à terre, c'est chose faite... Il râle, le sang sort en sifflant de sa blessure, le flot noir rejaillit sur moi, véritable rosée du meurtre, plus douce pour moi que la pluie de Zeus au calice des plantes en travail. Voici ce qu'il en est, vieillards d'Argos. Que la chose vous plaise ou non, moi je m'en fais gloire...

Et plus loin :

... Écoute ce serment solennel. Par la vengeance de ma fille, par Até, par Erinnys, à qui j'ai sacrifié cet homme, non, je l'espère, jamais on ne me verra mettre les pieds dans le temple de la Crainte, tant que sur mon autel domestique le feu brûlera entretenu par Égisthe, *toujours, comme par le passé, plein d'amour pour moi. C'est là le solide bouclier où s'appuie mon audace.*

C'est donc bien l'histoire d'une femme qui tue son mari pour garder son amant. Le trio étant donné (une femme entre deux hommes ou un homme entre deux femmes), les combinaisons sont infinies (chacun pouvant tuer les deux autres, ou un des deux autres, ou se tuer soi-même). Mais Eschyle nous présente du premier coup une des plus farouches. Et ainsi l'on peut dire, en un sens, que tout le théâtre de Racine, la moitié de celui de Shakspeare et une partie de celui de Dumas fils sont déjà dans l'*Agamemnon*.

Seulement, n'y cherchez point de subtiles analyses, à la façon des modernes. L'amour dont il s'agit ici, c'est l'amour brutal et fatal, sans nuances de sentiments ; c'est l'amour physique dans toute sa fureur — tel que le définit le chœur des Choéphores : « ... Qui dira les passions éperdues de la femme, les amours que rien n'arrête, source de tant de douleurs ici-bas ? Quand il tient une femelle, cet amour qui n'est plus l'amour, il brise, il dévore tout, parmi les bêtes comme parmi les hommes. »

A cause de cela, on nous le montre surtout dans ses conséquences. Pris en lui-même, il est d'une étrange simplicité. Ne nous étonnons donc point que, dans cette sanglante tragédie d'amour, l'amour soit à peine nommé trois ou quatre fois. A l'époque d'Eschyle, et surtout à l'époque à laquelle remontent les légendes développées par les tragiques grecs, l'amour tient peut-être autant de place qu'aujourd'hui dans les événements humains, — mais beaucoup moins dans les discours...

Il reste vrai qu'il, est dans *Agamemnon* le grand moteur, tout comme dans *Bajazet* ou dans *Othello*.

* *
*

Le sujet des *Choéphores*, c'est Oreste se faisant reconnaître de sa sœur Électre et, pour venger son père, tuant sa mère et Égisthe.

Si donc nous voulons oublier un instant le caractère particulier du premier de ces meurtres, nous avons ceci : un homme que l'on croyait mort reparaît, et il reparaît en justicier et en vengeur. Or c'est là précisément la donnée essentielle de la plupart des mélodrames, et c'est pourquoi j'ai pu dire que les *Choéphores* étaient le type le plus ancien des pièces fondées sur quelque combinaison extraordinaire d'événements.

Oh! cette partie « mélodramatique » est bien peu de chose encore dans la tragédie d'Eschyle. La reconnaissance du frère et de la sœur se fait très brièvement et très naïvement. Électre reconnaît Oreste à la trace de ses pas et à la mèche de cheveux qu'il a déposée sur le tombeau d'Agamemnon ; et, comme les pieds d'Oreste ont dû grandir et ses cheveux changer de couleur depuis vingt ans qu'elle ne l'a vu, on comprend que de tels indices aient paru insuffisants, même aux anciens, et qu'Euripide s'en soit moqué dans son *Électre* à lui. Depuis on a inventé la « croix de ma mère. » Il faut aussi remarquer (ceci tout à l'avantage du vieux poète) que la « reconnaissance » n'est point, dans les *Choéphores*, ce qu'elle est devenue de nos jours : un moyen romanesque, presque toujours invraisemblable. Les longues séparations et, par suite, les retours imprévus, n'étaient point rares en ces temps lointains, dans un pays où les communications étaient difficiles, chez un petit peuple aventureux, un peuple de navigateurs...

Quoi qu'il en soit, les « reconnaissances, » c'est la moitié du théâtre de Voltaire. Il y en a dans *Mérope*, dans *Zaïre*, dans *Alzire*, dans *Sémiramis*... Les reconnaissances suivies de la punition des méchants par un vengeur subitement revenu, c'est tout le théâtre de M. d'Ennery.

Au fait, vous savez que le mélodrame moderne, — non dans sa forme, hélas! mais dans son fond, — est ce qui se rapproche le plus de la tragédie grecque ; et que plus d'une fois, dans sa *Poétique*,

Aristote semble donner les règles mêmes du mélodrame.

Comment cela ? C'est que la tragédie antique a pour matière, en effet, les jeux étranges et cruels du hasard tout autant que les passions humaines. Et cela devait être, dans une civilisation rudimentaire, dans une société imparfaitement assise, où la guerre était encore l'état naturel et où, d'autre part, les sciences physiques étant peu avancées, l'homme se sentait plus entouré de mystère, comme menacé par des forces inconnues... La vie de ces gens-là offrait aux aventures une bien autre prise que notre vie à nous, peuple de bourgeois et d'employés que nous sommes !... On a donc eu raison de dire que le destin était le principal personnage du théâtre grec. Seulement les surprises et les singularités de la destinée y sont conçues, non comme des divertissements et des amusettes, mais comme des enseignements et des leçons ; et il y règne un sentiment de terreur religieuse qu'on ne retrouve guère, il faut l'avouer, dans le répertoire de l'Ambigu ou de la Porte-Saint-Martin.

Il n'en est pas moins certain qu'il y a dans les *Choéphores* un commencement de complication dramatique (la ruse d'Oreste, quand il se présente à Clytemnestre, le guet-apens tendu à Égisthe). Cela est très simple et déjà très puissant. D'ailleurs, quand les personnages vivent, quand nous les connaissons bien et que nous sommes vraiment entrés dans leur âme, leurs plus simples démarches et presque leurs moindres gestes deviennent souverainement expressifs. Lorsque Clytemnestre, dans *Agamemnon*, surgit, après le meurtre, au haut des marches de sa maison et y reste un moment immobile, cela n'est rien : mais, comme nous savons *ce qu'elle est*, ce qu'elle vient de faire et pourquoi elle l'a fait, cette rentrée et cette attitude nous paraissent plus tragiques que les rencontres subtilement préparées et combinées où tel de nos grands ouvriers de théâtre fait se heurter des fantoches...

*
* *

Enfin l'*Orestie* dans son ensemble et en particulier les *Euménides* sont le premier type, et le plus parfait, du drame philosophique et religieux. Je ne pense pas qu'il y ait énormément plus de philosophie dans le *Faust* lui-même.

Les Euménides (qui figurent le remords et le châtiment) poursuivent Oreste. Protégé par Apollon, il en appelle à Athéné. Celle-ci le fait juger par l'Aréopage et, les voix s'étant partagées, prononce l'absolution.

Il y a donc, dans l'*Orestie*, un conflit de devoirs. Un « cas de conscience » y est débattu — comme dans la plupart des tragédies de Corneille.

Il y a aussi une thèse morale (comme dans les

drames de Dumas fils, si vous voulez). Aux circonstances atténuantes qui plaident pour Oreste (il n'a fait qu'obéir à l'ombre de son père et à l'oracle de Delphes, et il y a été encouragé par l'opinion publique, que représente le chœur des *Choéphores*), Apollon ajoute un argument original :

« Voici ma réponse, regarde si c'est bien raisonner. Vous êtes mère ; mais votre enfant, comme l'on dit, ce n'est pas vous qui lui avez donné véritablement la vie. Vous n'êtes que la nourrice du nouveau-né. Le vrai générateur, c'est celui qui donne l'assaut. La mère, étrangère à l'hôte qu'elle a reçu, abrite l'enfant jusqu'au bout, si le ciel ne vient à la traverse. Voilà mon opinion, et je la prouve. Pour être père, en effet, on peut se passer de la femme. Voyez plutôt devant nous cette fille de l'Olympien Zeus. Elle n'a jamais vécu aux ténèbres de la matrice, et pourtant quelle déesse eût pu mettre au monde un pareil enfant ?... »

Et Athéné est de cet avis :

« Je donnerai ma voix à Oreste, car moi, pour me mettre au jour, je n'ai pas eu de mère. Aussi, au mariage près, les mâles ont-ils toute ma sympathie. »

On sent dans toute cette scène un mépris non dissimulé de la femme, mépris que beaucoup de grands hommes ont éprouvé. Eschyle, comme on sait, fut un franc misogyne. Mais ce qu'il exprime là, ce n'est qu'une opinion personnelle, fort sujette à discussion. Voici qui est moins contestable et qui implique une conception des choses éminemment spiritualiste. Oreste dit aux Furies : « Vous me poursuivez : pourquoi n'avez-vous pas poursuivi ma mère ? » Elles répondent (et par deux fois) : « C'est que celui qu'elle a tué n'était pas de son sang. » Écoutez la réponse d'Apollon :

> Oui, ce n'est rien à vos yeux, c'est chose vile que la promesse garantie par la déesse des noces, par Héra et par Zeus avec elle. De Cypris aussi vos prétentions font bon marché, Cypris, d'où vient aux mortels tout le charme de la vie. Pourtant ce lit commun à l'homme et à la femme est sacré, et le serment veille autour. Que des époux s'égorgent entre eux, vous vous tenez tranquilles. Il n'y a pas là de quoi éveiller vos colères. Mais alors, je vous le dis, vous avez tort de poursuivre Oreste...

En d'autres termes, le lien du sang n'est rien par lui-même ; le fils n'est plus obligé envers une mère dénaturée. Le lien volontaire du mariage, désiré ou accepté, nous tient beaucoup plus étroitement. Clytemnestre a été plus coupable en tuant son mari qu'Oreste en tuant sa mère.

Cela est assez audacieux. Vous voyez que si, par certains côtés, l'*Orestie* est proche de nos mélodrames, elle s'en éloigne passablement par l'esprit, et que la « voix du sang » n'est pas tout à fait pour Eschyle ce qu'elle est pour M. d'Ennery... Je n'ai pas le temps de vous montrer combien Shakspeare est plus timide dans *Hamlet* (sans doute à cause du christianisme et de toute l'eau qui a passé sous les ponts). Pour Hamlet, il ne s'agit pas un instant de tuer sa mère : il n'ose même pas tuer son oncle!

Mais surtout nous assistons, dans l'*Orestie*, à l'avènement d'une morale nouvelle, déjà presque évangélique. Le dénouement du drame, c'est la substitution d'une loi clairvoyante et miséricordieuse à la loi aveugle et impitoyable du talion.

Car la morale ne s'est pas faite en un jour. Elle a été fort grossière à l'origine. Par exemple, les anciens hommes plaçaient la faute dans l'acte, dans le fait matériel. Sophocle a écrit deux tragédies (*Œdipe-Roi* et *Œdipe à Colone*) pour montrer que la faute est dans la volonté, dans l'intention.

L'*Orestie* renferme un enseignement du même genre. Nous sommes dans une petite société très intelligente, mais très brutale encore, où sévit la *vendetta*. Il y a, dans certaines familles, des séries de représailles et de meurtres, et ces meurtres, le crime initial étant donné, paraissent légitimes. Car sans doute celui qui venge la première victime semble dans son droit ; mais par la nature même des choses et en vertu de la complexité des relations humaines, la seconde victime, justement odieuse à celui qui l'immole, est chère à quelque parent : elle lui laissera donc le devoir de la venger, et ainsi de suite. Oreste avait peut-être ou se croyait le droit de tuer sa mère et Égisthe. Mais supposez qu'Égisthe ait un fils : ce fils n'aura-t-il pas le droit et même le devoir de venger son père ? Et alors où s'arrêter ?

Pour les anciens dieux, représentants de l'ancienne morale, il n'y a pas de raison pour que cela finisse. Le meurtre engendre nécessairement le meurtre ; cela est dit vingt fois. « Qui tue doit périr, et le sang expie le sang. C'est la loi éternelle, éternelle comme Zeus, que ce fatal talion qui poursuit le coupable. » — Pour les nouveaux dieux, *il faut* que cela ait un terme. Cela aurait même dû s'arrêter avant Oreste. Notez que l'Aréopage ne déclare pas Oreste innocent. Il lui fait grâce, ce qui est très différent, et il ne lui fait grâce que parce qu'il s'est purifié par des rites qui sont des signes de *repentir*.

« Inextricable difficulté ! Comment en sortir ? » dit le chœur des vieillards dans l'*Agamemnon*.

Comment ? Par un coup d'État de la raison sur un instinct longtemps irrésistible, et de la charité (qui est la justice supérieure, la justice envers toute l'humanité) sur l'aveugle besoin d'une étroite et fausse justice individuelle. Oui, de quelque façon qu'on s'y prenne, il n'y a de terme à la violence que le pardon. Il faut que l'homme lésé consente à ne pas rendre le mal pour le mal : car, en usant de ce qu'il croit être son droit, toujours il le dépassera. Toujours, en rendant le mal à quelqu'un qui lui a fait du mal, il en fera par surcroît et sans le vouloir à quelqu'un qui ne lui en avait point fait. Bref, la justice ne peut être exercée par les individus en leur nom propre, sous peine d'être injuste par quelque point.

Cela est très fortement senti et marqué par Eschyle. Et comme une pareille réforme du droit humain ne pouvait alors s'accomplir que par une révolution religieuse, il suppose que les dieux se sont moralisés en même temps que les hommes. L'ancienne loi est personnifiée par les Erinnyes, et la nouvelle par Apollon et Athéné. Entendez le poète parler aux « anciens dieux » (c'est lui qui les appelle ainsi) :

Dehors, je le veux !... Débarrassez le sanctuaire, ou gare au serpent d'argent, au trait ailé de mon arc d'or!... Ce ne sont point là les demeures qu'il vous faut. Allez dans d'autres pays, là où les têtes tombent, où la justice crève les yeux, où le fer tarit dans sa source le germe des générations, où tout est jonché de supplices et de membres pantelants. Les cris aigus des lapidés, les lamentations sans fin des malheureux cloués au pal, voilà vos orgies, vos airs de fêtes, vos voluptés à vous, misérables rebuts des immortels...

Il y a donc, dans l'*Orestie*, autre chose que l'absolution d'Oreste : la révélation d'une loi de douceur. Une profonde humanité y respire — avec la grâce du génie athénien.

*
* *

Et il y a bien autre chose encore dans l'*Orestie* :

Le fantastique le plus naturel, si je puis parler ainsi, et le plus terrible (assurément les Euménides valent les sorcières de Macbeth).

Le réalisme même, comme nous l'entendons aujourd'hui : « Ah ! dit la vieille nourrice Gilissa, mon Oreste, ma seule pensée, Oreste, que j'ai nourri, que j'ai reçu au sortir du sein de sa mère ! La nuit, à ses moindres cris, j'étais debout... C'est que, tant que ça n'a pas plus de raison qu'une bête, il faut bien songer à ses besoins... Ça ne sait rien dire, un enfant au berceau. Ça a faim, ça a soif, ça pisse tout seul, car à cet âge le ventre n'attend pas chez les enfants : il fallait tout deviner. Souvent je m'y laissais prendre. Alors c'était des langes à laver, car blanchisseuse et nourrice, c'est tout un... » (Or, ce comique familier venant après le tragique, et l'absence des unités de temps et de lieu, n'est-ce pas tout justement ce qu'on a appelé le drame romantique ?)

Une conception du monde, si grandiose et si triste, que nous n'y avons guère ajouté. En somme, le pessimisme avec le besoin et le goût de l'action. Des lamentations comme celle-ci : « Le bonheur, une ombre suffit à le détruire ; le malheur, un coup d'éponge humide, comme d'un trait, en efface le souvenir : amer oubli, plus amer que le malheur même ; » et des chants d'espérance et de joie comme ceux qui terminent les *Euménides*.

La plus forte poésie, la plus inspirée, la plus

hardie, la plus abondante en images : romantique déjà si vous voulez, et shakspearienne, et baudelairienne même, si cela vous fait plaisir. Eschyle parle de l'amour comme fera Schopenhauer, et d'Hélène comme pourrait faire Dante Rossetti : « Ainsi, elle est entrée dans les murs d'Ilion, cette Hélène, calme sourire des mers quand le vent est tombé, beauté à faire pâlir les joyaux, regard armé de langueur, fleur d'amour à vous prendre au cœur... »

Nous n'avons rien inventé, rien — pas même la charité (vous l'avez vu ; et n'objectez pas l'esclavage ; les esclaves sont plus heureux dans les *Choéphores* que nos prolétaires) — pas même la chasteté (Cassandre est vierge ; c'est pour n'avoir pas voulu se livrer à Apollon qu'elle est vouée au malheur ; Cassandre était, à Athènes, la patronne des filles qui ne voulaient pas se marier, et elle était honorée, selon certains rites, par ces nonnes païennes).

Non, rien depuis deux mille quatre cents ans qui ne soit déjà dans l'*Orestie*. Les formes seules des sentiments humains ont changé. Nous sentons encore notre âme en communication avec celle du vieux poète grec. Et cela est fort heureux. Par cette intelligence des œuvres du passé, par cette sympathie qui franchit les siècles, nous élargissons le point que nous occupons dans le temps, de même que nous agrandissons, par la charité et l'amour des hommes, le point que nous occupons dans l'espace. Et c'est ce qui fait la vie digne d'être vécue.

Peut-être ne retrouverez-vous point tout cela au complet dans le drame qu'on va jouer devant vous. Mais vous y retrouverez (avec des vers si beaux qu'il n'y en a guère de supérieurs dans notre littérature) l'implacable génie de M. Leconte de Lisle, beaucoup plus inhumain qu'Eschyle. Heureusement M. Massenet y mêlera sa musique, qui n'est que grâce, douceur et volupté. Et ainsi vous ne perdrez rien.

MOLIÈRE

MATINÉES CLASSIQUES DE L'ODÉON : Conférence de M. Ferdinand Brunetière sur *l'Ecole des Femmes* et *le Malade imaginaire*. — Mort de Gondinet.

26 novembre 1888.

Je vous ai déjà dit que M. Ferdinand Brunetière était un orateur. Un orateur énergique et impérieux, qui frappe et qui convainc plus qu'il ne persuade et qu'il n'enlace. La voix est étoffée et grave ; la prononciation insiste sur les mots et les rend tous considérables, ce pendant que son index levé menace des plus effroyables supplices ceux qui ne le croiraient pas sur parole. On n'a pas un moment l'idée que des mots prononcés ainsi, et appuyés de ce geste, puissent être sans importance. M. Brunetière improvise ; et, ce qui est merveilleux, sa phrase parlée a l'ampleur, les vastes proportions et tout le poids de sa phrase écrite. Il n'inspire pas seulement la confiance : il l'impose. Quelquefois sa parole s'émeut et s'échauffe, mais c'est encore, si je puis dire, d'une chaleur tout intellectuelle. Ce qui communique alors à son discours une vibration particulière, c'est le plaisir que donne à l'orateur quelque vérité fortement saisie et démontrée qu'il se sait gré d'avoir découverte et de nous rendre subitement évidente. C'est comme l'allégresse contagieuse de la certitude acquise. La raison a aussi ses émotions, et c'est par frissons que se propage la lumière...

M. Brunetière a eu, l'autre jour, plusieurs de ces moments-là. Je n'en retiendrai qu'un ; et encore je suis incapable de vous rapporter avec quelque exactitude les paroles dont il s'est servi. La phrase de M. Brunetière est, je ne sais pourquoi, beaucoup plus difficile à reproduire ou à imiter que celle de M. Francisque Sarcey.

L'orateur venait de nous expliquer quelle a été la pensée de Molière dans *l'Ecole des Femmes*. Elle est bien simple, cette pensée : c'est qu'il faut des époux assortis. Mais elle va pourtant assez loin, par ce seul fait que, de toutes les disconvenances qu'il peut y avoir entre Arnolphe et Agnès, Molière n'en considère et n'en développe qu'une seule : la disconvenance des âges. Agnès a seize ans, Arnolphe en avoue quarante-deux. Rien de plus. Cela suffit pour qu'Arnolphe, qui est sans doute un homme à systèmes, mais qui n'est point un sot et qui aime profondément, soit ridicule et même odieux, d'un bout à l'autre : et pour qu'Agnès, avec son petit cœur de pierre, son égoïsme aussi parfait que celui de son tuteur, et la naïve cruauté de ses répliques, traîne cependant toutes les sympathies après soi. Ce n'est point qu'Horace ait rien d'extraordinaire : il est sémillant, il est gentil, — fort insignifiant, en somme ; mais il a vingt ans. C'est sa jeunesse toute seule qui triomphe. Et nous applaudissons parce que nous sentons là une loi naturelle et sacrée. Oui, c'est la nature, c'est l'instinct qui agit chez Agnès et Horace, et à cause de cela nous sommes avec eux.

(On pourrait ici examiner si la Nature agit exactement de la même façon chez les Agnès de tous les temps, et si, au jugement même de l'Instinct qui les guide, l'âge de la jeunesse chez l'homme ne s'est pas un peu déplacé depuis Molière. Et, par exemple, ne peut-on pas dire que c'est encore la Nature et l'Instinct qui, dans *la Souris*, poussent l'innocente Marthe dans les bras de Max de Simiers, lequel a tout justement l'âge d'Arnophe ? Oui, on peut le dire, à condition d'ajouter que les petites filles d'à présent, tout en suivant la « nature », suivent aussi la « coutume » qui dépend du temps et du milieu, et qui, chez nous, a prolongé pour les hommes l'âge normal de l'amour et du mariage ; mais que, du reste, la coutume devient une autre nature et qu'il se fait continuellement en nous des mélanges secrets de l'une et de l'autre. Et ainsi, pour que la vérité de *l'Ecole des Femmes* garde toute son évidence, il suffit aujourd'hui de vieillir un peu Arnolphe : ce que les comédiens ne manquent jamais de faire, sans qu'on le leur dise et parce qu'ils sentent d'eux-mêmes que cela est indispensable.)

Arrivé à ce point de son discours, M. Ferdinand Brunetière a été superbe. Cet homme sévère, qui passe pour le plus rigoureux des orthodoxes en littérature et qui l'est en effet, mais qui l'est avec des audaces d'hérésiarque et qui ne connaît pas de plus grand plaisir que de bousculer la tradition et de prêter à la raison même le langage insolent du paradoxe, a eu tout à coup un de ces mouvements oratoires auxquels les foules ne résistent pas. Et, ce qui me comble de joie, c'est que c'était bien un mouvement de « réunion publique ; » que beaucoup d'auditeurs, par ignorance ou inattention, ont dû se méprendre sur le fond de la pensée de M. Brunetière, et que, s'il y avait dans la salle quelque antidéiste des Batignolles, il a certainement pris pour un frère, un « vieux frère, » un vrai, un bon, le critique de la *Revue des Deux-Mondes !*

Voici à peu près, et très en abrégé, comment s'est exprimé M. Brunetière :

« Ainsi, ce qu'il y a dans *l'Ecole des Femmes*, il ne faut pas s'y tromper, c'est bien un amoureux et complet acquiescement à la nature, à la bonne loi naturelle. Molière nous dit, par la bouche de son ingénue, qu'il ne saurait y avoir de péché dans ce qui fait plaisir. Et vous vous rendrez plus clairement compte de sa pensée, si vous songez que, à l'époque où il écrivait ses comédies, de grands chrétiens répétaient avec insistance que l'instinct est mauvais, que la nature est corrompue, qu'il faut la combattre et l'étouffer en nous, et que l'existence ne nous a été donnée que pour n'en rien faire. Et c'est pourquoi il s'est érigé contre eux, lui, de disciple de Lucrèce, en défenseur de la nature. Là est l'unité de son théâtre. Ce qu'il attaque et ce qu'il raille presque uniquement, ce sont les vices et les travers qui déforment la nature ou qui s'écartent du naturel. Ainsi le pédantisme, le précieux, la plupart des vanités et des préjugés mondains, ainsi la pruderie et l'hypocrisie qui font semblant de renier la nature et qui la suivent secrètement, en rougissant d'elle. En revanche, il a de larges et chaudes sympathies pour les bonnes âmes toutes simples et toutes franches, pour Chrysale, pour Henriette, pour Mme Jourdain. Oui, il est le poète et le champion de la nature contre les docteurs de la grâce, contre Pascal et Bossuet. On a essayé d'expliquer ou plutôt de dissimuler son attitude : on a dit que ce qu'il attaquait dans *Don Juan* ou dans *le Tartuffe*, ce n'étaient pas les dévots, mais les faux dévots, et que, surtout, ce n'était point la religion chrétienne. Pourquoi ces faux-fuyants et ces vaines distinctions? Lui-même les repousserait de toutes ses forces. C'est lui faire tort que de lui prêter ces haines obliques ! Oui, c'est bien à la religion qu'il en avait dans *Tartuffe*. Il tend, par-dessus les âges, une main à Rabelais et l'autre à Voltaire. Toute son œuvre est antichrétienne. Il a été l'ennemi résolu du christianisme, il faut en prendre notre parti. Et, quant à moi, je lui en fais bien mon compliment, puisqu'il croyait ainsi servir la vérité. »

Mais oui, je vous assure qu'il a dit cela ! Il l'a parfaitement dit ! Et cela m'a fait grand plaisir, parce que je le pensais, — moins nettement, — et que même il avait pu m'arriver, comme à d'autres, de le dire, — beaucoup moins bien et avec moins de force. Les esprits originaux sont nos accoucheurs (excusez cette métaphore socratique). Ils nous renvoient, liés et achevés, nos commencements d'idées. Et, si nous les aimons, c'est que, en même temps qu'ils nous donnent des raisons de les admirer, ils nous en donnent de nous estimer un peu nous-mêmes. Ainsi, dans le développement de la pensée humaine, il y a comme une mystérieuse et universelle collaboration à des degrés très divers (car elle va de ceux qui comprennent à ceux qui trouvent, en passant par ceux qui pressentent), et, par suite, de la joie et de l'orgueil pour tout le monde.

Oui, je le répète, il l'a dit. Il a félicité Molière d'être un si mauvais chrétien. Il est vrai qu'il a ajouté (mais personne n'y a fait attention) : « Elle est fort séduisante, cette philosophie naturaliste de Molière ; mais elle est un peu bien dangereuse aussi et elle ne pare pas à tout. Si j'avais à parler de *Tartuffe*, en le considérant, au rebours de ce qu'on fait d'ordinaire, comme une œuvre dirigée contre les dévots quels qu'ils soient, et contre la religion en général, je vous dirais bien des choses dont je n'ai pas à m'ouvrir aujourd'hui. » Cette conférence sur *Tartuffe*, nous l'attendons, et je crois que M. Brunetière a promis de la donner. Ce jour-là, le vieux frère, dont j'aimais tout à l'heure à me représenter l'allégresse, aura peut-être une surprise.

J'allais oublier l'ingénieuse façon dont M. Brunetière a rattaché *le Malade imaginaire* à l'idée dominante du théâtre de Molière : « Pourquoi, a-t-il dit en substance, Molière déteste-t-il si fort les médecins ? C'est sans doute, d'abord, parce qu'il était malade et qu'ils n'ont pas su le guérir. Mais il y a autre chose. Il déteste les médecins parce que, dans leur ignorance pédante, ils combattent la toute-puissance de la nature, son unique divinité, et violent même en quelque façon ses mystères. » M. Brunetière aurait pu, à ce propos, citer maintes phrases du rôle de Béralde : « Est-il possible... que vous vouliez être malade en dépit des gens et de la *nature?* »...«... Il ne faut que demeurer en repos. La *nature*, d'elle-même, quand nous la laissons faire, se tire doucement du désordre où elle est tombée. » «... Songez que les principes de votre vie sont en vous-même... » «...Les ressorts de notre machine sont des mystères, jusques-ici, où les hommes ne voient goutte, et la *nature* nous a mis au-devant des yeux des voiles trop épais pour y connaître quelque chose. » Et enfin, Argan ayant objecté qu'on peut « aider » la nature : « Mon Dieu ? mon frère, ce sont pures idées, dont nous aimons à nous repaître... Lorsqu'un médecin vous parle d'aider, de secourir, de soulager la nature..., il vous dit justement le roman de la médecine. » Cela est assez explicite. En forçant quelque peu les mots, il ne serait pas malaisé de découvrir un rien de mysticisme dans cette forme imprévue et extrême du « respect de la nature ; » et c'est ici que M. Homais se séparerait décidément de l'auteur de *Tartuffe*.

Edmond Gondinet est mort la semaine dernière. Je l'avais assez connu pour l'aimer. Sa vie et son caractère pourraient être proposés en exemple aux gens de lettres, et particulièrement à ceux qui écrivent pour le théâtre. Ils y trouveraient des leçons de patience, de persévérance, de modestie et de bonté. Gondinet attendit jusqu'à trente-cinq ans son premier succès. Il eut pour le moins autant de chutes que de triomphes. Or, sa douceur resta inaltérable. Il aimait la campagne et y vivait beaucoup. Il cachait sa vie, et il ne lui était point nécessaire, pour être heureux, d'encombrer de son nom et de ses faits et gestes les *Echos* ni les *Courriers des théâtres*. Il était très bon, — avec un peu de faiblesse, j'imagine, et une peur excessive de faire de la peine aux gens. Et c'est ainsi qu'il était devenu, voilà quelques années, le grand rebouteur de pièces

et le collaborateur général de tous les débutants.
Enfin on nous a révélé que « l'âme de Gondinet, du
premier jusqu'au dernier jour, fut remplie par une
seule amitié, par une seule affection, par un seul
amour. » C'était donc une nature rare et charmante.

Auteur comique, il avait quelque chose de Labiche (voyez *le Homard*) et quelque chose aussi de Meilhac (voyez *le Club*). Il a parfaitement connu l'âme du fonctionnaire français et y est entré, ce me semble, plus avant que Labiche (*le Chef de division*, *le Panache*). L'insuccès de sa dernière comédie (*Dégommé*) m'avait paru fort immérité. Gondinet y montrait jusqu'à quels étranges excès peut s'emporter un fonctionnaire qui a perdu sa place. Il y avait là une scène étonnante de comique féroce, qui m'avait ravi et que j'ai dû vous conter dans ce temps-là, et bien de l'esprit dans le reste. Mais, avec tout cela, la pièce ne réussit point. Il faut dire qu'elle était médiocrement jouée, et presque à contre-sens. Je ne demande point qu'on reprenne *Dégommé*; car, qu'est-ce que cela fait maintenant à Gondinet ? Mais j'aime à me rappeler que je n'ai été pour rien dans la mélancolie de ses dernières années, et que j'ai été presque seul à rendre justice à sa dernière œuvre.

ODÉON : Conférence de M. Henri Chantavoine sur *Georges Dandin*. — La boulangerie parisienne à l'Ambigu.

25 février 1889.

Il s'agissait de parler de Georges Dandin, le « mari confondu, » ou, si vous voulez, le mari biscornu et mécontent (encore *bis* est-il trop peu dire), devant des collégiens et des fillettes, toute une délicieuse marmaille que nous avons le devoir de supposer ingénue, et à qui nous n'avons le droit d'ouvrir les idées que nous avons sur la littérature. Cela n'était point commode. (Car, au surplus, la littérature, c'est la vie interprétée, et la vie n'est pas toujours innocente.) M. Henri Chantavoine s'en est tiré à miracle, à la fois en excellent père de famille et en artiste subtil, avec la plus souple prudence et la dextérité la plus hardie. Vous n'imaginez pas la quantité de litotes, de prétéritions et de périphrases par lesquelles il a su exprimer le cas de Georges Dandin, — tranquillement et en douceur, mais avec des sourires plein la moustache.

M. Chantavoine nous a expliqué qu'il y avait dans *Georges Dandin* : 1° une farce qui, par l'intermédiaire de *la Jalousie du Barbouillé*, se rattache à la farce du *Cuvier* et au théâtre comique du moyen âge ; 2° une comédie de mœurs ; 3° un fond de sérieux et de philosophie. Je voudrais vous rendre quelque chose, au moins, des développements ingénieux où s'est diverti Chantavoine, et, s'il se pouvait, un peu de la grâce de sa parole. Je vais essayer de le faire pour la troisième partie : mais je sens bien d'avance tout ce que j'en retirerai malgré moi. Je ne vous donnerai qu'un résumé fort sec, où manqueront les « mots » et la façon de les dire.

« .... Dans les pièces de Molière les plus sérieuses par le fond, ses contemporains affectaient de voir surtout des bouffonneries : dans ses pièces les plus bouffonnes, nous affectons de flairer des drames. C'est un autre travers. Pourtant il est certain qu'après avoir fait rire à la manière d'une farce et presque d'une parade, *Georges Dandin* peut donner à penser.

« Le sujet est un de ceux qui ont le plus défrayé le théâtre de notre temps et que nous avons pris le plus au tragique : j'entends la *mésalliance* et ses suites inévitables.

« Je vois trois espèces de mésalliances :

« 1° Celle des âges, quand un jeune homme épouse une vieille femme, ou quand une jeune femme est livrée à un vieux mari.

« 2° La mésalliance des tempéraments... Les inconvénients, je ne sais comment vous les faire pressentir... Je serai très superficiel et me servirai de deux titres de romans... Imaginez que *l'Homme de neige* soit marié à *la Femme de feu*.

« 3° La mésalliance des classes, des conditions ou des éducations. Ce cas, vous le rencontrez dans quelques-uns des premiers romans de George Sand ; vous le retrouvez dans *Madame Bovary*. Emma est de plus fine essence que le pauvre Charles ; elle a été élevée autrement ; elle a des goûts plus « distingués »... De là ce que nous appellerons, si vous le voulez bien, des tiraillements dans le ménage.

« De même Angélique, outre qu'elle appartient à une autre classe sociale, semble pétrie d'une autre pâte que son balourd de mari ; elle est plus intelligente, plus délicate, plus fine d'esprit et de corps..... Oh ! qu'ils auront de peine à s'entendre et quels malheurs je prévois !... Arrive le joli Clitandre. Il est, lui, de même race qu'elle. Le compte de Georges Dandin est sûr. Clitandre, c'est la fatalité qui passe.

« Que va faire ce pauvre Georges ? Ah ! s'il osait la battre ! Son bâton de paysan, ce bâton dont les politiques primitifs ont fait le sceptre, ce serait encore le meilleur remède s'il n'avait épousé qu'une paysanne. Car rien n'est meilleur pour assouplir les caractères, sinon pour les adoucir. Mais il n'ose pas. Quoi qu'il en ait, Angélique est une demoiselle et lui en impose.

« Pourtant, les coups de bâton sont une solution. Nous l'avons gardée, en la poussant au noir. Au lieu de dire : « Tape dessus ! » nous avons dit : « Tue-la ! » Le couteau de Pierre Clémenceau, le pistolet du comte de Lys et le fusil de Claude ont remplacé le jovial bâton de nos pères. Solution médiocre : elle défait les choses, mais ne les arrange point.

« Il y en a une seconde : c'est le pardon. Celle-là aussi, elle est de tous les temps. Mais, comme la première, nous l'avons dramatisée. Aujourd'hui, le pardon s'appelle réhabilitation et rédemption. Tandis que la femme se traîne à ses genoux, le mari se recueille, prend un temps, étend les deux mains comme un évêque, et lentement : « Relève-toi, créature de Dieu... Et de quel droit te jugerais-je ? etc. » C'est la solution mystique. Elle fait un peu trop beau jeu à la délicieuse coquinerie de « l'enfant malade et douze fois impure. »

« Entre ces deux solutions, — celle du revolver et celle du bénitier, — il y en a une troisième : la résignation. C'est où s'arrête Georges Dandin. Non tout de suite, il est vrai. Il songe d'abord à se jeter à l'eau : il n'en fera rien. Il se résignera en ronchonnant, mais il se résignera. Et le ménage ira tant bien que mal, jusqu'aux premiers cheveux blancs d'Angélique. « Vous l'avez voulu, Georges Dandin, « vous l'avez voulu ! » Et, en effet, sa vanité et sa sottise sont cause de tout. Ceux qui sortent de la nature sont punis par la nature : telle est, ici comme ailleurs, la conclusion de Molière. Georges Dandin lui-même le comprend vaguement. Il se soumet à l'inévitable, se réservant seulement le droit d'en grogner à part soi et d'y remédier dans le détail et au jour le jour. On ne supprime pas les suites d'un manquement aux lois de la nature. Ces lois se vengent toutes seules. Tout remède radical est ici pire que le mal lui-même. La meilleure sagesse, quand on a manqué de sagesse et qu'il vous en cuit, c'est la patience... un peu armée. »

Il y a encore une autre solution, celle que Molière nous indique en ces termes dans *Sganarelle* :

> Voir cajoler sa femme et n'en témoigner rien,
> Se pratique aujourd'hui par force gens de bien.

(Cela est traduit de deux vers d'Euripide dans *Hippolyte porte-couronne* (rôle de la nourrice). Je ne suis pas fâché de vous en avertir en passant; car je suis peut-être seul à le savoir.)

Et il y a, enfin, la solution de l'amant de Mᵐᵉ Guichard, de l'homme qui pense que « la femme, c'est de l'argent. » (En anglais : *Titine is money.*)

Mais M. Chantavoine ne pouvait dire ces choses à ces enfants. Par un prodige de son art, il a été à la fois étincelant — et circonspect.

Une lutte tragique s'est livrée l'autre soir, dans l'âme de M. Francisque Sarcey, entre le sentiment du devoir et les instincts de sociabilité. Cette lutte, Dieu seul l'a vue, mais je l'ai tout au moins soupçonnée... Voici les faits.

Nous étions à l'Ambigu. L'excellent directeur, M. Rochard, avait loué toute la salle à la boulangerie parisienne. C'était fort gai. Tous boulangers, gindres, mitrons, porteurs et porteuses de pain. Très élégante, d'ailleurs, la « boulange » de Paris. A l'orchestre et au balcon, beaucoup de plastrons, plus blancs que farine, et çà et là, de jolies petites boulangères, blanches comme la mie des petits pains de gruau, avec des rondeurs de miches et des cheveux dorés comme des brioches. Aux galeries supérieures, les ouvriers du pétrin, tous exultants devant la scène illuminée, comme le boulanger de la légende chrétienne devant l'ouverture du four ardent où chantaient les petits martyrs condamnés aux flammes par le méchant roi païen. Un souffle chaud, un souffle d'irrésistible sympathie emportait tout l'auditoire ; les comédiens, transfigurés, jouaient dans une fièvre, ne touchaient plus les planches ; tous les effets étaient décuplés ; on riait pour rire ; on était parfaitement heureux...

Pendant un entr'acte, un inconnu (qu'il soit béni !) me saisit, m'entraîne par des passages mystérieux, et me dépose au foyer des artistes. Ce foyer, je dois le dire, est sans luxe ; un tuyau de poêle le traverse et quelques chaises en composent l'ameublement. Mais l'orgie y flambait. Sur une table, chargée de verres et de bouteilles de champagne, s'étalait un gâteau-monstre, un gâteau « maman Lison, » une « création » d'un boulanger du quartier, l'honorable M. Lacome. (Ce gâteau offre l'aspect d'un pain de ménage ; mais il est fait d'une pâte délicate et savoureuse, et de larges coulées de très bonne crème se dissimulent dans ses flancs rugueux.) On mange, on trinque, on se congratule.

Tout à coup quelqu'un me dit : « Allez donc chercher Sarcey ! — Oh ! répondis-je, je connais les principes du vieux maître. Soyez sûr qu'il ne viendra pas. Il a, sur ce point, l' « âme atroce » de Caton. Moi, je bois à l'occasion le champagne des directeurs. Aussi je n'ai pas d'autorité... Tout ce qu'on pourrait tenter, ajoutai-je diaboliquement, ce serait d'offrir à M. Sarcey une tranche de cet excellent gâteau. » Sur quoi Mme Lerou en coupa une fort belle part, proportionnée à l'importance du destinataire. Raoul Toché enveloppa l'objet dans un morceau de journal ; je le suivis, et d'un air insinuant, nous l'offrîmes à l'éminent critique.

Encore une fois, j'ignore ce qui se passa alors dans l'âme de M. Sarcey. Sans doute, le critique et l'homme échangèrent de rapides arguments. Le critique disait : « Ne va pas démentir en un jour trente ans d'incorruptibilité. Repousse les présents d'Artaxercès. — Ils sont modestes, répondait l'homme. — C'est pour mieux te tenter, reprenait le critique. On commence par accepter un morceau de galette sans y attacher d'importance : on finit par se laisser entretenir. — Mais, songeait l'homme (qui est un brave homme), si je refuse cette innocente friandise, je ferai de la peine à de bonnes filles et au plus courtois des directeurs. Au reste, j'ai le droit d'ignorer d'où vient ce gâteau. Je ne le reçois pas directement, de la main à la main. Ce détour qu'on emploie pour me l'offrir est un hommage rendu à mon austérité ; il signifie que dans la pensée même des généreux amphitryons je puis accepter leur cadeau sans m'engager en aucune façon. — Sophismes ! restriction mentale ! direction d'intention ! escobarderie !.grondait le critique indigné. — Et l'homme répliquait au critique : « Orgueil ! dureté ! ridicule entêtement ! Eh ! va donc, Robespierre du feuilleton !... »

Tout ce dialogue ne dura qu'une seconde. Telle est, comme vous savez, la rapidité des phénomènes psychologiques. J'observais mon maître avec angoisse. Il eut un sourire indéfinissable et mit le morceau de galette dans son chapeau. Il était déshonoré ! Et, comme je l'étais aussi, cela me fit plaisir.

Comédie-Française : Représentation de retraite de
M. Coquelin aîné.

20 mai 1889.

. . . .

.... Enfin M. Coquelin a réalisé un de ses rêves les plus chers : il nous a joué *Tartuffe* (le troisième acte); ce qu'il n'avait pu faire jusqu'ici que sur des scènes de province.

Il l'a fort bien joué, cela va sans dire. L'a-t-il joué comme il faut ? La question est peut-être insoluble. Sauf erreur, il y a dans la comédie de Molière deux Tartuffes d'aspect notablement différent. Il a dû dessiner d'abord le premier, en haine des cagots. Puis les nécessités ou les vraisemblances de sa fable l'ont sans doute amené insensiblement à concevoir le second.

Donc, le premier Tartuffe est une espèce de grossier bedeau, de rat d'église, aux façons vulgaires et basses. Pétant de santé avec cela :

Il a l'oreille rouge et le teint bien fleuri.

C'est un goinfre. Il mange tout seul, à son souper,

« deux perdrix, avec une moitié de gigot en hachis. »
Il « rote » à table. Il est laid, il est physiquement ignoble et répugnant. Sans cela on ne comprendrait pas les propos de Dorine :

Parlons de sa personne....
Ferez-vous possesseur, sans quelque peu d'ennui,
D'une fille comme elle, un homme comme lui ?
Il est bien difficile enfin d'être fidèle
A de certains maris *faits d'un certain modèle.*

Et plus loin :

Oui, c'est un beau museau !

Et encore (ironiquement) :

Il est noble chez lui, *bien fait de sa personne ;*

Et enfin, à Marianne :

Non, il faut qu'une fille obéisse à son père,
Voulût-il lui donner un singe pour époux.

Bref, Tartuffe nous apparaît, surtout dans les deux premiers actes, comme un truand de sacristie, une trogne à la Callot, un pourceau béat, qui, au fond, ne doit pas être bien dangereux, qui ne demande qu'à manger, boire et dormir son soûl entre ses prières, et dont le fait est plutôt mômerie machinale et gri-

maces d'habitude qu'hypocrisie profonde et perverse.
Même les traits par lesquels se manifeste sa dévotion, fausse ou vraie (par exemple: « Laurent, serrez ma haire avec ma discipline »), et la confession qu'il fait

D'avoir pris une puce en faisant sa prière,
Et de l'avoir tuée avec trop de colère ;

ces traits ont une sorte de naïveté presque imbécile et ne nous le présentent que comme un grotesque de la dévotion, immonde à considérer, mais probablement assez inoffensif.

Voilà qui va bien, et le « libertin » Molière a dû être fort satisfait de cette caricature, très belle et très haute en couleur, de la canaille dévote. Il y a évidemment dans ce premier et large crayon un ressouvenir de la moinaillerie des fabliaux.

Oui, mais un plat sacristain, un cuistre sordide et sans éducation, n'aurait jamais pu s'introduire, comme Tartuffe, dans la maison d'Orgon. Ce bourgeois d'esprit simple, mais qui est un homme riche et même considérable, puisque sa conduite pendant la Fronde a pu être utile au roi et lui être particulièrement signalée (voir le dernier acte) ; ce bourgeois, qui doit avoir, après tout, les préjugés de sa classe et de son rang, n'aurait jamais recueilli chez lui et traité comme un égal un marmiteux de la cagoterie. Ce marmiteux n'aurait jamais amené Orgon à lui offrir la main de sa fille (car ce n'est pas un effet très ordinaire de la dévotion que de détourner les bourgeois opulents du souci de marier richement leurs enfants) ; et jamais il n'aurait exercé sur Orgon et sur M*m*e Pernelle une séduction qui implique chez le séducteur quelque grâce, quelque autorité, une supériorité intellectuelle.

Et c'est pourquoi Molière a conçu, chemin faisant, un second Tartuffe, sans trop se soucier de le mettre d'accord avec le premier. Ce second Tartuffe n'est plus un bedeau ridicule. Celui qui tout à l'heure « rotait » devant les gens et qui racontait l'histoire de ses puces est maintenant un homme fort bien élevé, — pauvre, mais de bonne tenue, et qui a conservé un valet. Il peut se dire gentilhomme sans trop d'invraisemblance. Dorine elle-même, dans le couplet où elle raille Marianne, admet que Tartuffe est tout au moins de bonne bourgeoisie et qu'il tiendrait dans sa province un rang honorable :

Vous irez par le coche en sa petite ville...
D'abord chez le beau monde on vous fera venir ;
Vous irez visiter, pour votre bienvenue,
Madame la baillive et madame l'élue,
Qui d'un siège pliant vous feront honorer.

Ce n'est pas que l'hypocrisie de Tartuffe ne soit encore grossière et maladroite dans deux ou trois passages. Et, par exemple, c'est une assez forte sottise que de dire à Elmire :

Mais enfin je connus, ô beauté tout aimable,
Que cette passion *peut n'être pas coupable*,
Que je puis l'ajuster avecque la pudeur ;

car un hypocrite un peu raffiné n'affiche pas ainsi son hypocrisie. Il doit savoir, d'ailleurs, qu'Elmire est très intelligente et fort peu dévote ; que, par suite, ce n'est pas le « péché » qui l'arrêtera dans cette affaire, ou que, si elle a peur de la faute, ce n'est point par de grosses malices de casuiste qu'il décidera cette femme, saine et éminemment « laïque, » à passer outre. Mais les arguments et les mouvements qui conviennent ici, il les trouve tout de suite après. Tout le reste de la scène de la déclaration est d'une merveilleuse justesse et d'une grande beauté. Si Tartuffe y abuse un peu (par habitude et pour soutenir son rôle) du vocabulaire de la dévotion, cela même peut le servir, et cela est piquant plutôt que ridicule ; c'est à la fois un peu bizarre et très éloquent, avec un léger ragoût, un peu inquiétant, de sacrilège. C'est comme si ces paroles mystiques des manuels de dévotion restaient chaudes de la chaleur des lèvres et des cœurs pieux qui les ont tant de millions de fois prononcées... Et cela se rapproche déjà, par endroits, de la langue qui devait se parler cent cinquante ans après Molière dans les poésies et les romans idéalistes et romanesques :

Il a sur votre face épanché des beautés
Dont les yeux sont surpris et les cœurs transportés

Et je n'ai pu vous voir, parfaite créature,
Sans admirer en vous l'auteur de la nature,
Et d'une ardente amour sentir mon cœur atteint
Au plus beau des portraits où lui-même il s'est peint.

Parole d'honneur, cela sonne presque comme du Lamartine. Que dis-je ? lorsque Tartuffe murmure ces vers :

Que si vous contemplez d'une âme un peu bénigne
Les tribulations de votre esclave indigne,
S'il faut que vos bontés veuillent me consoler
Et jusqu'à mon néant daignent se ravaler,
J'aurai toujours pour vous, ô suave merveille,
Une dévotion à nulle autre pareille ;

Tartuffe, en donnant ainsi une expression religieuse et quasi liturgique à une passion charnelle, ne fait-il pas déjà ce que Baudelaire fera (oh ! dans un autre esprit), en écrivant ses vers *A une Madone*, les célèbres stances latines : *Franciscæ meæ laudes*, ou la *Chanson d'Après-midi* :

Je t'adore, ô ma frivole,
Ma terrible passion !
Avec la dévotion
Du prêtre pour son idole.

Ce rapprochement me suffoque, quoique je l'aie trouvé tout seul. Il se pourrait bien, après cela, que la déclaration de Tartuffe ne fût pas seulement un des plus beaux morceaux de notre théâtre, mais que, prise en elle-même, elle fût une des plus rares et des plus singulières pages de poésie pure, de poésie lyrique, de toute la littérature française. J'ai presque envie de l'affirmer.

Mais d'ailleurs, outre que Tartuffe est ici un étonnant poète baudelairien (ô Molière, vous en doutiez-vous?), il a, par endroits, des finesses, des ironies presque imperceptibles, des airs détachés qui ne sont plus d'un vulgaire sacristain, mais qui sentent leur homme du monde et leur homme d'esprit :

Ah ! pour être dévot, je n'en suis pas moins homme, etc.
. . . .
Mais, Madame, après tout, je ne suis pas un ange ;...
Votre honneur avec moi ne court pas de hasard, etc...

Tout cela est excellent. Ce n'est plus un plat Basile qui parle, mais un homme d'une sensualité ardente et délicate, et d'une très souple intelligence. Ici, en vérité, Tartuffe est dangereux, même pour Elmire, — qui est, vous vous en souvenez, la très jeune femme d'un vieux mari complètement idiot...

Les deux Tartuffes que j'ai cru discerner dans la comédie de Molière sont-ils incompatibles ? Je ne sais. Ce qui est sûr, c'est que jamais aucun acteur n'a réussi à les fondre en un seul personnage. C'est le second Tartuffe, élégant et redoutable, l'aventurier subtil, le « fourbe *renommé* » que l'on découvre au cinquième acte, c'est celui-là que M. Frédéric Febvre avait coutume de jouer : c'est le bedeau grotesque que nous a montré M. Coquelin.

J'ai peur, à dire vrai, que ce ne soit M. Coquelin qui traduise le mieux l'intention de Molière, et qui rende le plus fidèlement l'allure et tout l'extérieur du personnage, tel que Molière lui-même se le représentait avec une complaisance haineuse. Sans doute, voulant le montrer profondément méchant et funeste et faire de lui une puissance, Molière a été obligé de lui donner de l'intelligence, de la finesse et quelques manières ; mais ce qu'il a continué, jusqu'au bout, à avoir devant les yeux, c'est bien le Tartuffe grossier, le dévot ridicule et de bas étage qui nous est décrit au premier acte. Là est, non seulement pour les croyants, mais pour les personnes qui ont l'âme douce et timide, l'incontestable crime de Molière. Je m'explique.

Si Tartuffe avait de tout point les façons et l'aspect qui conviennent au rôle qu'il joue dans la pièce, il ne serait pas « le dévot », il ne serait qu' « un dévot » ou, mieux, un intrigant d'assez haut vol, qui fait servir la dévotion à ses desseins. Son hypocrisie lui serait personnelle, et il n'en pourrait rejaillir aucun ridicule sur les sentiments et les habitudes dont elle est la contrefaçon. Au reste, cette hypocrisie s'exprimerait avec une sorte de discrétion et de distinction, et non plus par d'épaisses mômeries, d'un caractère trivial et lourd. Il serait enfin, par bien des points, pareil à cet Onuphre dont La Bruyère a tracé un portrait si vrai et si exactement nuancé. (On a dit, je le sais, que La Bruyère écrit en moraliste, et Molière en auteur dramatique ; on a parlé de l' « optique du théâtre », on a affirmé qu'Onuphre ne serait pas possible sur la scène. Je n'en suis nullement convaincu, et l'une de mes raisons, c'est que je ne trouve jamais Tartuffe meilleur que dans les endroits où il se rapproche d'Onuphre.)

Tartuffe, alors, pourrait faire rire des autres, mais non de lui-même. Il y a une chose qui condamne Molière (je continue à parler au nom des âmes pieuses) : c'est que Tartuffe est ridicule. Or qu'est-ce qu'il peut bien y avoir de risible dans Tartuffe, je vous prie ? Ce n'est certes pas son hypocrisie elle-même (elle serait plutôt tragique). Ce n'est pas non plus sa façon d'être hypocrite, lorsque cette façon est bien celle qui convient à sa condition sociale et à son éducation. Non, ce qui est ridicule en lui, c'est ce qui ne lui appartient pas en propre, c'est même ce qu'on n'attendait pas de lui, ce qui lui est postiche, ce que Molière a voulu absolument qu'il eût de commun avec tous les dévots, *vrais ou faux*, d'esprit un peu simple. Certes, on ne rirait pas de Tartuffe, on n'en aurait nulle envie, *si on ne riait que de Tartuffe*.

Oui, ce que Molière hait, ce qu'il livre à nos risées, ce sont certaines formes naïves et exagérées de la dévotion, — considérées en dehors des âmes qui les emploient, et toute question de sincérité écartée. Ce qu'il raille, ce n'est pas seulement l'affreux cagot blotti dans la dévotion comme dans un fromage : c'est aussi (qu'il y ait consenti ou non) l'humble créature, ignorante, têtue et toute pleine d'ineptes préjugés, mais sincère et de cœur pur, qui a besoin, dans sa grossièreté ingénue, de formules, de rites, de « mômeries », et qui, par suite, prie de la même manière et paraît aussi ridicule que le plus méprisable et le plus faux des rats d'église. Il n'a pas fait attention que telle pauvre vieille fille, de vie vraiment sainte et héroïque, a pourtant l'extérieur et le langage d'une bigote et n'en saurait avoir d'autres. Il n'a pas pris garde que ce qu'il ridiculisait, en somme, c'était l'appareil même de la piété, et plus particulièrement de la piété populaire et monastique. Et le peuple, qui ne croit plus, ne s'y est pas trompé ; Tartuffe, pour lui, c'est tout prêtre, tout moine, tout frère ignorantin qui passe dans la rue... Et je crains bien maintenant que, pour Molière aussi, ce ne soit cela, Tartuffe. J'avais tort de dire tout à l'heure : « Il n'a pas pris garde. » Je suis tout près de penser qu'il a réellement voulu, en bafouant les « gestes » de la piété, atteindre la piété même, et, pour tout dire, la religion. Il était assez peu chrétien, il avait assez le culte à la fois instinctif et réfléchi de la « nature » pour aller jusque-là et pour se l'avouer, du moins dans son for intérieur... J'attends que

M. Ferdinand Brunetière nous le démontre quelque jour, comme il nous a promis naguère à l'Odéon qu'il le ferait.

Mais déjà j'entrevois assez nettement que, dans la conception de son *Tartuffe*, Molière s'est volontairement arrangé de façon que le ridicule ne pût être limité à une seule catégorie de dévots, et que c'est même à ce dessein qu'il a sacrifié l'unité de son principal personnage. (Remarquez, en passant, que Orgon, qui n'est pas un hypocrite, n'est guère moins odieux et est beaucoup plus ridicule que Tartuffe ; que Mme Pernelle, qui est une dévote sincère, est la plus acariâtre et la plus grotesque des vieilles femmes, et que, visiblement, Elmire, qui est le personnage sympathique, n'a pas pour un sou de religion.) Et, après l'effort de réflexion que je viens de faire, je crois mieux entendre ce passage de Bourdaloue, auquel j'avais coutume d'opposer jadis les sophismes qu'on m'avait enseignés :

« Comme la vraie et la fausse dévotion ont je ne sais combien d'actions qui leur sont communes, comme les dehors de l'une et de l'autre sont presque tous semblables, il est non seulement aisé, mais d'une suite presque nécessaire, que la même raillerie qui attaque l'une intéresse l'autre, et que les traits dont on peint celle-ci défigurent celle-là ; et voilà ce qui est arrivé lorsque des esprits profanes ont entrepris de censurer l'hypocrisie en faisant concevoir d'injustes soupçons de la vraie piété, par de malignes interprétations de la fausse : voilà ce qu'ils ont prétendu en exposant sur le théâtre, à la risée publique, un hypocrite imaginaire, en tournant en sa personne les choses les plus saintes en ridicule, etc. »

Laissez-moi vous citer encore, à ce propos, un passage de Geoffroy, qui ne me paraît pas non plus dépourvu de sens. Après avoir dit que le *Tartuffe* n'a jamais guéri un seul hypocrite (car « la vieillesse de Louis XIV, la faveur de Mme de Maintenon multiplièrent les faux dévots, en dépit du *Tartuffe* ; et depuis, la jeunesse, l'impiété, les débauches du régent guérirent beaucoup plus d'hypocrites que n'auraient jamais pu faire vingt comédies comme le *Tartuffe* »), Geoffroy ajoute :

« Si le *Tartuffe* n'avait été qu'inutile, on ne pourrait en faire un reproche à Molière ; il lui était impossible d'aller au delà de la nature de son art ; c'est assez qu'il en ait atteint le plus haut degré ; mais il y a une si grande affinité entre la religion et l'abus qu'on en peut faire, que sa pièce a dû réjouir les impies beaucoup plus qu'elle n'affligeait les hypocrites. La honte de l'hypocrisie rejaillit directement sur la religion, et lui est, en quelque sorte, plus personnelle que l'infamie des autres vices... »

Je dois dire en finissant que j'ai entendu rechercher la pensée de Molière, mais non pas la juger. Et si j'ai paru lui faire un procès de tendance, c'est qu'il n'y a plus guère d'amusant, aujourd'hui, dans les classiques, que ce qu'ils n'ont pas dit expressément.

RACINE

Matinées classiques de l'Odéon : Conférence de M. Francisque Sarcey sur *Athalie*.

22 octobre 1888.

Eh bien, oui, je vais encore résumer pour vous la dernière conférence de M. Francisque Sarcey à l'Odéon. Et, tant que M. Francisque Sarcey fera des conférences à l'Odéon, je m'attacherai aux pas de cet homme sagace et jovial, et je recueillerai la manne abondante de sa parole. Parce que, voyez-vous, c'est trop amusant !

« ... Mesdames et Messieurs, on a écrit un tas d'excellentes choses sur *Athalie*. Je vous y renvoie. Mais *Athalie* a été composée pour le théâtre, nous sommes au théâtre, je suis un homme de théâtre, je ne vous parlerai donc d'*Athalie* qu'au point de vue du théâtre... Je vous montrerai comme c'est vivant, comme c'est « en scène », et que c'est aussi bien fait que le *Courrier de Lyon* ou *Roger la Honte*... Et c'est peut-être mieux écrit.

« Je ne vous raconterai pas les événements antérieurs à l'action de la pièce. Au temps de Racine, on savait très bien son histoire sainte ; à présent, on ne la sait plus ; mais ça n'est pas du tout nécessaire pour comprendre *Athalie*. La pièce elle-même nous apprend, à mesure, ce que nous avons besoin de savoir.

« Deux royaumes rivaux : Israël et Juda. La vieille Athalie, qui est d'Israël, mais qui a épousé un roi de Juda (mort depuis), a fait massacrer, par vengeance et par politique, tous les princes ses petits-fils. Bref, elle a fait son Deux Décembre. Elle règne sur Jérusalem. Elle a cependant laissé vivre les prêtres, partisans de Juda, à condition qu'ils restent dans leur temple.

« Elle ne sait pas qu'un des petits princes a été sauvé du massacre, et que le grand prêtre Joad l'élève dans l'ombre du sanctuaire.

« En réalité, ce sanctuaire est un énorme palais où vivent des régiments de lévites, — et des femmes, naturellement. Le temple de Jérusalem, c'est comme qui dirait un Vatican, plus vaste encore, en face d'un tout petit royaume d'Italie.

« Depuis longtemps, Joad guette le moment favorable. Il a attendu que le petit prince eût fait sa première communion et qu'il fût capable de monter à cheval. Car qu'est-ce qu'un prétendant qui ne monte pas à cheval ?

« Joad a songé à tout. Quand on conspire, il est important de savoir si on aura l'armée pour soi, si les soldats sortiront de leurs casernes. Il a donc conservé des intelligences avec le général Abner, — lequel en manque totalement, d'intelligence. Mais c'est ce qu'il faut. Au moment du coup d'Etat, Abner a laissé faire et a gardé son commandement.

Il n'a pas donné sa démission, car on ne donne sa démission que pour avoir mieux que ce qu'on a. Mais le brave homme est un peu clérical. Il garde à la race de David la fidélité du souvenir. Et de temps en temps, il vient causer avec le grand prêtre.

« Justement, le voici qui arrive :

— Oui, je viens dans son temple adorer l'Eternel, etc...

Car Abner est un soldat qui parle très bien. Pendant toute la pièce, vous l'entendrez faire de grandes phrases sur des lieux communs. Au fond, voici ce qu'il y a. En le voyant venir, dès avant l'aurore, Joad lui dit :

« — Comment! vous ici, général ! A quatre heures du matin ! Qu'est-ce qui se passe donc ?

« Là-dessus, le brave militaire sort son développement : « Oui je viens dans son temple... » Et quand il a terminé :

« — Ça va mal, vous savez? Ça va très mal. Depuis quelque temps, la reine est très montée contre vous.

« Joad répond par un peu de rhétorique sacerdotale :

« — Celui qui met un frein à la fureur des flots, etc.

Puis, il tâte le général. Il lui reproche son oisive vertu ; il lui rappelle que Dieu demande des actes.

« — Vous me la baillez belle ! réplique Abner. Qu'est-ce que vous voulez qu'on fasse ? Ah! c'est fini, allez ! bien fini ! Dieu même ne veut plus rien faire pour nous.

« Joad riposte par une liste de miracles. Cela ne prend pas.

« — Vous n'avez pas de prétendant, fait remarquer le général. Ah ! si vous aviez un prétendant !...

« — Eh bien ?

« — Ah ! alors !...

« Et, comme il croit que ça ne l'engage à rien, il se répand en protestations d'amour et de dévouement. Joad se garde bien de confier son secret à cet imbécile qui bavarderait et qui ferait tout manquer. Il se contente de lui dire :

« — Général, ces sentimens vous honorent. Revenez me voir tantôt, j'aurai quelque chose à vous dire.

« Et le général sort, sans avoir rien compris.

« Entre alors Josabeth. Josabeth, c'est la grâce, la tendresse, le sourire mouillé de cette sombre et inhumaine tragédie. C'est Mlle Antonia Laurent qui joue Josabeth. Ah ! mes enfants, qu'elle est jolie dans ses voiles blancs et lilas ! Et quels beaux yeux ! Vous verrez ! non, mais vous verrez ! »

(J'ajoute, pour mon compte, que Mlle Antonia Laurent est, en effet, la plus ravissante abbesse de

Jouarre qu'on puisse voir et qu'elle dit ce rôle de la femme du grand prêtre avec beaucoup de charme et de sensibilité.)

« — Le moment est venu, lui dit Joad, il faut parler, il faut agir. — Et, comme Josabeth est le seul personnage de la pièce à qui il dise à peu près sa pensée, il ne lui cache pas que si le coup réussit, il espère bien que le gouvernement de Joas sera le gouvernement des curés :

Il faut que sur le trône un roi soit élevé
Qui se souvienne un jour qu'au rang de ses ancêtres
Dieu l'a fait remonter par les mains de ses prêtres.

« Et en avant les chœurs et la musique ! Ces chœurs d'*Athalie*, on nous disait dans le temps et on vous dit peut-être encore que c'est le chef-d'œuvre de la poésie lyrique. Ça n'est pas vrai ! C'est ce que Racine a jamais écrit de plus faible. Mais la musique ! ah ! la musique ! cette musique de Mendelssohn ! Ce n'est pas qu'elle soit très exactement appropriée à ce terrible drame. Mais elle est charmante en elle-même, elle est printanière, c'est la musique d'un homme bien portant. Et les solistes ! vous les entendrez. Il y en a une, Mlle Montaland, qui vous a une de ces voix !... Et Lamoureux ! quel chef d'orchestre !

« Cela, c'est l'exposition, très belle, mais un peu en discours. A partir d'ici, tout est « en scène », comme disent les hommes de théâtre. C'est-à-dire que les caractères et tous les sentiments des personnages se traduisent par des mouvements extérieurs, parlent aux yeux. Ils se font connaître en agissant.

« Le petit Zacharie arrive, tout éperdu, tout frémissant d'indignation et de colère, et conte qu'Athalie elle-même est entrée dans le temple au beau milieu de la cérémonie. Vous entendrez Mlle Weber. Elle dit tout ce récit avec une énergie et une vivacité remarquables. »

(Je m'associe à cet éloge. Avec ses grands yeux ardents, sa maigreur fine de jeune Arabe, sa mimique rapide et singulièrement expressive, Mlle Weber a bien l'air d'un petit fanatique de là-bas, d'un joli Madhi adolescent.)

« Tout à coup, elle paraît, elle, l'ennemie, le monstre... Cette entrée est une des plus belles choses qui soient au théâtre. La terrible reine descend les marches, fardée, couverte de bijoux barbares, lourde d'étoffes précieuses, — majestueuse et sinistre, telle enfin que vous verrez Mlle Tessandier. Seulement, elle n'est pas assez nerveuse, assez hagarde... Porel devrait lui dire... Rachel était plus troublée, plus en désordre ; elle laissait s'échapper de son diadème une grande mèche grise qui flottait. Elle avait raison.

« Que vient donc faire Athalie ?...

« Ah ! quelle admirable figure que celle de cette

vieille reine ! Athalie est une sceptique et une politique. (Ici, je ne me rappelle plus bien les développements.) Mais voilà ! elle est arrivée à la période critique où se perdent presque toujours les auteurs de coups d'Etat. Au début, ça va très bien. Le peuple, à qui l'on a apporté la paix et tous les bienfaits d'un gouvernement fort, est content et ne demande rien avec. Mais peu à peu une nouvelle génération grandit, animée d'un esprit différent. Les biens dont on jouit, on n'en sent plus si bien le prix, et on désire ceux qu'on n'a pas. Une opposition se forme... C'est justement l'heure où les gouvernements qui se sont établis par la violence lâchent un peu les rênes, n'ont plus l'énergie des commencements. Tout à l'heure, Athalie fera dire aux prêtres par Mathan :

Vivez, solennisez vos fêtes sans ombrage.

Bref, c'est le moment où l'empire se fait libéral et accorde la liberté de la presse.

« Pourtant, Athalie a des inquiétudes. Elle est bien à peu près sûre d'avoir supprimé tous les « neveux de David » : mais elle craint un faux Louis XVII.

« Cet état d'esprit, Racine l'a exprimé, selon la poétique du temps, par le Songe d'Athalie.

« Donc, la reine se méfie. Mais elle n'a plus la décision d'autrefois... Ah ! si elle en croyait Mathan !...

« Ce Mathan a été autrefois du parti de Juda. Il y était le rival de Joad. Joad ayant été nommé grand prêtre, Mathan a reconnu qu'il n'y avait plus d'avenir pour lui dans l'opposition et a passé au gouvernement, armes et bagages. Mais tandis qu'Athalie et ses complices, un peu vieillis et fatigués, hésitent, mollissent, inclinent à des concessions, Mathan, tout chaud de son apostasie, apporte avec lui, dans toute sa pureté, l'ancien esprit de l'empire autoritaire. Mathan, c'est Clément Duvernoy. Il est pour les moyens prompts et radicaux. Il propose de supprimer l'enfant suspect.

« Sur quoi Abner fait des phrases selon sa coutume. Il parle d'humanité. Il s'étonne naïvement qu'un prêtre, un ministre de paix n'ait pas horreur du sang et que ce soit lui, un vieux soldat nourri dans les carnages, qui prête sa voix aux malheureux... Athalie envoie cet imbécile chercher l'enfant. Puis elle charge Mathan du soin de faire consigner les régiments dans leurs casernes.

« Josabeth, toute tremblante, amène Eliacin et Zacharie ; Abner ne manque pas cette occasion de placer encore une sottise :

Princesse, assurez-vous, je les prends sous ma garde,

dit-il à Josabeth avec un geste avantageux. « Sous ma garde ? » Et si Athalie lui donnait l'ordre d'arrêter Joas et Joad et toute la prêtraille, que ferait-il ?

Il les arrêterait parfaitement bien, soyez-en sûrs,
— avec quelques belles phrases sur les devoirs du
soldat. Ça rappelle tout à fait Changarnier qui, le
matin, disait avec noblesse : « Représentants, délibérez en paix, » et qui, le soir, couchait à Mazas.

« Interrogatoire d'Eliacin. Joad écoute, caché
derrière un rideau. Au fond, il est assez tranquille,
car le petit prince ignore sa naissance, et on ne lui
a appris que des phrases de catéchisme et quelques
pieux axiomes, de ces choses vagues qu'il devra
débiter plus tard, quand il jouera son rôle de roi
très chrétien.

« Mais l'enfant est gentil. La vieille reine est
touchée de sa grâce. Une idée lui vient ; elle n'a
pas d'héritier : si elle prenait ce petit chez elle ? Ce
serait une solution...

« Voltaire ne comprend pas que Joad ne saisisse
pas au bond la proposition d'Athalie. Car que veut
Joad ? Que Joas règne. Eh bien, il règnerait après
sa grand'mère : cela arrangerait tout. — Mais la
vérité, c'est que Joad ne tient pas précisément à ce
que Joas règne : il tient à régner lui-même comme
premier ministre du petit roi, ce qui est un peu
différent.

« Le petit fanatique repousse avec horreur les
offres de l'ennemie. Il a des réponses de catéchisme
qui se trouvent être des affronts sanglants à la vieille
reine... Elle s'en va furieuse, en criant :

« — Vous aurez bientôt de mes nouvelles.

« Et Abner, — qui d'ailleurs n'a pas eu à bouger ni à dire un mot, et à qui personne n'a fait attention, — Abner, très digne et se rengorgeant comme s'il avait sauvé le Capitole, dit à Josabeth :

> Je vous l'avais promis ;
> Je vous rends le dépôt que vous m'aviez commis.

Cela est impayable. »

Je passe (car la place me manquerait) le commentaire très gai et très fin de M. Sarcey sur la série de scènes où Mathan, envoyé par Athalie, essaye de faire parler la candide et sincère Josabeth et où Joad, survenant fort à propos, le met à la porte avec d'abominables imprécations.

« Dès lors, continue M. Sarcey, il n'y a plus à reculer, Joad a distribué des armes à ses bataillons de lévites ; il a fait fermer les portes du temple (souvenez-vous que le temple est une espèce de forteresse). Il demande à l'un de ses lieutenants ce que fait le peuple pendant ce temps-là.

« — Disparu, le peuple ! répond Azarias. Il a peur, il se cache dans ses maisons.

« Mais Joad sait bien, en grand politique qu'il est, que la foule sera pour le plus fort :

> Peuple lâche, en effet, et né pour l'esclavage,
> Hardi contre Dieu seul ! Poursuivons notre ouvrage.

« Est-ce beau, ce *Poursuivons notre ouvrage !*

« Donc les lévites sont là, tout prêts. Ils savent très bien qu'ils peuvent tous y laisser leur peau. Il s'agit, pour les faire marcher jusqu'au bout, de leur frapper l'imagination. Et c'est pourquoi Joad se met à prophétiser.

« Mon Dieu ! je ne dis pas que Joad soit de mauvaise foi ni qu'il joue la comédie. Sait-on d'ailleurs, chez ces grands politiques, où finit la sincérité et où commence l'artifice ? S'il vaticine, c'est qu'à ce moment solennel il se sent réellement inspiré de Dieu. Seulement, soyez sûrs que, s'il ne l'était pas, il vaticinerait tout de même. Ce qu'il dit dans son délire, ce sont des choses vagues et sonores, par exemple :

>   Cieux ! répandez votre rosée
>   Et que la terre enfante son Sauveur !

Ça ne veut rien dire....

(Ici, j'éprouve le besoin de vous rappeler que je rapporte fidèlement les propos audacieux de M. Sarcey.)

« Ça ne veut rien dire, ça n'a pas plus de sens que le mot fameux : « Du haut de ces Pyramides, quarante siècles vous contemplent ! » Mais c'est avec ces grands mots qui ne signifient rien qu'on a toujours conduit les hommes.

« Et il faut aussi frapper leurs yeux... Il faut couronner Joas. Pour graver profondément ces choses dans l'esprit du petit prince, Joad, très solennel, s'assure une dernière fois de ses bons sentiments : « — Quels sont les devoirs d'un roi? — Joas récite sa petite leçon. — Très bien, mon enfant. — A quel roi voudriez-vous ressembler? — A David. — Très bien, mon enfant. — Ainsi vous n'imiteriez pas Joram ni l'impie Ochosias ? (notez qu'Ochosias est le propre père du petit). — Oh! — Très bien, mon enfant. » Et il le couronne, et il appelle les lévites. Coup de théâtre. Discours du trône. Harangue aux lévites. C'est superbe !

« Et le petit roi, très bien dressé, dit des choses gracieuses à tout le monde et distribue des poignées de main...

« Tout à coup arrive Abner. La vieille Athalie (elle baisse décidément !), après avoir fait mettre à Mazas l'éloquent général, s'est ravisée. Elle l'envoie porter ses dernière propositions. Qu'on lui livre Eliacin et les trésors qu'elle croit amassés dans le temple, et elle laissera les prêtres tranquilles.

« Alors le grand prêtre a une idée, une idée d'une canaillerie magnifique. (Je vous rappelle de nouveau que ce n'est pas moi qui parle.)

«... Il dit à Abner, avec bonhomie :

« — Voyons! qu'est-ce que vous me conseillez, vous?

« — Dame! il n'y a pas à hésiter. Si vous refusez, elle met tout à feu et à sang... Au reste, qui sait?... ça sera peut-être le bonheur de cet enfant.

« — C'est votre avis ? Eh bien, je le suivrai. Que la reine vienne ici, et on lui montrera ce fameux trésor de Notre-Dame... Qu'elle vienne... avec une petite escorte... Ce n'est pas la peine, n'est-ce pas ? d'amener ici un régiment et d'effrayer ces jeunes filles et ces sacristains inoffensifs ? Enfin, arrangez ça. J'ai confiance en vous... Et quant à l'enfant... vous me direz vous-même s'il faut le lui livrer.

« — A pas peur ! répond le général qui éprouve continuellement le besoin de rassurer les gens. Il s'en va, très content de lui. Nous devinons ce qu'il va dire à Athalie : « C'est arrangé. Ça a marché tout seul. Quand je vous le disais ! Ils vous attendent, ils vous livreront tout ce que vous voudrez... Prenez une petite escorte... pour la forme, car ils ne sont pas dangereux, les pauvres gens... », bref, ce qu'il disait à Josabeth :

Princesse, assurez-vous, je vous prends sous ma garde !

« Ce pendant que Joad pousse ce cri superbe et terrible :

Grand Dieu, voici ton heure, on t'amène ta proie !

Athalie vient, en effet, la menace à la bouche. On tire le rideau. Suprême coup de théâtre. Le roi Joas apparaît sur son trône. « — Lâche ! tu m'as trahi ! » dit Athalie à Abner. Le pauvre homme bafouille. « — Alors, si tu ne m'as pas trahi, venge-moi ! — Sur qui ? Sur Joas ! Sur mon maître ! » L'armée a levé la crosse, la révolution est faite.

Ce que je ne puis rendre, c'est l'accent, le ton, le geste. Qui n'a pas entendu M. Francisque Sarcey, ne le connaît pas. Il déborde d'allégresse et de force. Cet homme d'un si rare bon sens est aussi un homme d'imagination hardie et d'inépuisable humour. Tous ces personnages lointains du théâtre classique, il les repétrit de ses gros doigts, il les déforme peut-être : mais comme il les fait vivre !

Seulement... ô Racine, âme pieuse et si profondément chrétienne, doux janséniste, toi qui traduisis les hymnes du bréviaire romain et qui écrivis l'histoire de Port-Royal, toi qui assistais tous les jours à la sainte messe, toi qui pleurais de joie aux vêtures de tes filles et qui adoras ton roi jusqu'à en mourir... qu'as-tu pensé, là-haut, de ce commentaire d'*Athalie* ? Que de choses ce vieux voltairien t'a fait dire, auxquelles tu n'avais jamais songé !...

Cela, M. Sarcey le sait mieux que personne. Il répondrait, j'imagine, que ces choses auxquelles Racine n'a peut-être pas pensé sont pourtant bien dans sa tragédie ; et qu'il les y a mises — avec plus ou moins de préméditation — tout simplement parce qu'il est un des poètes qui ont le mieux connu les hommes.

Oui, *Athalie* est la plus profonde des tragédies politiques. Mais M. Sarcey ne nous a pas dit, et n'a pas voulu nous dire, que c'est aussi la plus belle des tragédies chrétiennes. Il resterait donc à la reprendre dans un esprit de foi ou tout au moins de religieuse sympathie. Et je crois bien que, considérée ainsi, elle grandirait encore ; car ce qui s'agite dans ce drame, ce sont les destinées mêmes d'une des principales religions de l'humanité et de celle où, après tout, nous avons été encore nourris. Songez un peu qu'Eliacin est l'aïeul du Christ... Si nous n'étions venus « trop tard dans un monde trop vieux », *Athalie* serait vraiment pour nous ce que fut pour les Athéniens l'*Orestie* ou *Œdipe à Colone :* le drame national et religieux par excellence. Je ne puis développer aujourd'hui ces indications, qui au surplus ne sont pas neuves ; mais je profite de l'occasion pour vous signaler l'excellente édition d'*Athalie* qu'un de nos universitaires les plus vénérés, M. Jacquinet, vient de faire paraître à la librairie Belin. Les commentaires y sont des plus intéressants, quoique respectueux.

MARIVAUX

MATINÉES CLASSIQUES DE L'ODÉON : *l'Epreuve*, comédie en un acte, de Marivaux

19 novembre 1888.

J'ai fait jeudi dernier, à l'Odéon, une découverte : celle de la cruauté de Marivaux. Je ne raille point. *L'Epreuve* est une fantaisie charmante et légère ; les personnages, qui sont *vrais*, ne sont cependant pas trop *réels*, et l'action ne se passe pas très loin du pays bleu. Eh bien, il y a dans *l'Epreuve*, — à condition de se laisser prendre aux choses, d'y aider même un peu et de s'être dit d'avance : « Je veux des impressions, et j'en aurai ! » — il y a dans *l'Epreuve* un moment, un bon moment où le cœur se serre, oui, en vérité, se serre comme si c'était une tragédie, et où l'on éprouve un chagrin ! et où l'on est dans une colère !... Ah ! pauvre petite Angélique ! Ah ! méchant, orgueilleux, féroce Lucidor ! Et l'on sent combien est juste ce que d'habiles gens ont dit maintes fois : à savoir qu'à certaines minutes, Racine et Marivaux, c'est presque la même chose.

Vous vous rappelez le sujet ? Lucidor, qui est gentilhomme, aime Angélique, une petite bourgeoise. Il sent bien qu'elle l'aime aussi ; mais, avant de lui demander sa main, il veut s'assurer que ce n'est pas surtout pour sa noblesse et pour sa fortune qu'elle l'aime. Dans ce dessein, il lui propose pour mari un sien ami, également riche et de bonne maison. C'est son valet Frontin qu'il a déguisé en gentilhomme pour la circonstance. Si Angélique l'accepte, c'est donc qu'elle n'aimait pas sincèrement Lucidor.

Dès les premiers mots, Angélique croit que Lucidor s'offre lui-même sous une forme détournée : « Quel homme est-ce ? » demande-t-elle.

LUCIDOR : Il est de mon âge et de ma taille.

ANGÉLIQUE : Bon ! c'est ce que je voulais savoir.

LUCIDOR : Nos caractères se ressemblent ; il pense comme moi.

ANGÉLIQUE : Toujours de mieux en mieux. Que je l'aimerai !

LUCIDOR : C'est un homme qui n'a ni ambition ni gloire, et qui n'exigera de celle qu'il épousera que son cœur.

ANGÉLIQUE (riant) : Il l'aura, Monsieur Lucidor ; il l'aura, il l'a déjà ; je l'aime autant que vous, ni plus ni moins. »

Et le misérable, qui ne peut pas ne pas s'apercevoir de la méprise de cette innocente, s'applique à la prolonger : « Vous aurez aussi son cœur, Angélique, je vous assure ; je le connais ; c'est tout comme s'il vous le disait lui-même. » Là-dessus il lui présente Frontin : « C'est lui, c'est ce mari pour qui vous êtes si favorablement prévenue. » Et le bourreau a le courage d'ajouter cette cruauté inutile : « Mon ami m'a apporté aussi le portrait d'une jeune et jolie personne qu'on veut me faire épouser à Paris. » Et il lui montre ce portrait : « Jetez les yeux dessus : comment le trouvez-vous ? »

— « Je ne m'y connais pas », dit Angélique d'une voix mourante. L'atroce Lucidor insiste : « Etes-vous contente ? » Et alors la pauvre chère petite, sans répondre, tire la boîte de bijoux qu'il lui a donnée un instant auparavant, et la lui rend sans le regarder.

L'épreuve n'est-elle pas faite ? Et n'est-elle pas décisive ? Ne sait-il pas maintenant tout ce qu'il voulait savoir ? Qu'attend-il encore, ce faiseur d'expériences ?

Lucidor est un curieux, et la curiosité est impitoyable. Il ne lui suffit pas de se savoir aimé. Il faut qu'Angélique souffre et pleure à cause de lui, parce que c'est une chose adorable que la douleur d'amour chez une jeune fille, et qui se traduit par des mouvements et des mots si spontanés, si gentiment inconscients et déraisonnables, — et aussi par des airs de visage, des attitudes, des troubles extérieurs si délicieux à observer ! Il faut donc qu'Angélique repousse Frontin avec colère ; il faut qu'elle soit abîmée de confusion, que tout son sang vierge empourpre son joli visage à la pensée qu'elle a pu paraître aimer un homme qui ne l'aimait pas ; il faut qu'elle ait envie de battre Lisette, parce que Lisette a lu dans son cœur ; il faut qu'elle malmène maître Blaise ; puis, qu'elle lui offre sa main rageusement ; puis, qu'elle l'envoie promener de nouveau... Et, pendant ce temps-là, Lucidor fait celui qui n'y comprend rien. Il prolonge et renouvelle quatre ou cinq fois l'épreuve, pour le plaisir. C'est un spectacle qu'il se donne. Et il croit aimer ! Comme si cet égoïste divertissement de psychologue et de dilettante, comme si ce « dédoublement » affreusement littéraire n'était pas ce qu'il y a de plus propre à tuer l'amour chez ceux qui s'y exercent, — et souvent aussi chez ceux aux dépens de qui se pratique cet exercice impie !

Oui, lorsque Lucidor, jugeant qu'il s'est assez diverti, se jette enfin aux pieds d'Angélique en lui disant : « Quand vous auriez pensé que je vous aimais, quand vous m'auriez cru pénétré de l'amour le plus tendre, vous ne vous seriez pas trompée », un mouvement assez naturel, ce serait qu'Angélique lui répondît : « Eh bien donc, c'est moi qui ne vous aime plus à cette heure. Vous m'avez trop fait souffrir, et cela volontairement, et sans nécessité. Et surtout vous m'avez prise pour votre jouet. Vous m'avez, en somme, traitée de haut, comme une petite créature qui vous serait fort inférieure. Or, si j'étais savante, je vous rappellerais que ce qu'on a dit de l'amitié : *Aut invenit pares, aut facit*, on le pourrait dire aussi du véritable amour : il crée l'égalité entre ceux qui aiment. Je ne suis qu'une humble petite fille ; mais si vous m'aimiez bien, jamais vous ne m'auriez traitée ainsi. Votre curiosité hautaine m'a plus gravement offensée que ne l'eût fait votre jalousie, ou votre inconstance, ou même votre trahison... Adieu, Monsieur Lucidor. Si par hasard vous m'aimez un peu malgré tout, vous vous consolerez aisément. Vous n'aurez qu'à écrire sur votre aventure un roman analytique, à la Bourget. » Ainsi pourrait parler Angélique, et je goûterais assez ce dénouement... Au fait, celui de Marivaux ne me déplaît pas non plus, du moins par la suite que j'y entrevois. Qu'ils s'épousent donc ! Angélique se souviendra, et, dans un an ou deux, vous verrez que ce sera elle qui fera des expériences !

Je veux bien vous avouer maintenant que j'ai exagéré quelque peu la férocité de ce joli « Saxe » qui a nom Lucidor et les griefs de cet exquis biscuit de Sèvres qui s'appelle Angélique. Il reste ceci, que cette petite comédie d'amour est douloureuse, vraiment douloureuse, pendant cinq minutes ; et c'est bien pour les raisons que j'ai dites, encore que je les aie grossies par amusement. Si innocent que soit l'artifice de Lucidor, si peu qu'il dure et si délicatement qu'il soit mené, on y peut assurément surprendre comme le premier germe des curiosités et, finalement, des cruautés amoureuses du dix-huitième siècle, quelque chose de ce qui fera le dangereux intérêt des romans de Crébillon fils et du livre de Laclos. *L'Epreuve* est bien de ce siècle où l'amour a été le plus tendre et le plus passionné, mais aussi le plus impitoyablement curieux. Il y a déjà un tout petit Valmont dans Lucidor.

THÉATRE LIBRE ANCIEN

THÉATRE-LIBRE ANCIEN : *Isabelle grosse par vertu*, farce en un acte, attribuée à Fagan. — *Le Divorce*, farce en trois actes, de Renard. — *Arlequin poli par l'amour*, féerie en un acte, de Marivaux. — *Le Marchand de m....* farce en un acte, de Thomas Gueullette.

1er avril 1889.

Au moins je vais toucher une étrange matière...

et j'hésite au moment d'entretenir d'honnêtes gens de telles incongruités. Mais, je n'ai pas le choix ; la soirée du Théâtre-Libre a été la seule nouveauté de la semaine. Le devoir commande : je m'exécute en gémissant.

Vous savez que le commandant Vallée et M. Guillaume Livet se sont donné la tâche d'exhumer pour nous, tous les mois, quelques-unes des « curiosités » dramatiques des deux derniers siècles, petites comédies, farces et parades. Or, autant nos pères avaient le goût sévère et même étroit quand il s'agissait de haute littérature et de « genres » officiels et classés, autant, lorsqu'ils ne cherchaient qu'à se divertir après boire, ils avaient l'estomac robuste et faisaient peu les renchéris. MM. Livet et Vallée devaient donc rencontrer, dans leurs fouilles à travers l'ancien répertoire carnavalesque et forain, des monuments d'une épouvantable gaieté, d'une gaieté épaisse comme une soupe d'Auvergnat. C'est une de ces larges bouffonneries littéraires qu'ils ont, cette fois, pieusement ramenée au jour. Il faut avouer qu'ils ne nous avaient point pris en traîtres. Je trouve sur le programme ce loyal avertissement :

« La pièce, *le Marchand de m...* répond absolument à son titre. Nous l'avons mise à la fin de notre représentation pour que les personnes qui se devraient choquer des mots grossiers puissent se retirer auparavant, après avoir assisté à la plus grande partie du spectacle. »

Il est vrai que MM. Livet et Vallée ajoutent insidieusement :

« Nous ferons remarquer, toutefois, que *le Marchand de m...*, recueilli des parades de foire par Thomas-Simon Gueullette, a d'abord été joué sur son théâtre par l'auteur, puis à la cour de France, chez le roi de Pologne, chez Monsieur. »

Sur quoi nous nous sommes dit : « Ne soyons pas plus dégoûtés que le roi de Pologne et le roi de France, qui étaient d'aussi bons gentilshommes que nous », et nous sommes restés, bravement. Il y en a même qui ne sont venus que pour la fin du spectacle, attirés par l'odeur. Et nous avons ouï tout du long les facéties stercoraires de l'excellent magistrat Gueullette, — et, bien qu'elles fussent à la fois d'une simplicité enfantine et du fumet le moins ragoûtant, nous avons ri tout de même, et cela est un grand mystère.

Rire fort innocent, en tout cas, et, pour ainsi dire, antérieur à la pensée, à l'art et à la littérature. Vous avez pu remarquer que les plaisanteries dont il s'agit ici sont les premières que comprennent et apprécient les tout petits enfants, et qu'elles mettent presque toujours en joie les jeunes filles vraiment ingénues. D'où vient cette puissance hilarante des évocations scatologiques ? C'est peut-être, d'abord, que tout ce qui rabat nos prétentions de « faire l'ange » est forcément comique en soi. C'est donc une idée plaisante, dans son ironie rudimentaire et accessible à tous les esprits, que l'idée de cette éternelle égalité chimique où viennent se confondre — par en bas — Alexandre et le dernier des portefaix, Cléopâtre et la plus laide des gotons, et tous les animaux de la création, depuis les hommes de génie jusqu'aux mollusques. D'autre part, l'image des basses fonctions corporelles s'associe d'elle-même à celle d'une vie animale aisée, copieuse, épanouie. L'épopée de Rabelais, pleine de mangeailles et de buveries, est pleine aussi de ce qui suit les buveries et les mangeailles ; et, si, dans un chapitre célèbre, Pantagruel traite si joyeusement des différentes façons de s'essuyer... les mains, c'est qu'ils se souvient du plaisir qu'il a eu à les promener dans les plats.

Et c'est pourquoi nous avons accueilli avec une bruyante indulgence la farce de cet écrivain familier, au nom et au prénom également fatidiques, et qui paraissent liés l'un à l'autre comme l'effet à la cause : Thomas Gueullette. Le titre de son œuvre ne nous avait point trompés, et le vocable qui donne à ce titre tant de saveur abonde, au cours d'un dialogue sans façon, sur les lèvres de ses personnages. Il paraît cependant que M. Guillaume Livet en avait ôté ; mais il en restait assez pour satisfaire les plus exigeants. Voici l'intrigue en deux mots :

Gilles aime Catin ; mais Catin ne veut point de lui parce qu'il n'a pas le sou. Alors Gilles cherche un métier qui l'enrichisse, mais il n'en voit aucun qui lui plaise, car dans tous il faut se donner de la peine.

Arrive Arlequin, roulant une barrique et portant un pot ; dans le pot, il y a du miel ; dans la barrique, je ne puis vous dire ce qu'il y a.

— Hé ! dit Arlequin à Gilles, prends mon métier ! Fais-toi marchand de...

— Cela se vend donc ?

— Très cher ! Tu vas voir.

Arlequin sonne à la porte de l'apothicaire, et lui fait goûter du miel qui est contenu dans le pot. L'apothicaire le trouve excellent, veut acheter le pot et la barrique, en offre cinq écus. Arlequin en demande sept et finit par toper à six.

— Ah ! songe le doux Gilles, quel joli métier, facile et lucratif ! » Et bientôt nous le voyons reparaître, roulant, lui aussi, une barrique pleine. Mais, dans l'intervalle, l'apothicaire a découvert la fourberie d'Arlequin ; et, lorsque Gilles lui propose sa marchandise, il l'accable d'injures et le roue de coups de bâton.

Puis, Catin survient, déclare à Gilles qu'il est par trop benêt, et tombe dans les bras de Léandre.

Moralité : C'est tout de même fâcheux d'être bête. Si Gilles était un peu roué, avec le métier qu'Arlequin lui a mis dans la main, il serait peut-être ministre à l'heure qu'il est.

J'ai tort, je le sens bien, de tant insister sur ces gentillesses (encore qu'elles aient, chez nous, un caractère éminemment national). Car si, comme le veut la croyance populaire, cela porte bonheur de s'être trouvé en contact avec la barrique de Gilles, il est dangereux de s'en vanter, ainsi que nous l'apprend une fable inédite, et qui n'est point du chevalier de Florian. Nous intitulerons cette fable, si vous le voulez bien, *le Moineau, l'Ours et le Chasseur*, et je m'en vais vous la résumer très brièvement.

Aux environs du pôle Nord. De vastes champs de neige. Un pauvre petit oiseau, mourant de faim, volète deci delà, cherchant en vain sa pâture. Un ours énorme vient à passer par là. Et je ne sais ce que cet ours laisse derrière lui, mais le petit oiseau se précipite sur ce festin inattendu, et s'en donne !

Après quoi, il s'envole en chantant à tue-tête... Joie imprudente ! Attiré par ce tapage, un méchant chasseur aperçoit l'oiseau, et l'abat d'un coup de fusil.

Moralité : Quand vous en aurez mangé, n'allez pas le crier sur les toits.

Si vous voulez mettre cette fable en vers, je vous la donne pour rien, comme on me l'a donnée. Ce serait un excellent sujet pour un vieux monsieur, membre de l'Académie d'Etampes. Cela pourrait commencer ainsi :

C'était aux bords glacés où règnent les frimas.
    La neige au loin couvrait la terre.
Un tout petit oiseau, pèlerin solitaire,
Voletait au hasard, triste et ne trouvant pas
    Le moindre grain pour son repas.
Dans un repli du blanc linceul, hélas !
    Il s'abattit, faible et malade.
    Vint à passer un plantigrade,
    Hôte velu de ces climats...

Vous pouvez continuer, si le cœur vous en dit.

Admirable variété des génies et des races ! Nous avons vu, l'an dernier, un confrère de Gilles. Vous vous rappelez que le vieil Akim, dans *la Puissance des ténèbres*, faisait exactement le même métier que le héros de Gueullette. Mais avec quelle pieuse gravité il le faisait ! Il en tirait des réflexions évangéliques. Il s'indignait de la propreté des gens de la ville... L' « âme russe » est bien étonnante. Elle fourre du mysticisme partout !...

Des roses ! Oh ! rendez-nous le parfum des roses !...
Heureusement, voici venir Marivaux, « marchand de
fleurs. » Le contraste est radical entre la farce de
Gueullette et cette délicieuse féerie d'*Arlequin poli
par l'amour*. C'est, je crois, après sa tragédie d'*Annibal*, la première œuvre de Marivaux. Et c'est peut-
être la plus purement poétique, malgré l'excès d'es-
prit, et celle où le caprice est le plus libre ; il y a
trois changements de lieu, des lutins, un anneau
qui rend invisible. (On a un peu trop simplifié tout
cela, l'autre soir, au théâtre ancien.) Une fée a
emmené dans son royaume Arlequin dont elle est
éprise. Elle a beau lui faire mille agaceries : il ne
comprend point ce que la fée veut de lui, car il est
stupide, et il la rebute, car il est fort mal élevé. Mais
Arlequin rencontre la bergère Silvia, et peu à peu
il se déniaise, et les idées lui viennent avec l'amour.
Il y a là des détails d'une ingénuité un peu mignarde,
mais si gracieuse ! Arlequin trouve Silvia jolie ; il
la caresse, il veut l'embrasser. La bergerette se
dérobe doucement. « Voyez-vous, mon petit amant,
lui explique-t-elle, les baisers sont bien meilleurs
quand ils n'ont pas été accordés tout de suite.
Ecoutez-moi. Vous allez me demander un baiser.
Moi, je vous dirai que je ne veux pas, et pourtant je
voudrai bien. Ou encore vous me demanderez si je
vous aime ; et moi je répondrai que je ne vous aime
pas, mais ce ne sera pas vrai... Essayons ! » Et
alors Arlequin dit : « M'aimez-vous ? » Et Silvia,

tout en lui coulant en dessous le regard le plus tendre, répond : « Hélas ! non ! » Mais, bien qu'il soit convenu que cela n'est qu'une feinte, le bon Arlequin est pris de peur, et le gentil niquedouille à losanges se met à pleurer...

Tout de même, il commence à se faire à ce jeu, quand la fée surprend nos deux amoureux. Elle est furieuse. Quoi donc ? Arlequin s'est-il moqué d'elle ? ou bien n'est-ce qu'avec elle que ce joli garçon manque d'esprit ? Elle prend Silvia à part et lui commande de repousser Arlequin : « Sinon, ajoute-t-elle, je le ferai mourir. » D'un autre côté, elle apprend à Arlequin que Silvia le trompe et qu'elle aime un berger. Puis, elle laisse ces deux pauvres enfants en présence... (Tout à fait la machination de Néron au troisième acte de *Britannicus !*)

Mais le rusé Trivelin, valet de Merlin l'enchanteur qui était naguère amant de la fée, voulant venger son maître de l'infidélité de cette capricieuse personne, prend le parti d'Arlequin et de Silvia, et vient à leur secours. Stylés par lui, Arlequin et Silvia jouent la comédie de la rupture ; puis Arlequin fait semblant d'aimer la fée ; et, comme elle est alors sans défiance, il lui prend sa baguette, ce qui la met en son pouvoir.

Cela est exquis d'ingénuité artificielle, si j'ose dire, et de simplicité tarabiscotée. Si les bergers et les bergères des trumeaux d'antan savaient parler, nous entendrions les dialogues d'Arlequin et de

Silvia. On songe à chaque instant : « Mon Dieu ! comme il faut avoir de l'esprit pour trouver de ces naïvetés-là ! »

Arlequin poli par l'amour me rappelle une autre précieuse bagatelle de Marivaux, *la Dispute*. Un jour, à la cour d'un prince du pays des rêves, on agite cette question : « Lequel, de l'homme ou de la femme, est le plus naturellement infidèle en amour? » Il faudrait, pour savoir cela, observer des âmes toutes neuves, non encore altérées par la civilisation. Justement le feu roi a eu l'idée de prendre deux couples, composés chacun d'un garçon et d'une fille, et de faire élever chaque couple à part, dans la plus entière solitude. Il n'y a donc qu'à laisser les deux couples se voir et le naturel agir.

D'abord les deux filles se rencontrent, et elles se détestent immédiatement. Puis les deux garçons font connaissance, et ils deviennent aussitôt amis. Chaque fille, alors, rencontre le compagnon de l'autre... et tout finit par une quadruple inconstance, où les filles mettent du temps et de l'hypocrisie et les garçons un agréable sans-gêne. En sorte que la question n'est point tranchée.

C'est égal, l'homme à l'état de nature, suivant Marivaux, est un animal singulièrement spirituel et d'une innocence bien compliquée... Je ne sais comment vous rendre mon impression. Imaginez quelque chose d'absurde et charmant, un paradis terrestre comme on en peint sur les éventails, et où gazouillent des Èves-marquises courtisées par des Adams jolis comme des porcelaines de Sèvres ; Daphnis et Chloé se disant : « Surtout, soyons naïfs : on nous regarde ! et nous représentons l'homme avant la civilisation ! »

Je ne serais pas étonné après tout (et c'est pourquoi je me suis arrêté à ces deux bluettes) que Marivaux eût cru peindre réellement des êtres primitifs. Ce sera la mode, un peu après lui, de célébrer l'homme des bois, le sauvage candide, dont on opposera la simplicité et le droit sens aux hypocrisies et aux corruptions des sociétés policées : caprice d'un monde blasé qui éprouve le besoin de boire du lait. Déjà, vous vous le rappelez peut-être, dans *la Double Inconstance*, Arlequin a des étonnements philosophiques sur les mensonges de la politesse, sur les usages des cours, et même sur les inégalités sociales. Sous son maillot de losanges multicolores, pointe le futur sauvage de Rousseau. Cette fiction de l'homme primitif et tout proche de la nature, offert comme précepteur et comme modèle aux civilisés, l'auteur de l'*Émile* l'embrassera avec prédilection ; et c'est peut-être en la prenant très au sérieux qu'il jettera dans notre littérature trois ou quatre sentiments nouveaux... Et voilà Marivaux, en quelque façon, précurseur de Jean-Jacques.

Revenons aux grivoiseries, gaillardises, paillardises et autres gauloiseries. *Isabelle grosse par vertu*, c'est la simple histoire d'une jeune personne qui feint d'être grosse pour repousser un prétendant qu'elle déteste et pour garder sa foi à son amant. Et par quel moyen simule-t-elle cet état ? Tout bonnement en fourrant un poêlon sous son tablier. Le dialogue est presque effrayant de candeur. Cela est gros, gras, cru, et savoureux sans doute ; mais il est heureux que cela ne dure que dix minutes. Voici la meilleure plaisanterie de cette violente parade : « Mais comment, dit Isabelle, pourrais-je paraître grosse, puisque je ne le suis point ? — Hé ! lui répond son confident, vous l'étiez l'an dernier et vous avez fait semblant de ne pas l'être. Ce que je vous propose aujourd'hui n'est pas plus difficile. » Voilà le ton.

ALEXANDRE DUMAS

Comédie-Française : *Henri III et sa Cour*, drame en cinq actes en prose, d'Alexandre Dumas.

7 janvier 1889.

Mais enfin pourquoi cette reprise de *Henri III?* Oui, pourquoi?

Cherchez : vous trouverez des raisons, vous en trouverez même trop : seulement, vous n'en trouverez pas une bonne... Mais je n'ai pas la souple agilité des chats qui savent circuler, sans les briser, au milieu des choses fragiles. Je ne veux rien casser; je me couperais les pattes aux morceaux. Je n'ai donc garde de développer mon point d'interrogation, je le retire, je le rentre, je n'ai rien dit.

Passons maintenant à la pièce.

Je dois vous confesser d'abord que je ne l'avais jamais ni lue ni vu jouer. Je ne me vante pas de cette ignorance: je n'en rougis pas non plus. Cela est ainsi, voilà tout.

N'allez pas me dire là-dessus : « Qu'est-ce que cela me fait ? Ce sont vos affaires. »

Je suis ici pour vous dire mon sentiment et non celui de mon voisin, et, comme l'ignorance où j'étais du premier drame de Dumas a certainement influé sur l'impression que j'en ai reçue, je vous devais cet aveu. Je vous le fais par honnêteté, non par indiscrétion ou vaniteux bavardage. Vous le reconnaîtrez, j'espère, tout à l'heure.

Quelques-uns me reprochent, avec une certaine véracité, d'avoir le « moi » un peu facile. Ce qu'ils appellent la « critique personnelle » leur semble extrêmement stérile, et déplaisant par surcroît. Je pourrais répondre que cette critique, telle qu'elle est, est tolérée par d'honnêtes gens ; que d'ailleurs des impressions tout individuelles, capricieuses et éphémères sont tout à fait à leur place dans un feuilleton où sont jugées, la plupart du temps, des œuvres également éphémères et superflues ; qu'enfin je ne m'en fais pas trop accroire et que je serais probablement incapable d'une autre sorte de critique... Est-ce que vous croyez que, si j'avais assez de force d'esprit pour édifier de hautes et vastes théories, soit d'esthétique, soit d'histoire littéraire, je m'en abstiendrais par modestie et que je me résignerais de gaieté de cœur à écrire tant de riens sur si peu de chose?...

Mais j'ai une meilleure réponse. Laissez-moi vous l'indiquer une fois pour toutes.

« Le moi est haïssable », c'est entendu. Mais quel moi ? Le « moi » privé, celui dont les confidences impliquent qu'il se croit intéressant par lui-même, ce qui est d'une souveraine impertinence. C'est ce qu'avait oublié un de mes prédécesseurs les plus considérables, le bon Jules Janin, le jour où il conta à ses lecteurs son propre mariage et leur fit part de ses sentiments, de ses fiertés et de ses espérances de fiancé et d'époux. Encore ne parvient-il pas à être « haïssable », tant on sentit de bonhomie sous ces indiscrètes effusions. Mais il y a un « moi » public qui peut se confesser, sans manquer à la pudeur ni à aucune espèce de convenance. Un critique a le droit de parler de lui-même en tant que critique, et dans ses rapports avec les choses qu'on lui demande de juger. Il en a même le devoir, toutes les fois qu'il sent un peu vivement ce qu'il y a de relatif et de caduc dans les jugements qu'il formule ; toutes les fois que ses confidences peuvent aider les lecteurs à compléter ou à rectifier ses jugements ; bref, toutes les fois qu'il n'est pas très sûr de lui-même et qu'il se sent particulièrement faillible. Que dis-je ? Il fait ainsi preuve de modestie et non point d'assurance ou de présomption. Il y a beaucoup plus d'orgueil dans la critique impersonnelle, car celle-là n'avoue point sa fragilité. Un critique n'est qu'un homme, je vous assure. Quoi qu'il fasse, il est brun, blond, roux ou châtain, il est né dans tel milieu, il a été élevé de telle façon, il a abordé l'étude des littératures dans telles dispositions, sous telles influences, à telles époques de sa vie et dans tel ou tel ordre. Son premier contact avec les livres s'est opéré dans de certaines conditions, qui, si elles sont très particulières, peuvent en expliquer l'effet, et que, par suite, il peut être intéressant de connaître. Si j'avais lu Musset plus tôt, ou plus tard, ou autrement ; si je ne l'avais pas lu à quinze ans, si je n'avais été innocent quand je l'ai lu, si j'avais été incroyant, si je ne m'étais pas caché pour le lire, si je n'avais pas cru commettre un péché en le lisant..., me remuerait-il si profondément aujourd'hui encore ? Le verrais-je du même œil que je le vois ? Si, au contraire, j'avais dévoré les romans de Dumas à quatorze ans, ou même à dix-huit, si je n'avais pas attendu vingt-huit ans pour en lire quelques-uns, si je n'avais été obligé de faire un très grand effort, du moins au commencement, pour parcourir *les Mousquetaires* et *Monte-Cristo*, ne mettrais-je pas plus de chaleur à reconnaître aujourd'hui la surprenante fertilité d'invention et la belle imagination enfantine de ce grand amuseur ? Aurais-je besoin de tout un raisonnement pour l'admirer ? Ne le relirais-je pas quand je suis malade, comme font, paraît-il, nombre de gens de bien ? Et si, l'autre soir, *Henri III* ne m'avait pas été absolument nouveau ; si je l'avais lu ou vu, à l'âge « où la prunelle innocente est en fleur », m'aurait-il laissé aussi parfaitement froid ? N'y aurais-je point retrouvé la jeunesse et la puissance des impressions premières ? Ne me serais-je pas figuré qu'il marquait une date glorieuse dans l'histoire de notre théâtre ? Ne l'aurais-je pas égalé, ou peu s'en faut, à *Hernani?* Et n'aurais-je pas fait remarquer, avec insistance et dans l'intention d'être désagréable aux mânes de Victor Hugo, que *Hernani* est de 1830 et *Henri III* de 1829 ?

Au lieu de cela, rien, rien... Non, en vérité, je n'ai rien senti.

Il me fallait, ou vous mentir, ou me confesser un peu pour vous expliquer ma froideur. J'ai pris le dernier parti, par respect même pour la mémoire du bon géant et par scrupule de conscience.

Voici donc ce qu'il m'a paru.

Henri III contient un tableau historique et un drame de passion.

Le tableau d'histoire a soixante pages, le drame de passion en a quinze. J'ai compté.

Les deux sont parfaitement indépendants l'un de l'autre.

Le drame. Il est tout entier dans trois scènes.

1° La duchesse de Guise et le comte de Saint-Mégrin, qui s'aiment sans se l'être dit, se rencontrent dans des conditions telles que la duchesse laisse échapper, sans le vouloir, l'aveu de son amour. (Acte I*er*, scène 5 ; deux pages.)

2° Le duc de Guise, averti de la rencontre par un mouchoir que la duchesse a oublié, contraint sa femme à écrire à Saint-Mégrin un billet qui l'attire dans un guet-apens. (Acte III, scène 5 ; cinq pages.)

Je vous donne le passage capital de cette scène ; la « trouvaille », comme on dit ; ce pour quoi tout le drame a été fait :

LE DUC : ... Malédiction ! malédiction sur vous et sur lui !...sur lui surtout qui est tant aimé ! Ecrivez.

LA DUCHESSE : Malheur ! malheur à moi !

LE DUC : Oui, malheur ! car il est plus facile à une femme d'expirer que de souffrir. (*Lui saisissant le bras avec son gant de fer*) : Ecrivez.

LA DUCHESSE : Oh ! laissez-moi.

LE DUC : Ecrivez.

LA DUCHESSE, *essayant de dégager son bras* : Vous me faites mal, Henri.

LE DUC : Ecrivez, vous dis-je !

LA DUCHESSE : Vous me faites bien mal, Henri ; vous me faites horriblement mal... Grâce ! grâce ! ah !

LE DUC : Ecrivez donc.

LA DUCHESSE : Le puis-je ? Ma vue se trouble... Une sueur froide... O mon Dieu ! mon Dieu ! je te remercie, je vais mourir.(*Elle s'évanouit.*)

LE DUC : Eh ! non, Madame.

LA DUCHESSE : Qu'exigez-vous de moi?

LE DUC : Que vous m'obéissiez.

LA DUCHESSE : Oui ! oui ! j'obéis. Mon Dieu ! tu le sais, j'ai bravé la mort. (C'est vrai, elle a voulu boire du poison, un peu auparavant.)... La douleur seule m'a vaincue... elle a été au delà de mes forces. Tu l'as permis, ô mon Dieu ! Le reste est entre tes mains.

LE DUC, *dictant* : « L'appartement de Mme la duchesse de Guise est au deuxième étage et cette clef en ouvre la porte. » L'adresse maintenant. (*Pendant qu'il plie sa lettre, Mme de Guise relève sa manche et l'on voit sur son bras des traces bleuâtres.*)

3° — Saint-Mégrin vient au rendez-vous. La duchesse lui dit : « Fuyez! c'est un guet-apens! » Il répond : « Eh bien, puisque je vais mourir, dites-moi que vous m'aimez! » Elle le lui dit. Alors il saute par une fenêtre. Mais des hommes postés l'attendent au bas du mur. A ce moment, le duc entre chez la duchesse et voici la dernière page du drame.

LE DUC : Ah! c'est vous, Madame. Eh bien! je vous ai ménagé un tête-à-tête.

LA DUCHESSE : Monsieur le duc, vous l'avez fait assassiner !

LE DUC : Laissez-moi, Madame ; laissez-moi.

LA DUCHESSE, *à genoux, le prenant à bras-le-corps* : Non, je m'attache à vous.

LE DUC : Laissez-moi, vous dis-je!... ou bien, oui, oui. Venez! à la lueur des torches, vous pourrez le revoir encore une fois. (*Il la traîne jusqu'à la fenêtre.*) Eh bien! Saint-Paul?... Mort?

SAINT-PAUL, *dans la rue* : Non, couvert de blessures, mais respirant encore.

LA DUCHESSE : Il respire. On peut le sauver. Monsieur le duc, au nom du ciel...

SAINT-PAUL : Il faut qu'il ait quelque talisman contre le fer et contre le feu...

LE DUC, *jetant par la fenêtre le mouchoir de la duchesse de Guise* : Eh bien ! serre-lui la gorge avec ce mouchoir ; la mort lui sera plus douce ; il est aux armes de la duchesse de Guise.

LA DUCHESSE : Ah ! (*Elle tombe.*)

Cette dernière scène a sept pages. Avec celles que j'ai résumées tout à l'heure, cela fait douze ou quinze. C'est tout le drame. Il est violent et rapide. Il n'émeut pas ; seulement, si on a des nerfs et si l'on s'y prête un peu, il les secoue assez fort. Certains détails matériels sont d'une invention simple et heureuse. Ce gantelet du mari meurtrissant le poignet de sa femme ; le mouchoir de l'amoureuse servant à étrangler l'amant... cela accroche énergiquement les regards et l'imagination, et, après tout, il y fallait songer. Même, j'approuve beaucoup dans ce drame le rôle de la douleur physique. L'auteur, un grand bonhomme demi-nègre, tout près de la nature et qui, à cause de cela même, n'est pas naturaliste et pense que les contes les moins vrais sont les plus amusants, est pourtant d'avis que les chairs qu'on broie font grand mal ; et ce sentiment ingénu lui suggère une invention d'une vérité hardie. La duchesse de Guise, héroïque sur tout le reste et qui ne craint point la mort, a cependant peur de la souffrance ; pour que le gantelet de fer lâche son bras, elle trahit son amoureux ; elle le trahit en l'adorant et en sachant qu'elle est infâme. Et c'est par cette faiblesse et cette lâcheté même qu'elle est vivante pendant une minute et qu'elle se distingue du troupeau des amantes de théâtre... Cette toute-puissance de la douleur de la chair, subitement affirmée dans un drame romanesque, c'est-à-dire dans un genre où la convention est de ne tenir aucun compte de ce genre de douleur... cela devient admirable à force d'être simple et inattendu. Un de mes amis a coutume de prier ainsi : « Mon Dieu, épargnez-moi la douleur physique. Quant à la douleur morale, j'en fais mon affaire. » Ne vous scandalisez pas et ne le méprisez point. Cela ne signifie en aucune façon qu'il ait le cœur bas. Que dis-je ? Un excellent moyen de résister au mal physique est de sentir violemment à quel point il est inexplicable et absurde. On est alors courageux à force d'indignation. Le silence même devient une des formes de la révolte... La pauvre duchesse de Guise n'en cherche pas si long. Cette exquise héroïne de roman commet une abominable trahison parce qu'elle a la peau tendre. J'aime assez ce rappel brutal, en plein mensonge, de la condition humaine.

Mais, d'ailleurs, dans ce drame en trois scènes, rien qui ressemble à un caractère, et pas la moindre trace d'observation morale : Guise est un ogre sans nuances ; Saint-Mégrin ressemble à tous les amants héroïques et romanesques ; et la duchesse, à part cette minute de lâcheté qui ne s'accorde peut-être pas parfaitement avec l'énergie superbe qu'elle montre partout ailleurs, ressemble à toutes les femmes amoureuses, vertueuses et persécutées. Chacun d'eux se confond avec tous les individus de sa catégorie littéraire. Le drame n'est, au fond, qu'une pantomime véhémente entre l'Amoureuse, l'Amoureux et le Jaloux.

Reste le « tableau d'histoire ». (Il tient, je vous le rappelle, soixante pages sur quatre-vingts, et il remplit notamment tout le quatrième acte, ce quatrième acte où, d'après Sarcey, doit être le point culminant de l'action dans les pièces qui en ont cinq. *Henri III* serait-il une pièce mal faite ? Je frémis en y pensant.) Je ne sais ce qu'était, il y a soixante ans, ce tableau historique ; mais aujourd'hui, il est d'un « toc » ébouriffant. Nous y voyons Saint-Mégrin provoquer en duel le duc de Guise pour faire plaisir au roi, le Balafré demander à Henri III de désigner le chef de la Ligue et Henri III se désigner lui-même... (J'oublie un tas de détails où je n'ai absolument rien compris.) Voilà pour l'action. Ne cherchez pas quel lien elle peut avoir avec l'aventure de la duchesse et de Saint-Mégrin. Quant aux caractères..... Oh ! ils sont conformes aux indications des manuels d'histoire : Henri III est faible et superstitieux ; Catherine de Médicis, superstitieuse et perfide ; les mignons, frivoles et braves, etc... Mais la « couleur locale » ? Ah ! la couleur locale, comme elle triomphe ! comme elle s'étale ! comme elle s'insinue dans les moindres coins ! Comme tout le dialogue en est ruisselant ! De couleur plus « locale » que celle-là, n'essayez pas d'en imaginer une ! Oh ! le premier entretien de Catherine et de Ruggieri, le miroir magique, l'alcôve secrète qui s'ouvre au moyen d'un ressort ! Savourez, je vous prie, ce bout de conversation :

CATHERINE : Quelle heure comptez-vous ?

RUGGIERI : Je ne puis vous le dire.... La présence de Votre Majesté m'a fait oublier de retourner ce sablier, et il faudrait appeler quelqu'un.

CATHERINE : C'est inutile..... Seulement, mon père, je ferai venir d'Italie une horloge... Je la ferai venir pour vous... Ou plutôt écrivez vous-même à Florence et demandez-la, quelque prix qu'elle coûte.

RUGGIERI : Votre Majesté comble tous mes désirs... Depuis longtemps j'en eusse acheté une, si le prix exorbitant qu'il faut y mettre...

Et au second acte... c'est prodigieux, et Dezobry est enfoncé. Les mignons jouent aux échecs et au bilboquet, naturellement ; et nous apprenons en moins d'une page, tant ce dialogue est instructif, que les bilboquets se portaient dans des escarcelles ; que les Gelosi, des comédiens italiens, ont obtenu la permission de représenter des Mystères à l'hôtel de Bourbon, et que cela coûte quatre sous par personne ; que l'on vient de poser la première pierre d'un pont « qu'on appellera le Pont-Neuf », et que le roi a abandonné les fraises goudronnées pour prendre les collets renversés à l'italienne... Et les

« Vive Dieu! » les « Tête-Dieu ! » les « Par la mort Dieu ! » c'est comme s'il en pleuvait. Voici, du reste, une cuillerée de cet extrait Liebig de couleur locale à l'usage des bourgeois :

D'EPERNON (*il fouille dans une escarcelle*) : Eh bien ! des *dragées à sarbacane*, voilà tout... Je ne pensais plus que j'avais perdu à la *prime* jusqu'à mon dernier *philippus*..... Je ne sais ce que devient ce maudit argent ; il faut qu'il soit trépassé... *Vive Dieu !* Saint-Mégrin, toi qui es ami de *Ronsard*, tu devrais bien le charger de faire son épitaphe. (Ronsard est-il amené assez délicatement?)

SAINT-MÉGRIN : Il est enterré dans les poches de ces coquins de ligueurs... Je crois qu'il n'y a plus guère que là qu'on puisse trouver les *écus à la rose* et les *doublons d'Espagne* ; etc...

Je vous réponds que ces choses-là font rudement aimer la couleur locale de *Britannicus* ou de *Bajazet*.

Si encore ces choses eussent été nouvelles en 1829 ! *Henri III* pourrait garder du moins l'intérêt d'un document littéraire. Mais Dumas, lui-même, nous fait cet aveu, et on peut l'en croire : « Je ne me déclarerai pas fondateur d'un genre, parce que, effectivement, je n'ai rien fondé : MM. Victor Hugo, Mérimée, Vitet, Lœve-Veimars, Cavé et Dittmer ont fondé avant moi et mieux que moi ; je les en remercie ; ils m'ont fait ce que je suis. »

Alors, je reviens à ma question : « Seigneur, pourquoi cette reprise? »

RÉPONSE A M. FRANCISQUE SARCEY.

8 avril 1889.

Je vous assure que je n'avais pas l'intention de vous reparler de *Henri III et sa Cour*, et que ce n'est point pour mon plaisir que je le fais. Mais on m'y force, et dans des conditions bien fâcheuses pour moi. Car pourquoi, en somme, feindrais-je d'ignorer que l'indulgent Odéon veut bien donner, demain mardi, une comédie que j'ai écrite de mon mieux ? Au moment donc où je vais, à mes risques et périls, tenter une expérience qui, paraît-il, fait frémir d'épouvante mes meilleurs amis (au moins si je cours à ma perte, ce ne sera pas faute d'avoir été averti), mon cher maître, M. Francisque Sarcey, a trouvé opportun de me démontrer, en trois points et en douze colonnes, que je n'ai rien compris à *Henri III*, il y a six semaines ; ce qui, à coup sûr, suggérera aux méchants cette idée que je n'entends peut-être pas grand'chose au théâtre en général. Et cela est certes un méchant tour. Car, si je ne réponds pas, on ne manquera pas de dire : « Il est collé ! » et vous sentez bien qu'une âme un peu noble ne saurait soutenir cette pensée. Et alors me voilà obligé de recommencer publiquement la critique du drame de Dumas, juste la veille du jour où je livre moi-même au public un ouvrage qui, selon toute probabilité, ne vaudra pas la moindre des amusettes du grand dramaturge. Je conçois très vivement, croyez-le bien, ce qu'il y a de ridicule dans une pareille posture ; je conçois qu'il est très spirituel de m'y avoir réduit, qu'il était impossible de me démontrer plus ingénieusement la profonde incompatibilité qu'il y a, dit-on, entre le métier de critique et celui d'auteur dramatique ou de romancier, et que l'embarras où je dois me trouver est déjà ma condamnation...

Mais pourtant, si je n'en éprouve point, d'embarras ? Une position cesse d'être fausse, qui est acceptée franchement et tout entière. Si ma pièce est mauvaise, on me le dira ; et si tout le monde me le dit, je le croirai. Mais les pièces des autres n'en vaudront pas mieux pour cela, et en quoi, je vous prie, aurai-je perdu le droit de le dire ? Ceux qui me refuseront ce droit se font donc une singulière idée de la critique ? Se figure-t-on que les critiques sont des gendarmes, et les autres écrivains des malfaiteurs, en sorte qu'il faut absolument opter, et pour toujours, entre ces deux ordres de fonctions ? Et s'imagine-t-on, lorsque je trouve des fautes chez autrui, que je les signale dans un esprit d'orgueil, d'hostilité et de rivalité, comme quelqu'un qui s'estime incapable d'y jamais tomber ? Ai-je besoin de vous assurer que j'ai toujours été fort éloigné de ces sentiments? Parmi mes plus grosses malices ou mes plus naïves sévérités, j'ai toujours eu soin de faire, sans le dire, un retour sur moi, et de me souvenir que nous sommes infirmes et mortels ; qu'au surplus, d'écrire des chefs-d'œuvre ou des niaiseries, cela ne dépend jamais entièrement de nous, et qu'enfin la littérature n'est qu'une vanité un peu plus noble et plus divertissante que les autres. Même, il n'y a personne, je crois, à qui je sois plus prêt à tendre la main que quelques-uns de ceux dont j'ai dit le plus de mal.

— Mais, direz-vous, celui qui juge par profession ne doit pas, dans l'intérêt de son crédit, se mettre dans le cas d'être jugé; et quand on tient les verges, il est absurde de les passer aux autres en les invitant à s'en servir contre vous. — Ce n'est donc plus qu'un conseil de prudence que l'on me donne. Et, puisque je n'écoute point ce conseil, les personnes bienveillantes pourraient alléguer en ma faveur qu'il y a peut-être quelque loyauté et quelque bonne foi à s'abandonner volontairement aux appréciations des autres, quand on a fait longtemps métier de les juger. Mais non : ce n'est point un certificat de bravoure que je réclame. Nous faisons tous de notre mieux. J'ai dit mon impression sur beaucoup de mes compagnons de travail, et souvent sur de plus forts que moi. On me le rendra ; on l'a déjà fait en plus d'une occasion. Il est naturel que nous soyons tous, à la fois ou tour à tour, critiquants et critiqués... Et enfin, si je ne vous convaincs pas et si vous persistez à verser sur moi des larmes de crocodile, laissez-moi revendiquer le droit le plus précieux d'un homme libre : celui de faire une sottise.

... C'est donc d'une âme sereine que je me défendrai contre les attaques horriblement astucieuses d'un maître d'ailleurs vénéré.

En deux mots, j'avais dit que *Henri III et sa Cour* ne m'avait pas fait tout le plaisir que je m'en étais promis ; que la pièce se compose d'un tableau historique et d'un drame de passion ; que le tableau d'histoire (qui remplit notamment tout le second et tout le quatrième acte) a soixante pages et que le drame en a quinze (j'avais pris soin de compter) ; que les deux sont parfaitement indépendants l'un de l'autre et qu'il se pourrait donc que *Henri III* ne fût pas une pièce très bien faite. Je n'osais point l'affirmer, mais j'avais des inquiétudes. Faguet les avait aussi, et pourtant nous ne nous étions point entendus.

M. Sarcey nous rassure. Il nous rassure énergiquement et, si je puis dire, à tour de bras. Je résume sa démonstration.

Le sujet de *Henri III* étant donné, il y avait, d'après M. Sarcey, deux choses très dures à faire avaler au public.

D'abord il faut que le public accepte la scène où

le duc de Guise contraint la duchesse, par des violences matérielles, à écrire à son amant la lettre qui l'attirera dans le guet-apens où il doit trouver la mort.

Or, c'est à préparer et justifier cette scène que sert tout le second acte (où d'ailleurs il n'est nullement question de la duchesse ni de ses amours avec Saint-Mégrin).

Et M. Sarcey le démontre copieusement.

Puis, il faut que le public admette dans la dernière scène que Saint-Mégrin, surpris avec la duchesse par son mari, s'échappe par la fenêtre, au lieu de rester à la défendre.

Or, c'est à justifier cette fuite que sert le quatrième acte, où Saint-Mégrin provoque le duc de Guise. Saint-Mégrin n'a le droit de quitter sa maîtresse à l'heure du danger que pour aller au rendez-vous d'honneur où il est attendu.

Et M. Sarcey le démontre avec abondance.

Je ne saurais vous dire combien cela m'ennuie d'être obligé de réfuter une argumentation si plausible. (Relisez-en le détail, je vous prie, dans le *Temps* du 1er avril.) Cette idée, que M. Sarcey paraît sans doute avoir raison, mais que, peut-être, tout à l'heure, j'aurai l'air d'avoir raison à mon tour, me glace d'avance. Enfin, puisqu'il le faut, moi aussi, *argumentabor*.

1° Si le lien entre le tableau d'histoire et le drame de passion que contient *Henri III* était si étroit et si évident, M. Francisque Sarcey n'aurait pas eu besoin de cinq cents lignes, — et beaucoup plus longues que les miennes, — pour nous le faire saisir. Mon excellent camarade Faguet vient d'écrire sur Mme de Staël, sur Benjamin Constant et sur Joseph de Maistre, d'admirables études, qui sont assurément les plus puissantes reconstructions d'âmes et de systèmes qu'on ait vues depuis les premiers ouvrages de M. Taine. Faguet ne manque donc point de clairvoyance ni de pénétration. Or, Faguet n'a point vu plus que moi de lien nécessaire entre les amours de Saint-Mégrin et les enluminures historiques du second et du quatrième acte. Enfin, une chose qui paraît si évidente à M. Sarcey ne devrait pas échapper tout à fait aux gens d'intelligence moyenne, dont je suppose que je suis. Ce mérite de composition, que je n'ai pas su voir, M. Sarcey prétend que le public « le *sent d'instinct*, sans demander qu'on le lui explique ». Cela est plus facile à affirmer qu'à vérifier. Je crois, moi, que le bon public se divertit aux scènes des mignons parce qu'elles lui semblent amusantes en elles-mêmes, voilà tout. M. Sarcey ne sait pas plus que moi pourquoi le public s'amuse.

2° J'admets que tout le second acte soit nécessaire en effet, pour nous faire comprendre que le duc de Guise est capable de brutaliser une femme, et que tout le quatrième soit indispensable pour que nous permettions à Saint-Mégrin de sauter par la fenêtre au dénouement. Je dis alors que voilà de bien grands efforts et bien longs ; que c'est tirer les choses de diablement loin ; et que c'est beaucoup de deux heures de préparation pour rendre vraisemblables deux mouvements dont le premier dure une minute et l'autre quelques secondes. Il y a là je ne sais quelle lourde disproportion entre les moyens et la fin. Si les difficultés qu'offre toujours la composition d'un drame sont comme des problèmes dont il s'agit de trouver la solution, aucun mathématicien ne jugera ici que la solution ait été « élégante ». Elle n'apparaît qu'au bout d'une longue file de trinomes inutiles et d'équations superflues, à couvrir tout le tableau noir. Et, dans ce cas, si *Henri III* est d'une construction solide, il n'est donc point d'une construction claire ni aisée. On fait moins de tort au vieux Dumas en donnant son deuxième et son quatrième actes pour de franches digressions, — qui peuvent être charmantes, et qui, je l'avoue, ont paru telles à la foule.

3º M. Francisque Sarcey n'a-t-il pas commis dans sa prestigieuse démonstration quelques inadvertances ? Et, par exemple, après avoir proclamé la nécessité du second acte, il cite la phrase qui termine le premier (« Qu'on me cherche les mêmes hommes qui ont assassiné Dugast ! ») et la commente ainsi :

« Ce mot est comme un jet de lumière sur l'âme du duc de Guise. Voilà un homme qui est capable de tout : brusque, violent, hautain, vindicatif, tout entier au premier emportement de la passion. Quoi? pour un mouchoir qu'il a vu traînant sur une chaise longue, sans se mettre en peine de rien approfondir, tout de suite il donne l'ordre qu'on aille lui chercher des spadassins ; et quels spadassins ? Ceux qui, déjà, lui ont rendu le service de le débarrasser d'un ennemi. Voilà un homme qui se tient au-dessus de toutes les lois et de toutes les convenances. Il se croit trahi ; il n'examine rien et, de prime-saut, il a recours non à l'épée, mais au poignard. »

Cet ingénieux commentaire infirme, il me semble, toute la première partie de l'argumentation de M. Sarcey : car à quoi bon le second acte, si nous savons dès le premier de quoi est capable le duc de Guise ? Quelques traits bien choisis, du genre de celui que cite mon maître, eussent amplement suffi à nous faire admettre le bras de la duchesse serré par le gant de fer du duc et ce qui s'en suit. Nous savons, en gros, que le seizième siècle fut une époque de passions énergiques et que le duc fut, entre tous, un terrible homme ; et nous attendons de lui toutes les violences. Ce qu'il fait d'ailleurs, quel que soit l'adoucissement ou l'amollissement des caractères, on trouve encore aujourd'hui des maris qui le feraient à l'occasion. Vraiment, M. Sarcey nous surfait l'énormité de la conduite du duc de Guise, et il exagère singulièrement la difficulté qu'il y avait à nous la faire pressentir et admettre. M. Sarcey nous pose un sophisme, si j'ose m'exprimer ainsi.

Et j'en flaire encore un autre. Je vous ai dit qu'au jugement de M. Sarcey, le quatrième acte justifie le saut de Saint-Mégrin par la fenêtre. « Est-ce qu'il a peur ? Nous savons bien que non, puisque, dans quelques heures, il va se trouver face à face avec son ennemi, l'épée à la main, et qu'il est convenu que l'un des deux doit rester sur le carreau. Guise n'est plus seulement un mari jaloux qui se venge de l'amant de sa femme : c'est un chevalier félon, qui se dérobe aux chances d'un combat singulier. Saint-Mégrin, en sautant par la fenêtre, n'est plus un amant qui fuit devant un danger, mais un adversaire qui court au rendez-vous d'honneur où l'on aurait dû l'attendre. »

En somme, c'est un cas de conscience que Saint-Mégrin a subitement à résoudre. Il doit défendre sa maîtresse que l'on va très probablement assassiner, et il doit à la même heure aller sur le terrain. Il faut qu'il choisisse—et tout de suite—entre ces deux devoirs. M. Sarcey, très habilement, n'attire notre attention que sur le second. Pourtant il me paraît bien que c'est le premier qui est le plus pressant. Tout cela se passe si vite, il est vrai, que nous n'avons point le temps d'examiner ce petit problème moral. Mais enfin, il suit de tous ces beaux raisonnements que la merveilleuse utilité du quatrième acte consiste à amener, au cinquième, une complication d'où l'auteur ne se tire qu'en nous ôtant le loisir de la réflexion. Or, si nous n'avons pas le temps de réfléchir aux raisons qui justifient le saut de Saint-Mégrin, qu'importent ces raisons ? Et n'y pouvait-on trouver, à ce saut, une préparation plus courte ? Que dis-je ! ce saut dans les ténèbres et sur des pointes de poignards est superbe par lui-même. Quand Saint-Mégrin ne sauterait que pour nous faire frémir, nous frémirions tout de même. M. Sarcey, — contre ses habitudes, — croit ici le public plus malin qu'il n'est. Au fond, peu lui chaut, au public, pourquoi Saint-Mégrin saute, pourvu qu'il saute.

Ai-je épuisé tous les paralogismes de l'artificieux critique du *Temps* ? Oh ! que non. Il me fait remarquer que ce quatrième acte, qui, selon moi, « n'a pas ombre de rapport avec le drame », s'ouvre par une scène où Saint-Mégrin reçoit le billet écrit par la duchesse, et se termine par une autre scène très dramatique, celle où le roi ayant retenu son favori pour lui donner une leçon d'escrime, Saint-Mégrin sent que l'heure passe, et se désespère. Et M. Sarcey conclut victorieusement :

« Mais il n'est question, au contraire, que du drame dans ce quatrième acte !... »

Pardon ! Il en est question, vous l'avez dit vous-même, au commencement et à la fin. J'avais dit, moi, qu'il n'en était pas question du tout. Vous dites qu'il en est question tout le temps. Nous exagérons tous les deux, c'est évident ; mais vous exagérez beaucoup plus que moi !

4° M. Sarcey, pour être plus sûr d'avoir raison, fait ce qu'on fait inévitablement, au bout de cinq minutes, dans toutes les discussions, et ce que je lui ai sans doute rendu, sans le savoir, en lui répondant. Il me prête des choses que je n'ai pas dites et des pensées que je n'ai point. Par exemple, après avoir cité le passage où le roi dit à Guise qui veut mettre sa signature à côté de la sienne : « Non, mon cousin, signez au-dessous », M. Sarcey m'interpelle: « Eh ! je sais bien, mon cher Lemaître, que vous allez vous récrier là-dessus et me dire : Quoi ! c'est ça que vous appelez une trouvaille ! » Mais non, mais non, je ne dis point cela, et je trouve au contraire que le mot du roi est très bien. Et il y a encore beaucoup d'autres choses que j'admire dans *Henri III*. Mais je n'ai plus le temps de vous les dire.

Il n'y a qu'un point sur lequel je veux bien reconnaître que je m'étais peut-être trompé. Il est très probable que le drame de Dumas a été, dans son temps, plus original que je n'ai dit. J'en avais contesté l'originalité en m'appuyant sur une phrase de Dumas lui-même, — trop modeste une fois par hasard. M. Sarcey rend plus de justice au grand amuseur : « ..... Cette nouvelle manière, c'était un tout jeune homme qui l'apportait. D'autres sans doute, Mérimée, Stendhal, Vigny et le maître à tous, Victor Hugo, avaient lancé de superbes manifestes où ils criaient sur tous les tons : « Ça ne peut pas durer, il nous faut autre chose. » Mais cette autre chose, c'est lui, ce garçon de vingt-quatre ans, assez ignorant d'ailleurs, et peu mêlé au mouvement romantique, qui l'avait trouvé presque sans s'en douter et qui lançait la révolution. »

Cela doit être vrai, quoiqu'il soit toujours extrêmement difficile de fixer la part de chaque écrivain dans une révolution littéraire. Ces grands mouvements se préparent insensiblement avant d'éclater au grand jour ; chaque génération collabore avec celle qui l'a précédée et avec celle qui la suivra ; les hommes de génie recueillent et expriment ce qui était pressenti avant eux et ce qui, autour d'eux, flotte, inachevé, dans les esprits. On pourrait presque dire que l'invisible multitude des âmes contemporaines,—j'entends celles qui ont quelque noblesse et qui sont capables d'inquiétude, — sollicite et détermine, par je ne sais quelle pression, quelle pesée obscure, les inventeurs à produire leurs chefs-d'œuvre. Et ainsi, nous qui sommes la foule, nous qui n'avons que des désirs et qui ne savons rien créer, nous contribuons, en un sens, à tout ce qui se fait de beau de notre vivant : nous y contribuons à force de l'attendre et de l'aimer... Pour revenir à Dumas, *Henri III* est postérieur à *Cromwell*, mais antérieur à *Marion Delorme*. Son originalité est donc grande.

... Et je sens mieux maintenant tout ce qu'il y a de chinois dans ma querelle avec mon maître. En somme, l'exercice auquel nous nous sommes livrés ne prouve rien, puisqu'il est également possible de « démontrer » que *Henri III* est, comme il dit, « une merveille de composition », et que *Henri III* est composé de deux actions à peu près indépendantes l'une de l'autre. J'ignore donc absolument si ce drame est bien ou mal fait : mais je suis sûr qu'une de ses parties m'a plu médiocrement, et que je n'en ai pas vu le lien avec l'autre partie. Bref, je ne suis sûr que de mon impression. En cela, je suis tout pareil aux autres hommes. Ce que sont les choses, nous ne pouvons que l'induire par le raisonnement, qui trompe : mais l'effet qu'elles font sur nous, nous le connaissons de science certaine. En d'autres termes, le sentiment est la seule réalité. On me reproche souvent mon « impressionnisme » ; mais c'est l'impressionnisme qui est sérieux et loyal, et c'est le reste qui n'est que jeu d'esprit.

Car voyez combien toutes ces discussions sont inutiles. Je viens de me donner beaucoup de peine pour démontrer une seconde fois que *Henri III* n'est point une œuvre d'une unité parfaite ; mais est-ce à cause de cela que *Henri III* ne m'a pas entièrement séduit ? Nullement. J'adore *le Réveillon*, bien qu'on en puisse distraire tout le second acte sans rien enlever de nécessaire à l'action. J'aurais aimé le second et le quatrième acte de *Henri III*, quoique indépendants du drame de passion, si... enfin, s'ils m'avaient plu, ô La Palisse ! Ils ne m'ont pas beaucoup plu, non point parce qu'ils sont faux historiquement (cela me choquerait peu ; et puis, qui dira s'ils sont faux tant que cela ?), mais parce que... Pourquoi chercher ? M. Sarcey me fournit le mot dont j'ai besoin. « Le duc de Guise est casqué, cuirassé, sombre. De quoi parle-t-il ? .. Ça m'est égal qu'il ne dise que des niaiseries. Au point de vue dramatique, il dit des choses sérieuses. » Hé ! moi aussi, ça me serait égal qu'il ne dise que des « niaiseries » si je ne m'en apercevais pas. Mais je m'en aperçois, c'est plus fort que moi. Ces choses-là ne gênent point M. Sarcey. Que dis-je ? C'est surtout lorsqu'une œuvre, excellente « au point de vue dramatique », se trouve être inélégante en soi et peu « littéraire », qu'il exulte et triomphe abondamment. Il lui est plus doux d'avoir raison, lorsqu'il a raison contre les purs « artistes », les affectés, les tourmentés, les épris de la forme... Il est enchanté de n'être pas de l'avis de ces « précieux », de ces prétentieux qui ne sont pas du métier, qui ne savent pas les planches. Cette idée le ravit, que le théâtre, ce ne soit presque plus de la littérature... Et dire qu'après vingt ans de feuilleton, je serai peut-être comme lui, — avec ses savoureuses qualités en moins !

... Et puis, voilà ! je lui en veux de m'avoir contraint *aujourd'hui* à avoir l'air d'admirer médiocrement la première œuvre d'extrême jeunesse de ce surprenant génie qui a nom Dumas père, — et à déplaire par là (quoi que je fasse et quelle que soit sa générosité d'âme) à l'un des hommes que j'aime et j'admire le plus, j'entends Dumas fils.

RÉVOLTÉE

Odéon : *Révoltée*, comédie en quatre actes, de M. Jules Lemaître.

15 avril 1889.

Je me réjouissais à la pensée d'avoir congé cette semaine. Il me paraissait que cela était convenable. Mais le directeur de ce journal a tant de confiance en moi qu'il a désiré que je fisse moi-même le compte rendu de ma comédie. Il a pensé (peut-être à tort) que je la connaissais mieux que personne. Je me résigne donc, et je me raconterai avec simplicité. Au reste, la bienveillance de la plupart de mes confrères m'a rendu la tâche assez aisée.

« Mon Dieu ! faites que ma fille ne soit pas comme mon péché qui se renouvelle et qui marche devant moi ! Montrez-moi, en la préservant, que vous m'avez pardonné. J'ai besoin de sa vertu pour me sentir absoute. » Il me semble que cette prière d'une « mère coupable » exprime l'idée première d'où est née *Révoltée*.

La comtesse de Voves, mariée sans amour à un homme de son monde, a eu secrètement, voilà vingt ans, une fille qui n'était pas de son mari : Hélène. Elle l'a fait élever dans un lointain couvent de province et a trouvé moyen de lui faire épouser un brave garçon, Pierre Rousseau, professeur de mathématiques. Elle n'a point révélé à Hélène le secret de sa naissance et a même oublié de l'aimer, ne s'occupant d'elle que de loin et avec un peu trop de prudence. Son excuse, si elle en peut avoir une, c'est que d'abord elle craignait que son mari ne découvrît sa faute, et c'est surtout qu'elle avait un fils, André, à qui elle voulait cacher son aventure à tout prix. Justement André de Voves est le camarade de collège et le meilleur ami du professeur Rousseau. Cet André, sévèrement et tendrement élevé par sa mère, est un excellent cœur, un parangon d'amitié et de dévouement, un peu Alceste et un peu don Quichotte. Au moment où commence la pièce, Mme Hélène Rousseau, qui ne s'est mariée que pour sortir du couvent, et à qui son enfance sans mère et le sentiment de l'injustice de la destinée ont fait une âme ennuyée et insoumise, prompte à l'amertume et à la révolte et, en même temps, pleine de convoitises par une trop longue compression, est sur le point de succomber aux entreprises d'un certain Jacques de Brétigny, homme de sport et de cirque, très musclé, passablement fat et assez spirituel. Or, depuis que Mme de Voves voit librement sa fille, qu'elle comprend ce que cette enfant a souffert, et qu'elle la sent en danger, elle s'est mise à l'aimer ardemment ; et elle est d'autant plus décidée à tout pour la sauver que, devenue dévote au tournant de l'âge, la chute de sa fille lui apparaît comme son propre châtiment. Le bon André, lui, est inquiet pour d'autres raisons. C'est par amitié pour son ami Pierre qu'il entend veiller sur la vertu d'Hélène.

Telle est la situation exposée au premier acte, lequel se passe chez la comtesse de Voves, le jour où elle reçoit quelques intimes, entre autres Mme Herbeau, une excellente femme, d'humeur un peu excentrique, fine et renseignée sur la vie, malgré des apparences de frivolité, et qui, seule et indépendante, a choisi pour amusette d'avoir un salon littéraire. Il se trouve dans cet acte une satire innocente et superficielle de travers inoffensifs... et j'en suis encore à me demander comment, par quelle aberration ou quelle grosse malice, quelques-uns ont affecté de reconnaître l'un des plus grands esprits de ce temps et celui, à coup sûr, pour qui j'ai le plus de tendresse et de vénération, dans la personne de l'académicien Barillon, vaudevilliste de son état, et qui « fait des mots » sur les pauvres gens, — simple fantoche, comme vous voyez, et silhouette de pure fantaisie.

Le deuxième acte se passe chez Mme Herbeau, dans un petit salon, pendant une sauterie. (Il me fallait un endroit neutre où tous les principaux personnages pussent se rencontrer.) Hélène et Brétigny viennent s'y réfugier entre deux valses. J'ai tâché que leur « scène d'amour » fût bien d'aujourd'hui, que ce fût bien la dernière conversation, avant celle qu'on nomme « criminelle », entre un gentilhomme-clown tout à fait dénué d'illusions et une petite femme qui, sans savoir très au juste ce que c'est que positivisme, darwinisme, lutte pour la vie, etc., vit cependant dans une atmosphère morale tout imprégnée de ces idées-là, en soupçonne quelque chose et les traduit en une sèche ironie qui lui est naturelle ; bref, une sorte de Froufrou « cérébrale » et pessimiste. — Leur conversation est dérangée par Mme de Voves et par André. Celui-ci, déjà troublé par des demi-confidences involontaires où Rousseau lui a laissé entrevoir combien il souffre de la froideur d'Hélène, s'élève violemment contre la jeune femme et finit par dire à Mme de Voves : « Tenez, c'est une fille ! Comme sa mère apparemment ! » Puis il l'interroge sur cette mère inconnue qui a si vilainement abandonné son enfant ; il la presse de questions : tant que Mme de Voves, suppliciée par cet interrogatoire, comprenant aussi que, toute seule, elle ne peut rien pour sauver Hélène, fait enfin à André, par un détour transparent, l'aveu de sa maternité secrète... Lorsqu'il a compris : « Ma mère, dit-il, que voulez-vous que je fasse ? — Veille sur Hélène, c'est ton devoir. » — Là-dessus, et tandis que Rousseau, rompu de fatigue, emmène Hélène, André aborde Brétigny, le supplie « de ne pas devenir l'amant de Mme Rousseau ». L'autre se récrie et raille ; André cherche en vain à se contenir ; il sent la colère lui monter aux lèvres... et la scène se termine par une provocation...

Troisième acte : chez Pierre Rousseau. Hélène s'ennuie. Elle consent dans son cœur à la faute : « ... Qu'est-ce qui m'arrête ? Je ne crois à rien, oh! mon Dieu ! non, à rien ! » — Rousseau rentre accompagné d'André qui, avant de se battre pour son ami, a éprouvé le besoin de le revoir. Cette fois, Rousseau fait l'entière confession de sa souffrance. Alors, André : « Ce que tu me dis là, dis-le-lui ! Il le faut. Promets-le-moi. » — Et, en effet, le pauvre Pierre essaye de reprendre la railleuse et fuyante petite femme en lui ouvrant son cœur jusqu'au fond. Il est touchant, il est éloquent (du moins j'ai voulu qu'il le fût), mais il est maladroit, ou plutôt il n'y a rien à faire, car elle ne songe qu'à « l'autre », et Pierre conclut l'entretien (qu'est venu interrompre le rappel brutal du métier, l'élève qui attend pour sa « répétition ») par des paroles de menace. « Ah ! dit Hélène, c'est comme ça ! » Et elle écrit à Brétigny pour accepter son rendez-vous.
— Mme de Voves entre à ce moment-là ; elle a vu le mouvement d'Hélène cachant le billet qu'elle vient d'écrire et, après avoir bien constaté que tous les conseils seront inutiles, elle risque, si je puis dire, son va-tout, elle prend le billet et le déchire : « Mais, Madame... — Ecoutez-moi, il le faut. Mon fils se

bat avec Brétigny à cause de vous. » Hélène proteste violemment contre cette intrusion d'André. « A quel titre ? demande-t-elle avec colère. — A quel titre ? Tu veux le savoir ? Il se bat pour toi parce qu'il est ton frère, malheureuse ! » Et Mme de Voves lui ouvre ses bras, et Hélène ne s'y jette point : « Ma mère ?.... Non, rien ! » Le souvenir de son enfance abandonnée lui revient : «... Vous m'avez aimée de si loin !... Dieu ! que j'ai été malheureuse dans ce couvent ! » Sa mère la supplie de ne pas revoir M. de Brétigny ; elle ne veut rien promettre : « Oublions tout... Ne vous croyez pas de si terribles devoirs envers moi. Je ne vous rends responsable de rien, ni dans le passé, — ni dans l'avenir. »

Ce n'est pas, assurément, que ce soit une grande hardiesse, ni une idée bien originale que ce silence de la vieille « voix du sang ». Mais enfin nous comptions un peu sur cette scène, M. Porel et moi. Je croyais qu'Hélène, par la douleur même qu'elle sent de ne pouvoir rien sentir et par l'aveu qu'elle en fait, inspirerait quelque pitié et quelque sympathie. Or, je dois l'avouer, l'effet de cette scène a été moindre que celui des précédentes. C'est évidemment la faute de l'auteur. Il se peut d'abord que la scène soit trop longue et que, en supposant qu'elle soit hardie (oh ! il ne s'agit là que d'une audace de théâtre et dont l'idée est à la portée de tout le monde), cette hardiesse soit trop expliquée, trop

« phrasée » par les personnages et qu'ils aient trop l'air d'en avoir conscience. Ou bien, peut-être l'effet de ce second aveu se trouve-t-il escompté par le premier (celui que Mme de Voves a déjà fait à son fils). Dans ma pensée, les deux aveux étaient nécessaires pour que l'expiation de la mère fût complète, et je pensais d'ailleurs que la forme en était aussi différente que possible, l'un étant indirect et presque involontaire, l'autre étant volontaire, jeté bien en face, avec une énergie désespérée. Mais il se peut que je me sois trompé. Je dis : « il se peut » ; je dirais que j'en suis sûr si un certain nombre de personnes intelligentes, et dont je n'ai aucune raison de me défier, ne m'assuraient que la scène leur a plu telle qu'elle est.

Je me souviens cependant que, lorsque M. Dumas eut la bonté d'écouter, il y a deux ans, la lecture de mon manuscrit, il me dit très nettement : « Trop d'aveux ! Il n'en faut qu'un. — Et à qui doit-il être fait ? Au fils ou à la fille ? — Au fils. Et la mère doit faire cet aveu carrément, d'elle-même, sans être interrogée, et dès qu'elle reconnaît que le seul moyen de sauver l'enfant adultérine est de la mettre sous la protection de son frère. Et qu'André aille trouver cette petite malheureuse, et qu'il lui parle de haut... Les femmes sont des enfants malades et vicieux. Il faut les brutaliser pour leur bien ! Qu'Hélène sente un homme, un homme plus fort qu'elle, un homme chaste contre qui elle ne peut rien... —

Et faut-il qu'André provoque Brétigny ? — Peut-être. — Et, dans ce cas, faut-il qu'André meure ? — Il n'y a pas de doute là-dessus. La mort de l'enfant légitime sera le châtiment providentiel de la mère adultère. » Ainsi parlait, ou à peu près (si j'ai bonne mémoire), l'illustre écrivain, imaginant à mesure, et sans plus se soucier du mien, un drame que lui seul était capable de faire.

Ainsi le premier moyen de remédier à l'infirmité de mon œuvre serait de supprimer l'aveu de la mère à la fille. Un autre moyen serait de supprimer, au contraire, la confession de la mère au fils. André devinerait tout seul, à certains indices, le secret de sa mère. (Seulement ces indices, ce serait toute une affaire de les imaginer, puis de les disposer avec vraisemblance, de façon qu'André pût les réunir et que leur assemblage lui fût une révélation. Je laisse cela à de plus habiles que moi.) Donc André, après avoir traité Hélène fort durement, changerait de manières quand il saurait ce qu'elle lui est ; et c'est à ce changement même que Mme de Voves devinerait qu'il sait tout... Cette idée-là est de M. Henry Lavoix qui lut *Révoltée* quand je la présentai à la Comédie-Française, et qui la jugea avec une sévérité extrême. Chose bizarre ! je ne lui en veux point de cette sévérité, parce que la pièce a à peu près réussi, et je sens que je lui en voudrais un peu si elle avait échoué, c'est-à-dire s'il avait eu raison. Ce devrait être le contraire, et mon sentiment est absurde ; mais il est humain.

Enfin, il faut que je vous rapporte l'opinion de M. Ludovic Halévy. Il fut charmant, lui, très doux et très clairvoyant à la fois, et il me donna les meilleurs conseils. Mais il ne cessait de me répéter : « Ce sujet est bien pénible... Ah ! qu'il est pénible !... Et puis, pourquoi est-ce André qui reçoit un mauvais coup à la fin ? C'est triste, et ça n'est pas utile. — Mais il faut que la mère coupable soit châtiée. — Oh ! elle l'est bien assez. Non, voyez-vous, il faut égayer, éclaircir tout cela, y mettre un peu d'aisance et de sourire... Voyons !... si vous supposiez que Brétigny a un petit frère qui suit les cours de Condorcet, et à qui Rousseau donne des leçons... — Toto, alors ? — Toto, si vous voulez... Enfin, quelque chose qui nous détende... » Et moi, docile, j'ajoutai Toto, et je remis la pièce en trois actes, — avec un dénouement gai. Et je m'aperçus qu'elle valait un peu moins qu'auparavant. Si vous êtes un peu badauds et curieux d'inutilités, je puis vous transcrire une des scènes où figurait Toto, c'est-à-dire le petit Georges de Brétigny, frère de Jacques. Il venait chez Rousseau pour prendre sa leçon, et là il rencontrait André de Voves.

ANDRÉ : Eh bien, Georges, es-tu content de ton professeur ?

GEORGES : Oui, il est très fort. On le cote beaucoup au bahut. Et puis, c'est un brave homme. Par exemple, il n'est pas gai. Mais ça ne m'étonne pas.

ANDRÉ : Ah ! tu sais pourquoi ?

GEORGES : Dame ! Il a une femme trop chic pour lui, une femme qui s'embête. Je connais ça. On appelle ça la névrose aujourd'hui. Jacques ne demanderait pas mieux que de la désennuyer. Moi, je viens ici pour prendre des leçons ; il voudrait bien en donner, lui !

ANDRÉ : C'est de toi, ce mot-là ?

GEORGES : Non, c'est de Jacques. Je lui rends de rudes services, allez, à Jacques ! D'abord, il me remet toujours pour la patronne des billets de théâtre et des billets pour tous les endroits où on s'amuse. Et puis, comme ma leçon tombe le jour où elle reçoit, je prête l'oreille et, quand il n'y a pas de visites, sans faire semblant de rien, je relève le rideau de la fenêtre dans le cabinet du père Rousseau. C'est pour indiquer à Jacques, qui est dans la rue, que la patronne est seule et qu'il peut monter. Vous voyez comme c'est simple.

ANDRÉ : Tu fais là un joli métier !

GEORGES : Ben, quoi ! Puisqu'elle s'embête et que le père Rousseau ne se doute de rien ! C'est pas du tout contre lui, tout ça. Et puis, moi je fais tout ce que veut Jacques.

ANDRÉ : Tu l'admires beaucoup, ton grand frère ?

GEORGES : Ah ! oui, que je le cote ! Connaissez-vous quelqu'un de plus chic que lui, vous ? Moi pas. Quand je serai libre...

ANDRÉ : Eh bien ?

GEORGES : On me force à préparer Saint-Cyr ; mais je le raterai, ça ne sera pas difficile. Et alors je vivrai comme Jacques. C'est la vraie vie, ça.

ANDRÉ : Mais, petit malheureux... Non, continue, tu m'intéresses.

GEORGES : Oh ! vous, je sais, vous êtes vieux jeu. Mais il n'y en a guère de comme vous, allez ! Qu'est-ce que vous voulez qu'on fasse dans cette fin de siècle, comme dit Jacques ? On ne gobe plus. On voudrait gober qu'on ne pourrait pas.

ANDRÉ : Et as-tu déjà débuté ?

GEORGES : Je fais ce que je peux... Ainsi je suis très bien avec Mme de Crécy. C'est Jacques qui m'a fait faire sa connaissance.

ANDRÉ : La grosse Liline ? Mais, petit malheureux, respecte au moins la vieillesse ! Elle a mouché ton frère, Liline. Elle pourrait être ta grand'mère.

GEORGES (vexé) : Je vous demande pardon. Je la connais mieux que vous peut-être ! Mme de Crécy n'a que vingt-huit ans.

ANDRÉ : Tu dis ?

GEORGES : Vingt-huit ans... et trois mois. Elle me l'a prouvé. Ainsi !... D'ailleurs, c'est une femme absolument distinguée.

ANDRÉ : Allons, Monsieur Georges, vous vous vantiez. Vous gobez encore un peu. Et dire que cette illusion sur Liline est peut-être ce qui reste de meilleur en vous !...

J'arrive au dernier acte. Il fallait finir, et cela m'embarrassait beaucoup. Le dénouement nécessaire me paraissait être la mort d'André. Ce dénouement pouvait avoir une couleur mystique : la mère expiait, par le sang versé de son fils légitime, le crime d'avoir abandonné son autre enfant... Mais cela était bien dur. Il eût fallu, pour imposer au public un pareil dénouement, une force tragique que je n'ai point. J'étais déjà assez ennuyé d'avoir été obligé de fourrer un duel dans ma première pièce !

On m'a dit aussi qu'il fallait laisser Hélène impénitente... Mais, dans ma pensée, Hélène n'est point méchante ni odieuse. Sa « révolte » est justifiée ; et, comme elle est intelligente et capable de s'insurger, finalement, non plus contre sa destinée personnelle, mais, par delà, contre le monde mauvais, il s'en suit que cette révolte, où il y a du moins un petit germe de philosophie, peut, après certaines épreuves, se tourner en résignation. Bref, Hélène, ayant en somme l'âme fière, est guérissable, — guérissable par la vie et sous le heurt de quelque profonde émotion · et elle guérira, soyez-en sûrs, le jour où elle sentira clairement qu'elle fait souffrir autant et plus qu'elle a souffert elle-même. Seulement, il faut pour cela qu'elle soit très fortement secouée, comme projetée hors de son être habituel et subitement élevée, par la pitié d'une douleur pire que la sienne, à une vision neuve et plus générale des choses. La mort d'André y pouvait suffire.

Mais voilà : je n'ai pas osé, ou plutôt je n'ai pas su faire mourir André, et je me suis résigné à ceci :

Hélène vient trouver André un peu avant le duel. Elle se plaint d'être gratuitement jetée par lui, — elle, « une femme d'aujourd'hui », — dans une situation d'héroïne de roman ou de tragédie... André, très grave, lui répond : « Que voulez-vous me démontrer ? Que j'ai agi sans votre consentement ? Mais c'est sans votre consentement aussi qu'il y a une règle morale, une solidarité d'honneur entre les membres d'une même famille, des amitiés plus fortes que tout, des sentiments que l'on juge sacrés, conformes à un ordre éternel, et auxquels on obéit quelquefois sans se demander ce qu'il en adviendra. Ce n'est que dans ces moments-là qu'on vaut quelque chose... » Et il lui dit toutes ses vérités, — avec franchise et avec tendresse. C'est un peu une homélie. Hélène commence à baisser la tête devant cette beauté et cette grandeur morales. La grâce va opérer... un peu vite. — A peine André est-il sorti que Rousseau arrive. Il soupçonne les causes du duel ; il est défiant, presque menaçant. Mme de Voves lui ferme la bouche, parce qu'il faut en finir, et la scène avorte. — On ramène André grièvement blessé. Pendant qu'on s'empresse autour de lui, Hélène s'approche, suppliante, de Mme de Voves : « Ma mère, de grâce !... — Non ! va-t-en : tu me coûtes trop cher ! » Elle hésite un moment !

cherchant un refuge dans sa détresse. Mais son refuge naturel, c'est encore son mari : « Pierre ! elle me repousse ! Pierre, je t'en prie !... — Non, Hélène, j'ai le cœur trop gros, et vous m'avez fait trop de mal. » A ce moment le blessé l'appelle ; elle se jette sur la main qu'il lui tend, et il la réconcilie avec son mari et sa mère : « Je vous l'ai rendue à tous deux ; je suis content. »

Vous voyez que ce dernier acte est fort médiocre... Maintenant j'en conçois un autre meilleur, — et où pourtant André ne mourrait point... Mais il est trop tard.

On a trouvé la pièce fort bien jouée. Je remercie publiquement mes interprètes, tous ensemble et sans entrer dans le détail de leurs mérites respectifs. Car, si leurs talents sont peut-être un peu inégaux, je leur dois à tous une reconnaissance égale.

On dit souvent du mal des journalistes et des hommes de lettres ; on prétend que nous ne nous aimons guère entre nous, que nous ne sommes ni tout à fait désintéressés, ni exempts de tout mauvais sentiment. Or, outre ceux qui sont mes amis et qui m'ont jugé avec une sympathie que je leur rends, la plupart m'ont jugé avec une loyauté parfaite, et dans un esprit de justice qui fait honneur, il me semble, à notre corporation. Est-ce que, par hasard, tout compte fait, nous vaudrions encore mieux que les bourgeois ? Je remercie donc presque tous mes confrères, et du fond du cœur.

GEORGE SAND

Comédie-Française : *François le Champi*, comédie en trois actes, de George Sand.

1ᵉʳ octobre 1888.

Ce qu'il y a de plus intéressant dans *François le Champi*, c'est évidemment la transformation des sentiments du champi pour sa mère adoptive, et de celle-ci pour l'enfant qu'elle a élevé.

On pourrait à ce sujet rechercher ce que les auteurs dramatiques ou les romanciers ont pensé successivement de la disproportion des âges en amour. On verrait que le roman de George Sand est, sur ce point, comme le terme extrême et l'aboutissement d'une lente évolution. On remarquerait aussi, chemin faisant, que l'espèce d'amour qui triomphe dans *le Champi* est précisément celle pour laquelle George Sand commençait à se sentir faite lorsqu'elle écrivit ce roman.

L'opinion de Molière est nette, tranchée, absolue. C'est celle de tous les purs Gaulois. Ici comme ailleurs, il nous accable par son bon sens. Au fond, il avait l'âme ronde comme une pomme. (J'emprunte cette jolie expression à M. Anatole France qui, je dois le dire, ne l'applique pas à Molière.) Pour l'auteur de *l'Ecole des femmes*, l'amour ne convient qu'à la jeunesse ; et la jeunesse est courte. Selon lui, elle finit pour les hommes bien avant quarante ans (Arnolphe en a quarante-trois). Il s'ensuit que, pour les femmes, elle ne doit guère survivre à la trentaine. Donc Arnolphe est souverainement ridicule d'aimer Agnès, Arsinoé d'aimer Alceste et Bélise d'aimer Clitandre. Je sais bien que Molière se mit lui-même dans le cas d'Arnolphe. Aussi se jugeait-il stupide. Et puis, c'était sans doute une punition d'en haut.

Mais voici un premier progrès : pour Corneille, non seulement les hommes mûrs, mais les vieillards amoureux ne prêtent pas nécessairement à rire. Ecoutez, dans *Pulchérie*, le vieux sénateur Martian, amoureux de l'impératrice. Il y a dans ses propos une sincérité de douleur et une âpreté d'accent à laquelle je ne vois rien d'égal, même dans le rôle de don Ruy Gomez d'*Hernani* :

Ce n'est point à mon âge à soupirer d'amour..
L'amour à mes pareils n'est jamais excusable ;
Pour peu qu'on s'examine, on s'en tient méprisable ;
On s'en hait, et ce mal, qu'on n'ose découvrir,
Fait encor plus de peine à cacher qu'à souffrir...
. . . .
Que le moindre retour vers nos belles années
Jette alors d'amertume en nos âmes gênées !

« Que n ai-je vu le jour quelques lustres plus tard !
Disais-je ; en ses bontés peut-être aurais-je part... »
. . . . , ...
J'aimais quand j'étais jeune, et ne déplaisais guère ;
Quelquefois de soi-même on cherchait à me plaire ;
Je pouvais aspirer au cœur le mieux placé :
Mais hélas ! j'étais jeune, et ce temps est passé.
Le souvenir en tue, et l'on ne l'envisage
Qu'avec, s'il faut le dire, une espèce de rage ;
On le repousse, on fait cent projets superflus :
Le trait qu'on porte au cœur s'enfonce d'autant plus ;
Et ce feu, que de honte on s'obstine à contraindre,
Redouble par l'effort qu'on se fait pour l'éteindre.

Martian aime sans être ridicule, — mais sans être aimé... Le deuxième pas a été fait, si je ne me trompe, le 11 février 1734, par Christophe-Barthélemy Fagan, dans un petit acte en prose intitulé : *la Pupille*. Jusque-là, toutes les fois qu'on nous montrait des « pupilles » au théâtre, ces frivoles créatures aimaient quelque jeune cavalier, détestaient leur tuteur et passaient leur temps à lui jouer de mauvais tours. La charmante et sérieuse Julie aime le sien, contre tout usage et toute tradition, et bien qu'il ait vingt ou vingt-cinq ans de plus qu'elle... Lui, l'excellent Ariste, a pour sa pupille tendresse de cœur, et même quelque chose de plus. Mais il est sage, il sait qu'il ne doit point songer à pareille folie, et est à mille lieues de soupçonner ce qui se passe dans le cœur de la jeune fille. Il faudra donc que ce soit Julie qui parle et qui confesse son amour. Comment fera-t-elle? Elle prend pour cela les détours les plus ingénieux. Ariste ne comprend toujours pas : il veut même la marier à un petit marquis dont il la croit éprise... Et je ne puis me tenir de vous citer ici une bien jolie scène.

« Je ne sais comment déclarer mes sentiments au marquis, dit Julie à son tuteur : si je lui écrivais? — Eh bien, écrivez. — Mais ne voudrez-vous pas écrire à ma place? Je dicterai. » Et voici ce qu'elle dicte : « Vous êtes trop intelligent pour ne pas savoir le secret de mon cœur. Mais un excès de modestie vous empêche d'en convenir... Tout vous fait voir que c'est vous que j'aime... Je vous suis déjà attachée par la reconnaissance... »

ARISTE, *à part*. — De la reconnaissance au marquis?

JULIE. — Ecrivez donc, Monsieur.

ARISTE. — Allons. (*A part*.) Il faut écrire ce qu'elle veut. (*Lisant après avoir écrit*.) « Par la reconnaissance. »

JULIE, *dictant*. — « Mais j'y joins un sentiment désintéressé, et pour vous prouver que vous devez bien plus à mon penchant..., je voudrais n'avoir point reçu de vous tant de soins généreux dans mon enfance. »

ARISTE, *sans écrire*. — Y pensez-vous, Julie? (*A part*.) L'ai-je entendu, ou si c'est une illusion?

JULIE, *à part*. — Pourquoi ai-je rompu le silence?

Je me doutais bien qu'il recevrait mal un pareil aveu.

ARISTE, *se levant*. — Julie !

JULIE. — Ariste !

ARISTE. — A qui donc écrivez-vous cette lettre ?

JULIE. — C'est au marquis sans doute.

ARISTE. — Il ne faut donc point parler des soins de votre enfance. Ce serait un contre-sens.

JULIE. — J'ai tort... je l'avoue ; et cela ne saurait convenir.

ARISTE. — C'est donc par distraction que cela vous est échappé ?

JULIE. — Assurément. Les bienfaits n'étant point à lui, il n'en doit point recueillir le salaire.

ARISTE. — Voyez donc ce que vous voulez substituer à cela ?

JULIE. — J'en ai assez dit pour me faire entendre.

ARISTE. — En ce cas, il ne s'agit donc que de finir le billet par un compliment ordinaire, et de l'envoyer de votre part ?

JULIE. — Envoyez-le de ma part, puisque vous croyez que je le doive faire.

Vous imaginez-vous cette scène jouée par M. Worms et par Mlle Reichenberg, et tout ce qu'ils sauraient y mettre ?

Que la littérature soit devenue indulgente — quelquefois et par exception — aux amours tardives des hommes, cela n'a rien, après tout, de surprenant. C'est que ce sont des hommes qui font les livres et les comédies. Au reste, ils n'ont eu qu'à exagérer une indication de la nature. Elle veut, la bonne nature, que Daphnis soit mûr pour l'amour quelques années plus tard que Chloé. Il ne s'agit que d'allonger un peu cet intervalle normal et nécessaire. Puis, l'homme n'est pas seulement l'amant, mais le maître et le protecteur. Ces fonctions admettent ou même réclament la supériorité de l'âge ; et il faut que l'homme soit bien vieux pour l'être trop. Enfin, dans la pensée des sociétés primitives, la femme est serve et sujette ; elle appartient à l'homme, elle est sa chose. Si donc l'homme, à cause de son âge, ne lui donne aucun plaisir, — du moment qu'il en prend lui-même, il ne saurait être ridicule. Abraham fut-il ridicule d'aimer Agar, et Booz d'aimer Ruth la Moabite ? Ainsi, c'est par un retour à la simplicité biblique et à la candeur de la vie patriarcale (retour timide encore) que la littérature a fini par venger Arnolphe et les amoureux quinquagénaires des vieilles railleries classiques. Aujourd'hui, il est parfaitement admis (en attendant mieux) que les hommes de cinquante ans ont le droit d'aimer. La dernière comédie de M. Pailleron, *la Souris*, n'a fait que constater ces nouvelles mœurs. Et de fait, regardez autour de vous. Vous verrez qu'en général les jeunes gens se dispensent d'aimer et se contentent, très philosophiquement, d'un peu de libertinage. Mais si d'aventure vous connaissez quelque amoureux authentique, je gagerais qu'il a des cheveux gris. Il y a à cela bien des raisons, qu'on trouverait si on avait le temps. Les jeunes gens d'aujourd'hui ont, beaucoup trop tôt, une espèce d'expérience générale, très sèche et défiante, qu'ils respirent dans l'air et qui leur vient aussi des livres. Ils vivent là-dessus une vingtaine d'années, se croyant très forts. Puis, un beau jour, quand leur « position » est faite, ils s'aperçoivent qu'ils ont été dupes de leur pauvre sagesse, de leur banal positivisme... et ils connaissent l'amour — l'amour pour de bon — juste à l'âge où ils devraient songer, comme Tircis, à faire retraite. L'ordre des choses est renversé. Il n'y a plus que les hommes mûrs qui aient des passions. Et, comme dans tous les pays ce sont surtout les hommes mûrs qui sont au gouvernement et qui dirigent les affaires, il n'est pas étonnant que tout aille si mal chez nous... Sérieusement, je crois tout au moins qu'une des causes secondaires des innombrables maux publics et privés dont nous souffrons, c'est la jeunesse des quinquagénaires....

Je reviens à mon sujet. Je disais que c'est par un égoïsme tout naturel que nous avons prolongé pour les hommes, en littérature, l'âge de l'amour. Et c'est justement la raison qui fait que nous avons très longtemps marchandé la même faveur aux femmes. Car les intérêts des deux sexes étant contraires, ce que nous nous étions octroyé à nous-mêmes par souci de notre plaisir, nous ne pouvions l'accorder aux femmes que par un effort de générosité et de désintéressement. Au reste, tandis que dans l'amour d'Arnolphe pour Agnès il n'y a qu'un écart démesuré des âges, il y a, dans l'amour de Bélise pour Clitandre, un renversement de leurs rapports normaux, ce qui est plus grave. Et c'est pourquoi Molière, Regnard, Lesage, Dancourt ont été si durs pour toute une classe d'amoureuses, et pourquoi Marivaux lui-même a raillé si cruellement, dans *le Paysan parvenu*, la pauvre Mlle Habert...

C'est peut-être en devenant à la fois plus indulgents, plus équitables, plus tendres, et aussi plus intelligents, plus raffinés, plus délicatement voluptueux, que les hommes se sont décidés à allonger, pour les femmes, la saison d'aimer. (Je ne parle que de la littérature, car, dans la pratique, il y a toujours eu des accommodements de toutes sortes.) D'honnêtes gens ont remarqué que si, au point de vue des épicuriens grossiers et d'esprit court, la femme n'est vraiment délicieuse (à la façon d'un excellent fruit) que dans l'extrême jeunesse, il est cependant vrai que toute sa grâce, toute sa séduction, tous les trésors secrets de sa sensibilité et toutes les ressources de sa coquetterie..., bref, toute la saveur de sa « féminilité » (pour parler la langue d'aujourd'hui) ne se développe pleinement que beaucoup plus tard... Il s'agit de saisir l'heure où cette féminilité est arrivée, *par le temps*, au dernier degré de perfection, sans que la femme ait cessé d'être désirable..... Jusqu'où donc lui permettrons-nous d'être amoureuse ? — j'entends amoureuse aimée.. Vous sentez bien qu'il n'y a ici que des cas, mais pas de règle absolue. Je rappelle seulement que c'est vers la fin du dernier siècle que la littérature a commencé à reculer pour les femmes l'heure du renoncement. Jean-Jacques Rousseau, puis Laclos n'ont pas été étrangers à cette bonne œuvre. Balzac l'a continuée. Les femmes lui doivent beaucoup...

Nous n'avons donc été nullement choqués, à la Comédie-Française, de voir une fort belle femme de trente ans (elle a un peu plus dans le roman) épouser un beau garçon qui en a vingt-trois. Et, si j'ai laissé entendre que *François le Champi* était une pièce hardie, c'est qu'il y a là autre chose que le mariage d'une amoureuse un peu maternelle avec un amoureux dont elle est l'aînée. Il y a, chez le Champi, et surtout chez Madeleine, une transformation de sentiments qu'il était bien difficile de nous expliquer et de nous mettre sous les yeux, sans nous causer quelque malaise et sans éveiller dans notre esprit des images quelque peu déplaisantes.

Le cas de Mme de Warens n'est point le même et peut-être nous heurte-t-il moins. C'est une histoire franchement sensuelle. C'est à prendre ou à laisser. Mme de Warens a des façons de mère par la force des choses, et à cause de l'âge de son petit ami ; mais au fond, c'est une amoureuse, — et cela dès le début.

Ici, nous voyons d'abord Madeleine Blanchet traiter François comme son fils, l'aimer comme tel. Ces relations supposent chez elle la douceur, le calme et l'autorité d'une affection qui protège ; chez lui, un sentiment profond de reconnaissance et de respect ; chez l'un et l'autre, l'oubli absolu du sexe. Or, tout à coup François aime Madeleine comme on aime une femme, et elle l'aime comme on aime un homme. C'est-à-dire que tout est renversé. Dès lors, nous nous représentons, malgré nous, François et Madeleine dans des attitudes et avec des façons d'être radicalement différentes de celles du respect filial et de l'autorité maternelle. Et alors il nous semble qu'ils commettent je ne sais quel inceste moral. D'où vient cela ? C'est que notre imagination fait coexister (à tort) le passé et le présent. Dans la réalité, au moment où le Champi devient amoureux de Madeleine, *il n'est plus* son fils adoptif, mais il l'est encore pour nous ; au moment où Madeleine répond à cet amour, *elle n'est plus* sa mère ; mais, pour nous, elle l'est encore. Pour que nous ne soyons pas gênés, il faut nous faire sentir que depuis longtemps ces deux êtres ont cessé, à leur insu, d'éprouver l'un pour l'autre les sentiments d'une mère et d'un fils et que ce passage de l'affection insexuelle et sacrée au désir d'amour s'est accompli très secrètement, dans le fond le plus caché de leur conscience, et sans qu'ils en aient eu d'abord aucun soupçon. Il y a des choses qu'on ne décrit pas directement. Il faut que le champi et la meunière aient l'air de découvrir, graduellement, une chose très ancienne déjà et où ils n'ont été pour rien. C'est un peu ce que fait François. Pour Madeleine, George Sand s'est tirée d'affaire en lui laissant son illusion jusqu'à l'avant-dernière ligne... Et c'est pour cela que le roman est fort supérieur à la pièce. Il y a, du reste, des métamorphoses de sentiments qui exigent, dans la vie réelle, un temps trop considérable pour qu'il soit possible de les transporter heureusement au théâtre.

THÉODORE BARRIÈRE

VARIÉTÉS : Les *Jocrisses de l'Amour*, comédie en trois actes de Théodore Barrière et Lambert Thiboust.

25 février 1887.

Les Variétés ont repris *les Jocrisses de l'Amour*. Cela ressemble bien à un chef-d'œuvre. Il y a là comme une férocité, une allégresse canaque dans la satire. L'âme de cet énergique vaudeville, c'est la haine de l'amour, haine absolue et inexpiable.

L'amour, l'invincible amour qui dompte les hommes et les dieux, le délicieux amour qui soupire au clair de lune ou d'étoiles et qui mêle deux vies dans un baiser, le tragique amour qui sanglote, qui rugit et qui tue, l'inévitable amour qui remplit les trois quarts des livres écrits par les hommes, la comédie de Barrière nous en fait la grotesque peinture avec une sorte de mépris furibond. Jamais, peut-être, l'aveuglement, la puissance d'illusion, la crédulité, l'imbécillité, l'injustice, la folie qui accompagnent l'amour, qui sont l'amour même, n'ont été rendus avec tant de force et de cruauté. *Les Jocrisses* semblent une parodie farouche de trente siècles de littérature amoureuse ; et ce qui est effrayant, c'est qu'on sent que cette parodie est la vérité même, et que ce n'est point Euripide, ni Shakespeare, ni Molière, ni Racine, ni Marivaux, ni l'abbé Prévost, ni George Sand, mais bien l'auteur des *Jocrisses* qui est allé au fond des choses. *Les Jocrisses* furent par excellence un vaudeville schopenhauérien, alors que presque personne en France ne connaissait Schopenhauer.

Ils sont merveilleux, les trois héros de cette farce profonde. C'est bien à un mal mystérieux, à un « mal sacré » que sont en proie ces énormes fantoches ; et ce qu'ils nous inspireraient, si nous savions voir et entendre, c'est une terreur religieuse. — Armand Goulu, c'est l'amour romanesque, sentimental et larmoyant. Son cas résume plusieurs milliers de romans, de *la Nouvelle Héloïse* à *la Dame aux camélias*. Il représente éminemment, sous une forme indiciblement saugrenue, le besoin d'estime dans l'amour. Il accomplit ce tour de force (je m'exprime mal ; rien ici n'est tour de force, tout est naturel et spontané), de croire à la pureté absolue et au désintéressement angélique d'une jeune gourgandine qu'il sait entretenue par un Russe ; et il lui parle de son Russe, et il lui parle de sa pureté, sans embarras, et presque dans le même moment. Ah ! que cet état d'esprit est admirable !... Je feuillette le second acte Armand vient d'apporter des

boutons en diamants à sa Léontine. Elle fronce le
sourcil et se met à marcher avec agitation. Alors
lui : « Ma Léontine !... je t'en supplie ! parle, Léontine ! je t'ai offensée, ah ! mon Dieu ! » A ce moment,
Léontine tire son mouchoir et se cache la figure en
sanglotant : « Des larmes ! s'écrie-t-il. Ah ! mon
Dieu... Léontine !... pardonne-moi ! Tiens, je suis à
tes pieds ! Léontine, que t'ai-je fait ? — Oh ! répond-
elle, tu m'as fait bien du mal ! Armand, tu ne m'es-
times donc pas ? — Moi ! — Ah ! qu'un autre me
traite ainsi, mais, toi ! toi ! — Pardonne-moi... je
veux mon pardon ! Dis, dis ! »

Théophile Goulu n'est pas moins beau. Il est parvenu à peu près au même degré dans la folie qu'Armand dans l'imbécillité. Théophile, c'est l'amour
tragique, l'amour-maladie, l'amour-possession. Il
connaît, lui, celle qu'il aime ; du moins, il n'a sur
elle que des illusions intermittentes. Il la méprise,
l'adore et ne peut se passer d'elle. Il a la manie du
suicide par amour. Il ne peut pas voir un piton dans
un mur sans essayer de se pendre, ni une fenêtre
sans vouloir se jeter sur le pavé... Voici deux ou
trois « répliques » qui vous donneront une idée fort
exacte de son état : « ... Non, j'en ai assez... Tu
lui diras que je la méprise..... Un zouave !
moi qui lui ai envoyé onze cents francs, il y a
trois jours... Elle me dit : « Je vas me payer
une robe. » Et elle s'offre un militaire ! Ah ! je ne
peux pas vivre comme ça... Adieu... » Il enjambe la

fenêtre, tombe sur un monsieur, remonte sain et sauf un instant après ; et Armand s'étant permis cette remarque : « Ah ! c'est trop fort... Aimer ainsi mademoiselle Odette ! » — « Ah ! çà, répond Théophile froissé, dis donc, toi, mademoiselle Odette vaut bien mademoiselle Crochard. — Théophile ! — Avec ça que c'est quelque chose de chouette, mademoiselle Crochard !... — Théophile, prends garde... — *Pourquoi que tu insultes mon caïman ?...* »

Plus loin peut-être dans la folie, nous rencontrons l'oncle César Moulinier. Il est sage, prudent, avisé sur tout le reste. Au second acte, quand il va chercher Armand chez Léontine, il n'est pas dupe un instant des rouries de l'aimable personne ; il est clairvoyant, défiant, sagace. Ses deux neveux lui paraissent de prodigieux idiots. Mais, attendez ! « Ah ! soupire-t-il, s'ils avaient contracté une de ces liaisons basées sur l'estime et le respect... S'ils avaient rencontré comme moi, dans le chemin de la vie, une de ces créatures d'élite qui semblent résumer en elles tous les charmes et toutes les vertus de la femme... Oui, mon ami, oui... Ecoute, je n'ai pas d'amour-propre, moi ; je me vois bien comme je suis... Aussi, quand je pense qu'à mon âge, avec un physique très ordinaire, j'ai pu en venir à inspirer une passion véritable à une enfant de vingt ans à peine... Eh bien ! ma parole la plus sacrée, ça me fait peur. » Hélas ! c'est à nous que César Moulinier fait peur. Le mal est plus effrayant encore chez l'oncle que chez les neveux, parce qu'il est, chez lui, plus imprévu, qu'il paraît, par là, plus inévitable, et que nous sentons que ni l'âge, ni l'expérience, ni la raison, ni l'esprit n'en préservent. Et nous frissonnons en songeant à ce qui nous attend peut-être au tournant de la cinquantaine.

Et ces deux jeunes dindes de Marthe et d'Emmeline Bouvenot ! Les deux nigauds qu'on leur a présentés au premier acte ne les ont seulement pas regardées ; ils se sont enfuis, avec des cris d'aliénés, l'un vers sa Léontine et l'autre vers son caïman..... Et voilà qu'au dernier acte nous retrouvons nos deux idiotes follement amoureuses de ces prétendants épileptiques, et que l'une veut à toute force son Armand et l'autre son Théophile... Pourquoi ? C'est encore un mystère. Et ainsi à nos trois jocrisses, il en faut joindre deux autres, en jupons.

..... Et je n'ose plus relire Racine. J'ai trop clairement vu que ce crétin de Théophile qui ne peut vivre sans son caïman est, au fond, le frère de l'exquise et harmonieuse Phèdre et que, dans les deux cas,

<blockquote>C'est Vénus tout entière à sa proie attachée.</blockquote>

Oreste, Pyrrhus, Hermione et Roxane, et Eriphile, et tous les héros et toutes les héroïnes des plus beaux drames et des plus beaux romans d'amour offrent, à qui sait regarder, trop de ressemblance avec Armand Goulu. Et cela me fait trop de chagrin.

J'ai peur que tout amoureux passionné, quels que soient sa condition, son esprit et son langage, ne soit en un sens un jocrisse de l'amour. S'il n'est pas nécessairement un monstre de sottise, il sera du moins, à coup sûr, un monstre d'injustice et de déraison. Car, être passionnément amoureux, c'est, par définition, préférer une créature à l'univers entier, être prêt à faire pour elle ce qu'on ne ferait pas pour un père ou une mère, pour le plus ancien et le plus fidèle ami, et cela, non parce que l'objet aimé en est digne (il ne peut *jamais* en être digne), mais pour rien, en vertu d'un attrait que l'amoureux est seul à sentir, pour la couleur d'un œil, la forme d'un nez, la ligne d'une bouche... Quoi de plus absurde et de plus inique, je vous prie ?.

Et pourtant... Il est ridicule, il est injuste d'aimer ainsi ? Mais aimer est doux. Les trois nigauds de Barrière sont dupés tout le temps ? Mais, sauf quelques moments d'angoisse, ils sont heureux. Envions ces jocrisses. Ils vivent d'un rêve. Saugrenu, qu'importe ? Plaignons-les seulement d'être détrompés à la fin.

Suis-je sincère en disant cela ? Toujours l'insoluble contradiction si bien exposée par Voltaire dans *l'Histoire d'un bon Brahmin !* Il est malheureux, le bon brahmin, parce qu'il n'a pas l'esprit simple ; et il y a à sa porte une vieille Indienne, bigote, imbécile et pauvre, et qui est heureuse. On demande au bon brahmin : « Voudriez-vous être cette bonne femme ? » De même je vous dis : « Armand Goulu est heureux. Voudriez-vous être Armand Goulu ? » Le bon brahmin répond négativement, et Voltaire raisonne là-dessus : « Il y a pourtant une furieuse contradiction dans cette manière de penser ; car enfin, de quoi s'agit-il ? d'être heureux ; qu'importe d'avoir de l'esprit ou d'être sot ! Il y a bien plus : ceux qui sont contents de leur être sont bien sûrs d'en être contents ; ceux qui raisonnent ne sont pas si sûrs de bien raisonner. Il est donc clair qu'il faudrait choisir de n'avoir pas le sens commun, si le sens commun contribue à notre mal être. » Mais, au reste, la question est futile, puisque nous n'avons pas à choisir, et que, intelligents ou stupides, sages ou fous, transis ou amoureux, nous ne le sommes pas à volonté.

MENUS-PLAISIRS : *les Filles de marbre,* drame en cinq actes, de Théodore Barrière et Lambert Thiboust.

4 mars 1889.

Les *Filles de marbre* parurent admirables, voilà trente-six ans. Aujourd'hui, cela nous semble presque imbécile : telle est la contrariété des jugements humains, d'une génération à l'autre. Et l'on se demande comment l'auteur des *Jocrisses de l'amour,* cet âpre et philosophique vaudeville, a pu si niaisement s'attendrir sur ce bon Jocrisse de Raphaël Didier, pauvre jeune homme sans défense mangé tout cru par une méchante courtisane : telles sont, d'une année à l'autre, la contradiction des sentiments et l'inégalité de la sagesse dans un même esprit. Ou plutôt, il n'y a point là de contradiction. Il se pourrait que Théodore Barrière, avec ses allures de Diogène et ses airs de profond satirique, fût une âme assez simple. Il appartenait sans doute à une race d'hommes dont Gondinet nous a donné le type le plus adouci dans *Un Parisien,* celle des sceptiques naïfs, des boulevardiers gobeurs... De là, ses pleurs de romance sur la petite Marie, et sa colère énorme et démesurée contre Marco devenue la Bête de l'Apocalypse, — et toute cette rhétorique fumeuse et sentimentale qui l'empêche de s'apercevoir que Marco ce n'est toujours que Margot, avec une faute d'orthographe romantique, et que ceux pour qui Margot est si terrible y mettent vraiment de la bonne volonté et sont un peu trop bêtes pour qu'on s'attendrisse beaucoup sur leur cas. Car, lorsque la souffrance vient d'un tel excès de sottise, on a beau faire, on ne peut avoir pour elle qu'une pitié fort détachée et toute théorique...

L'effet des *Filles de marbre* est donc singulier. C'est ahurissant et réfrigérant. On n'y comprend rien du tout. On y entend des cris d'indignation et des cris de douleur également injustifiés. Tandis qu'on me présente Marco comme un monstre, et qu'on la couvre de malédictions, je me demande avec angoisse : «Mais enfin, qu'est-ce qu'elle a donc fait ? » Tandis que Raphaël gémit, hurle, se tord de douleur, je me dis : « Voyons, voyons, qu'est-ce qu'il a encore, celui-là ? Qu'est-ce qu'il a encore ? » Et, tandis que Desgenais débite avec satisfaction ses mauvaises tirades de chroniqueur échauffé, je songe : « Ah ! ça, pourquoi ce nigaud ne parle-t-il pas comme tout le monde ? » Et cette idée m'afflige, m'accable, m'assomme, que l'auteur des *Jocrisses de l'amour* ait pu (triste retour des choses d'ici-bas) écrire l'œuvre d'un jocrisse.

Voyons, en effet, le « monstre » de près, et

jugeons Marco sur ses actes, non sur les discours que lui tiennent ce jeannot de Raphaël et ce cabotin de Desgenais. C'est une fille galante, ni pire ni meilleure que les autres. On lui fait, dès le début, des reproches bien étranges. Permettez-moi de vous remettre cette prodigieuse poésie sous les yeux.

> Aimes-tu, Marco, la belle,
> Dans les salons tout en fleurs,
> La joyeuse ritournelle
> Qui fait bondir les danseurs ?
> Aimes-tu dans la nuit sombre,
> Le murmure frémissant
> Des peupliers qui dans l'ombre
> Chuchotent avec le vent ?
>   Non, non, non, non !
> Marco, qu'aimes-tu donc ?
> Ni le chant de la fauvette ?
> Ni le murmure de l'eau ?
> Ni le cri de l'alouette ?
> Ni la voix de Roméo ?
>
>   (*Bruit de pièces d'or.*)
>
> Non, voilà ce qu'aime Marco.

Avouez que ce sont là des griefs un peu inattendus. Moi-même, si on me demandait : « Aimez-vous le chuchotement des peupliers dans la nuit sombre ? » je répondrais : « Et vous ? » Et si on ajoutait : « Aimez-vous le chant de la fauvette, le cri de l'alouette et le murmure de l'eau ? » je dirais :

« Mon Dieu, oui ! Mais d'abord ce sont de ces choses que, malheureusement, je n'ai pas souvent l'occasion d'entendre. Et puis... on n'en vit pas. Et enfin... — Oh ! de grâce, ne me jugez pas mal !... mais je connais peut-être des plaisirs encore plus vifs que ceux-là. » Au reste, si vous voulez mon impression, Marco pourrait fort bien répliquer et de très bonne foi : « Mais certainement, Monsieur, j'aime le chant de la fauvette, le chuchotement des peupliers et le murmure de l'eau ailleurs que dans mon cabinet de toilette. » C'est une observation banale et courante, que les filles aiment la campagne, — de temps en temps, pas loin de Paris, — et qu'elles en jouissent à leur façon Je vois très bien d'ici Marco, lâchée au printemps dans les forêts suburbaines et faisant d'énormes bottes de coucous en riant comme une petite folle. Et, enfin, quand il serait vrai que

> La grande voix du clocher
> Aux troupeaux dans la campagne
> Disant de se dépêcher

ne l'émeuve pas autrement, il n'y a pas là de quoi lui dire des choses désagréables. J'insiste trop sur ces ridicules couplets. Mais c'est que toute l'ineptie du drame y est déjà contenue. Ce sont eux qui donnent le ton à ce poème de jocrisserie.

Marco est, du moins, assez bonne fille, — ou assez intelligente, — pour entendre ces couplets sans se fâcher... Vient à passer le jeune et beau sculpteur Raphaël. Elle n'a aucun mauvais projet contre lui : c'est lui qui se met à l'adorer, — pan ! — au premier coup d'œil. Elle le regarde un peu mieux, le trouve gentil, et lui demande son bras en lui disant un mot aimable... Dans tout ceci elle est désintéressée, car elle sait qu'il n'est pas riche.

Comment se forme leur liaison, nous n'en savons rien, car, dans ce drame d'un maître de la scène, rien n'est expliqué et les choses les plus intéressantes peut-être se passent pendant les entr'actes. Mais nous voyons que Marco et Raphaël se sont retirés tout seuls, depuis six semaines, dans une petite maison du bois de Boulogne. Six semaines, c'est beaucoup pour une « fille de marbre » ; ce serait déjà quelque chose pour une femme non marmoréenne. Notez que Marco a quitté l'Opéra et lâché un riche protecteur. Il est vrai qu'elle a mangé les dix mille francs d'économies de Raphaël ; mais elle y perd encore... C'est bien un « caprice » qu'elle a eu pour ce dadais. Elle l'a aimé avec ses sens et — qui sait ? — un tout petit peu avec son cœur. Et puis... elle s'en est lassée... Elle s'ennuie : c'est fort naturel. Il devrait comprendre, lui !

Elle lui donne un excellent conseil : « Vous faisiez... des statues, je crois... Pourquoi ne faites-vous plus de statues ? C'est très gentil, ça. » Et c'est le moment qu'il choisit pour lui proposer de l'emporter « loin de Paris, loin de la France », au bout du monde ! Elle lui insinue qu'elle en a assez. Elle va même jusqu'à déclarer, devant ses amis revenus, qu'elle ne l'a jamais aimé. Mais quoi ! quand c'est fini, on ne se souvient plus : cela n'arrive pas qu'à Marco. Elle voudrait une rupture tranquille ; elle lui dit gentiment : « Voyons, Raphaël, soyons amis..... Il faut venir quelquefois me demander à dîner à Paris, comme les autres. » Pourtant, quand elle sait qu'il y a, dans l'atelier de Raphaël, une honnête et jolie fille qui l'attend, elle veut le reprendre ; elle a un regain de désir. Alors lui, solennel : « Marco, veux-tu que je te dise pourquoi il y a eu pendant une minute de l'amour sur tes lèvres et dans tes yeux ? Eh bien ! c'est parce que tu as appris qu'en m'aimant tu pouvais briser un cœur, faire couler des larmes... Ce qui te guidait, ce n'était pas le bonheur de Raphaël, mais le désespoir de Marie. » (Quelle langue, Seigneur !) Barrière a l'air de voir dans cette dernière tentative de Marco un raffinement de méchanceté. Mais point, ce n'est que de la jalousie. La jalousie est un sentiment atroce, même dans les meilleures âmes, aussi bien chez Orosmane que chez Marco ; et cela n'empêche point que la jalousie ne passe pour être encore de l'amour. Ainsi, c'est juste à l'instant où Marco n'est rien qu'une femme de chair qu'on veut nous faire croire qu'elle est le plus « en marbre ».

Quant à Raphaël, il est décidément sans excuse. On l'a assez prévenu ! Et Marco ne s'est point donnée pour autre qu'elle n'est. Tout ce qu'il pouvait espérer d'elle, il l'a eu, et même beaucoup plus. Un joli caprice d'un mois, c'est déjà, avec une fille comme celle-là, une aubaine extravagante. Attendre davantage serait du dernier des nigauds. Raphaël est ce dernier. Après six semaines de tête à tête, il en est encore à lui apporter des bouquets de fleurs des champs, et avec quelles phrases ! « Tenez, vous allez rire... J'ai trouvé par le bois ces quelques petites fleurs, si bien blotties dans l'herbe, que, ma foi ! elles se riaient des promeneuses et des enfants ; elles riaient trop haut peut-être, car je les ai trouvées et cueillies pour vous... Marco, voulez-vous de mon pauvre bouquet ?... » Si encore il n'était qu'un niais ! Mais ce bon jeune homme, qui se dit artiste, n'a pas travaillé une minute et, comme le lui fait remarquer Desgenais, n'est pas allé une seule fois embrasser sa mère depuis six semaines. Si Marco est « en marbre », en quoi est-il, lui, pour sa bonne femme de mère ? De Marco et de lui, il est largement acquis que c'est lui le sot ; mais je crains que, par surcroît, ce ne soit lui le misérable ! Et cependant l'auteur des *Jocrisses de l'amour* baigne de ses pleurs ce digne frère de Théophile et d'Armand Goulu ; il le gratifie d'une mort touchante de poitrinaire poétique ; il en fait comme qui dirait « le monsieur aux camélias ». Quelle drôle de chose ! Et, se tournant vers Marco, il « agonit » tout le temps la pauvre fille, par la bouche de Desgenais, de sottises mal écrites.

Pourtant Marco, je l'ai montré, n'est point si terrible ni si perverse. Ce n'est qu'une marchande de sourires comme il y en a tant. D'où vient donc qu'on la maltraite si fort? Oh! c'est bien simple. C'est qu'en 1853, après *la Dame aux camélias*, la bourgeoisie française, c'est-à-dire la classe qui contribue le plus à l'entretien des Marguerite Gautier de tout ordre, éprouvait le besoin impérieux, absolu, d'entendre quelque part, dans un endroit public, la phrase suivante : « ... Sapristi ! voilà assez longtemps que cela dure ! Allons, Mesdemoiselles, passez à l'ombre, rangez un peu vos voitures ! Place aux honnêtes femmes qui vont à pied ! » Marco fut inventée pour que cette phrase pût être dite, voilà tout. Et après avoir entendu cette phrase, « chacun s'en fut coucher », les uns (la minorité) avec leurs femmes, comme dit la chanson ; et les autres...

Mais nous, qui n'éprouvons plus du tout le besoin de protester contre le chef-d'œuvre de Dumas fils, *les Filles de marbre* nous désorientent un peu. Marco étant ce que j'ai dit, et Barrière n'ayant même pas su la faire vraiment méchante, nous finissons par entrevoir que ce n'est point contre elle en particulier que sont dirigées les farouches imprécations du dramaturge, mais contre cette entité : *la courtisane;* et nous sommes tentés d'y trouver un peu d'excès ou même d'hypocrisie. Il ne faut pas oublier ceci : c'est par nous, c'est par nos vices, que la courtisane existe. Si, comme Barrière le fait ici en réalité, nous considérons l'espèce entière des femmes galantes, et non point telle créature particulièrement méchante et d'une dépravation ou d'une cruauté toute spéciale et personnelle, je ne vois pas, — en dehors des enseignements de la morale religieuse auxquels si peu d'entre nous conforment leur vie, — où nous trouverions des raisons d'être si durs à celles

Qui font plaisir aux enfants sans souci.

De fait, les anciens Grecs n'avaient pour leur profession aucun mépris. Il est certain que, moralement, elles « déméritent » en violant la pudeur, c'est-à-dire une des lois dont le maintien est le plus nécessaire à la famille et, par suite, à la société telle qu'elle est constituée chez nous ; il est certain aussi qu'elles avilisent leur personne en en faisant l'objet d'un troc et d'un commerce. Mais, dans la réalité, vous ne pouvez refuser votre pitié aux malheureuses pour qui ce troc est une nécessité. Quant à celles pour qui ce commerce n'exclut pas le choix et une sorte de liberté, et qui sont belles, et qui sont riches, et qui paraissent — quelquefois — spirituelles, et qui sont quelque peu actrices par-dessus le marché... je vois que non seulement beaucoup d'entre nous ne les méprisent point, mais qu'ils tirent vanité de les connaître, et qu'elles ont leurs journaux et leurs chroniqueurs. Et, pour les filles obligeantes des catégories intermédiaires,

j'aperçois clairement qu'elles ont toutes leur excuse...
et qu'en tout cas celui-là seul a peut-être le droit de
les flétrir, qui n'a jamais encouragé leur industrie...
Ne vous méprenez point sur ma pensée et ne voyez
point là une apologie des mauvaises mœurs. Je puis
goûter, dans la chaire chrétienne ou dans le livre d'un
philosophe stoïcien, la malédiction jetée à la courtisane « en soi »; mais sur les planches d'un théâtre, dans un lieu où, comme dit Bossuet, tout est
prostitution... laissez-moi donc tranquille !

... Et encore une fois, je ne me serais point abandonné à ces considérations chagrines et superflues,
si Marco était vivante. Mais elle ne l'est pas, — ni
Raphaël, ni Desgenais.

Ah! ce Desgenais !... Mais non : retenons-nous,
ce sera assez de le citer. Voici son entrée :

« JULIAN : Messieurs, je vous présente mon ami
Desgenais, rédacteur en chef de...

DESGENAIS : Lâche le mot, appelle-moi journaliste;
c'est un titre, pardieu !... Vive le feuilleton ! ce
binocle intelligent, ce creuset de tout ce qui s'appelle
génie, talent, esprit, gloire, fantaisie. (Au public, en
saluant) : La *Lanterne indépendante*, journal de tout
le monde, quarante francs par an, quarante-huit
francs pour les départements...

MARCO : Vous venez du Bois ?

DESGENAIS : Ma foi, oui !... Je fais du genre à
l'heure ; tout Paris est au Bois aujourd'hui: des
carrosses superbes, des femmes charmantes, des

hommes très bien, des jockeys diaphanes, et le soleil d'avril sur tout ça... Quel article !... *Le premier rayon de l'année !...* J'ai trois colonnes au moins. »

Et voici un de ses couplets les plus « brillants » :

« MARCO : Desgenais !... Enfin !... voilà donc une figure humaine...

DESGENAIS : Heureux enfants !... vous n'y êtes plus habitués... Vous avez rompu avec cette humanité qui barbote dans la prose du macadam, et vous vivez de poésie sous l'acacia en fleurs. O Daphnis !... O Chloé !...

Tityre, tu patulæ recubans sub tegmine fagi !

C'est du latin, Marco... ça veut dire : « Vivent l'amour et les pommes de terre !... » Heureux enfants! je vous bénis ! Vous cueillez des bluets dans les blés ; vous avez un mouton qui a des rubans roses... O Daphnis !... mon bon ! tes pipeaux sont retrouvés ! O Chloé ! ma bonne ! ton mouton existe encore ; il est ressuscité jusqu'au jour où la désillusion en fera des côtelettes ! »

As-tu fini, espèce d'échauffé ? Cela était de l'esprit, il y a trente-six ans ! Pauvres nous !

Nous l'avons revu l'autre jour, aux Menus-Plaisirs, ce surprenant Desgenais, ce type accompli du journaliste d'il y a quarante ans. Voulez-vous que nous essayions de le définir et que nous lui comparions ensemble le journaliste d'à présent ?

Ah! que ce confrère idéal, cet étincelant aîné nous a donc paru déplaisant et ridicule! Vraiment, il rassemble en lui tous les travers et toutes les vanités de la profession ; et cela est d'autant plus triste et plus inquiétant que Barrière ne s'en est point douté, et qu'il nous donne ce bruyant nigaud pour un parangon d'esprit, de franchise, de vertueuse et cinglante misanthropie.

Voyez-le entrer à Madrid, devant le groupe des viveurs et des filles, de l'allure d'un comédien qui entre en scène, le binocle impertinent, l'air satisfait et cravacheur. Comme il se sent regardé! Comme il est fier d'être journaliste, et comme il en crève de béatitude dans sa vieille peau fatiguée de ténor : « Journaliste! » Comme on sent bien qu'au fond cet homme fort attache à ce vocable le même sens saugrenu, mystérieux et vaguement effrayant que lui donnent, en province, les clercs de notaire tout jeunes et les bourgeois effarouchés des petites villes. Et comme il fait sonner sa voix! et comme il trouve d'avance spirituel et considérable tout ce qu'il va dire! Ah! le cabotin! Est-il assez convaincu qu'il est une puissance! «... Lâche le mot, appelle-moi journaliste; c'est un titre, pardieu!... Vive le feuilleton, ce monocle intelligent, ce creuset de tout ce qui s'appelle génie, talent, esprit, gloire, fantaisie! » Il finit par annoncer sa marchandise avec le coup d'œil et le salut circulaire du camelot dans un compartiment de chemin de fer. « La *Lanterne indépendante!* journal de tout le monde, quarante francs par an, quarante-huit francs pour les départements! » Et il croit railler, et il ne s'aperçoit pas qu'il a trouvé, du coup, sa plus naturelle attitude.

Au fond, il a l'âme basse. Il dévoile les trucs de son métier avec l'impudeur d'un histrion. « ... Tout Paris est au Bois aujourd'hui : des carrosses superbes, des femmes charmantes, des hommes très bien, des jockeys diaphanes et le soleil d'avril sur tout ça... Quel article!.. *Le premier rayon de l'année!*... J'ai trois colonnes au moins. » Et là-dessus, il se rengorge, il a l'air de dire : « Oui, je suis comme ça; j'écris trois colonnes sur n'importe quoi, tous les jours, sans préparation. Je n'ai rien à y mettre, mais je les écris. Et vous voyez, je suis supérieur à ma besogne, je la domine et je la blague, je suis fort, je suis étourdissant!.. »

Eh! malheureux! tu ne comprends donc pas qu'au lieu de te gonfler et de faire le paon, tu devrais t'abîmer de confusion et demander pardon aux hommes, ou, plutôt, te taire, et leur cacher des misères qu'ils doivent ignorer? Tu ne comprends donc pas que, d'écrire périodiquement sur n'importe quoi un nombre déterminé de lignes, même quand on n'a rien à dire, c'est là un métier pour le moins bizarre, et qu'en tout cas le mieux est de ne pas s'en vanter ? Tu ne comprends donc pas que, lorsqu'il y a dans une profession des nécessités mesquines et un peu honteuses, on ne va pas les étaler comme tu fais, devant des femmes galantes; que tu as l'air de chasser à l'article comme elles chassent à l'homme ; qu'écrire indistinctement sur toutes choses pour l'amusement du public, c'est t'exposer forcément à écrire souvent sans probité; qu'en dévoilant ainsi à des filles la façon dont tu gagnes ton pain, tu te ravales, peu s'en faut, à leur rang, et qu'il y a enfin, dans tes vantardises mêmes, l'aveu d'une sorte de prostitution ?

Oui, j'en veux à Desgenais. Il a troublé ma sécurité morale. Par le dégoût que m'a inspiré son inconsciente effronterie, il m'a fait rougir de la « copie » forcée, de la production à heure fixe, que l'on ait ou non quelque chose à dire. Je me suis rappelé mes faiblesses, et qu'il m'était arrivé d'écrire sans compétence, sans conviction, sans souci de la vérité, et de songer, moi aussi : « J'ai trois colonnes au moins ». J'ai senti ce qu'il y a souvent, dans nos besognes, de contraire aux délicatesses d'une conscience un peu fière. Et, comme vingt excuses me venaient ensuite à l'esprit, je me suis demandé si ce gentilhomme du dernier siècle, à qui Fréron objectait : « Mais il faut vivre ! » n'avait pas eu raison de répondre : « Je n'en vois pas la nécessité ».

Mais j'ai encore contre Desgenais d'autres griefs. Dépourvu de vergogne et tout gonflé de vanité, il m'apparaît encore comme un insupportable pédant. Il a la rage de ne rien dire comme tout le monde. Il fait du style, le pauvre diable ; et quel style ! (Ici, je vous renvoie à la pièce.) Il a l'affirmation extraordinairement imperturbable et prompte. Je suis sûr qu'il affiche, en littérature, les opinions les plus « audacieuses », qu'il flagelle les normaliens ; qu'il parle de « conventions abolies », d' « enquête psychologique », de « vérité superbement brutale », etc., et qu'il est pour le théâtre et le roman d'après-demain. Oh ! que j'aime mieux le pédantisme innocent des régents et des professeurs, de ceux que Desgenais appelle sans doute des « pions » !

Ce pédantisme-là, ce n'est, après tout, que le contentement naïf de savoir certaines choses ; et c'est un peu d'entêtement sur certaines règles et certaines traditions. Mais cet entêtement même, s'il ne va pas sans quelque suffisance, implique aussi de la modestie et des habitudes de respect : il n'est donc jamais bien choquant. Au contraire, le pédantisme de Desgenais et de ses pareils m'irrite, en ce qu'il prend, en somme, l'ignorance pour liberté d'esprit, et se sait un gré infini de « hardiesses » faciles et qu'il crie bien haut, mais qu'il serait fort incapable d'expliquer et de justifier. Car les pédants traditionnels pouvaient du moins donner les raisons de leurs timidités obstinées : au lieu que je sens, à chaque instant, sous les superbes assertions d'un Desgenais, la plus complète inanité de pensée.

Desgenais est, d'ailleurs, un échauffé romantique, Il a l'emballement chronique et puéril des gens de son époque, l'emballement pour rien. Et il y joint la manie d'hyperbole qui est ordinaire à sa profession. Car, pour accrocher tous les jours l'attention d'un public paresseux et qui a autre chose à faire que de nous lire, il faut tout mettre à l'effet, tout forcer, tout fausser, tout simplifier et dramatiser. (De là, parfois, la rhétorique la plus grossière : « ... Ah ! si j'étais père de famille... je le serai peut-être un jour, on ne sait pas ce qui peut arriver... eh bien ! je dirais à mon fils, naïf collégien très fort en thème : Tu vois bien ces demoiselles qui ont des diamants, ce sont des diables... elles ont des cornes... on ne les voit pas... mais elles en ont, etc., etc... » Voilà le ton.) Il ne s'agit que de frapper fort. Nul soin de la vérité dans les pensées, de la justice dans les sentiments, ni de la justesse dans le discours. Au reste, le temps manque pour réfléchir. On ne saura jamais le mal effroyable qu'a fait le journalisme à la littérature du dix-neuvième siècle... Hélas ! je le sais trop par moi-même ; si l'on m'accusait en ce moment de simplifier et d'outrer les choses, que pourrais-je bien répondre ? et serait-ce une excuse que de dire : « Ce que j'en fais, c'est pour être mieux et plus rapidement entendu » ?

Une conséquence de ces habitudes d'esprit, c'est

une espèce d'insincérité générale et parfois d'hypocrisie. Desgenais moraliste aura toujours, et avant tout examen, les opinions qui lui permettront d'être le plus cinglant, de faire le mieux siffler ou sonner sa phrase, de prendre l'attitude la plus avantageuse, celle du psychologue amer et clairvoyant, du misanthrope qui n'est pas dupe, de l' « homme fort » qui « la connaît dans les coins ». Cet homme qui passe ses nuits et ses jours sur le boulevard, dans les théâtres, dans les cabarets à la mode, que nous voyons, d'un bout à l'autre du drame de Barrière, mêlé aux filles, qui vit avec elles et un peu comme elles, et qui sans doute se sert, à l'occasion, de son journal pour s'en faire bien venir ; cet homme affichera pour ses compagnes le mépris le plus absolu, le plus inexorable... Sur toutes les questions de morale que soulèvent, presque chaque jour, les événements grands ou petits de la vie parisienne, soyez tranquilles ! Il émettra bruyamment et avec assurance les avis les plus généreux, les plus stoïques, les plus chevaleresques et les plus juvénaliens. Et, plus les questions seront délicates, plus ses arrêts seront imperturbables.

Par là, Desgenais vous paraîtra tout à fait comique, si vous remarquez qu'en dépit de ses prétentions il sait peu la vie et ne connaît que superficiellement les hommes. Le pli professionnel est peut-être plus marqué dans le journalisme que dans aucun autre métier. De là, souvent, un très sensible rétrécissement. Desgenais se figure évidemment que Paris est tout dans le monde, et que le journalisme est tout dans Paris. Le boulevard est pour lui l'univers. C'est là une fâcheuse condition pour juger ce qui se passe hors du boulevard. D'ailleurs, le métier de Desgenais ne lui permet guère la réflexion ; le journalisme est peu favorable au développement de la vie intérieure, par qui seule la pensée peut devenir originale et forte. Enfin, à ne jamais considérer la réalité que comme une matière à article, à transformer ainsi en chronique toute sa vie et celle des autres, on risque fort de perdre le sens même de la vie. Desgenais n'est pas seulement un détestable rhéteur, j'ai peur qu'il ne soit un sot par-dessus le marché.

Tel m'apparaît, dans la pièce de Théodore Barrière, le journaliste idéal d'il y a quarante ans. J'avais, en commençant, la ferme intention de lui opposer le journaliste de l'an 1889. Mais que de distinctions il faudrait faire ! D'abord, Desgenais ne représente que la chronique, non le journalisme politique. C'est donc le chroniqueur d'aujourd'hui que je devrais lui comparer. Mais « le chroniqueur », qu'est-ce que cela ? Il y a des chroniqueurs. J'en sais qui sont de vrais moralistes et de vrais écrivains, — qui sont seulement des écrivains et des moralistes un peu pressés. J'en sais aussi qui, avec un style différent, mais non moins odieux, étalent encore les prétentions et les ridicules de Desgenais. Je n'irai pas vous les nommer. J'ajoute d'ailleurs que je ne me sépare point de mes confrères et qu'en ces jours de pénitence je suis tout disposé à prendre ma part des péchés de la corporation. Tout en traitant Desgenais sans charité, je faisais tout bas mon examen de conscience.

Ce qu'on pourrait dire, en élargissant la question, c'est que peut-être, à ne prendre que les principales feuilles et les mieux réputées, le journaliste d'aujourd'hui ressemble de plus en plus à un employé ou à un notaire; que c'est un bourgeois comme les autres, qui travaille beaucoup et qui vit régulièrement; que les bohèmes et les mousquetaires se sont faits chez nous beaucoup plus rares; c'est qu'on a vu, dans notre petit monde, presque la même transformation des habitudes et des mœurs que chez les plus sérieux des comédiens... Mais ce sont là des impressions si générales, que je serais fort empêché d'en démontrer l'exactitude. Donc je me récuse, je me dérobe, et j'ai une fois de plus le chagrin de ne point faire ce que je m'étais proposé.

VAUDEVILLE : reprise des *Faux Bonshommes*, comédie en quatre actes, de Barrière et Capendu.

13 mai 1889.

La comédie de Barrière, peu serrée de composition, très vieillie en maint endroit, — gâtée par d'incroyables niaiseries, — et en même temps soutenue d'un grand souffle comique et pleine d'une âpre vérité, est, tout compte fait, une fort belle œuvre ; mais il me semble qu'elle l'est un peu autrement que l'auteur ne l'a voulu et pour des raisons auxquelles, peut-être, il n'avait pas songé.

Elle m'a paru, à moi, doublement effrayante : 1° parce que la plupart des personnages que Barrière a eu l'intention de flétrir sont comme nous, absolument comme nous ; et 2° parce que les personnages vertueux et sympathiques sont si bêtes que nous ne voudrions jamais être comme eux.

Passons en revue les sentiments et les actions de Péponet. Il est fier de sa fortune : c'est qu'il s'est donné beaucoup de mal pour la gagner et que, d'ailleurs, la fortune attire aux hommes beaucoup de considération. Il se fait peindre en capitaine de la garde nationale ; il voudrait que l'artiste le représentât dans une attitude héroïque, bien qu'il ne soit pas un héros : c'est donc qu'il a l'estime et l'admiration des vertus qu'il n'a pas. Il veut que le peintre qui fait le portrait de sa fille Eugénie n'oublie pas de mettre dans son tableau la maison et les arbres du parc : c'est qu'il est content d'avoir un château et de beaux arbres, et qu'il n'est pas fâché qu'on le sache. Il dédaigne les artistes : c'est qu'il n'entend rien à l'art. Le contraire serait surprenant chez un homme qui a auné de la toile pendant quarante ans. Il veut marier richement ses deux filles : c'est qu'il ne conçoit pas le bonheur sans argent et qu'il est bon père. Il a promis la main d'Emmeline à Anatole, la retire à Anatole pour la donner à Octave, puis à Octave pour la rendre à Anatole, et ainsi de suite, c'est qu'il croit successivement Octave plus riche qu'Anatole et Anatole plus riche qu'Octave. Il confie ses capitaux à Lecardonel, espérant doubler sa fortune : c'est que, quand on a de l'argent, on en désire toujours davantage. Il ne veut pas savoir si la spéculation où l'engage son ami est parfaitement honnête : c'est qu'il n'est pas curieux ; c'est aussi que les responsabilités s'atténuent en se divisant ; c'est enfin qu'il y a, dans les affaires, une morale particulière qui n'est pas celle des stoïciens. C'est aux autres à ne pas se laisser duper ; on ne force personne. Il y a, dans les façons de gagner de l'argent qui ne sont pas le vol proprement dit, des nuances infinies. Péponet est furieux que le jeune et brillant Octave Delcroix, après être entré dans les affaires pour épouser Eugénie, soit retourné à la peinture : c'est qu'en effet cet Octave lui a joué là un tour bien mortifiant. Riche, il eût refusé à Edgar la main d'Eugénie ; ruiné, il la lui accorde tout de suite : c'est que les choses sont en effet bien changées. Il n'est que vaniteux, intéressé et sot. Brave homme du reste. Il est dans la bonne moyenne de l'humanité.

Le père Dufouré n'est pas non plus un bien grand scélérat. Il attend qu'il y ait du monde pour donner quelques sous à une mendiante : cela vaut mieux que s'il ne donnait rien du tout. Il est furieux quand son fils Raoul lui fait des lettres de change : mettez-vous à sa place. Il voudrait garder le plus longtemps possible les cent cinquante mille francs qui reviennent à Raoul de sa tante Anastasie : c'est que ce Raoul est un mange-tout et qu'il sera bien aise de retrouver cela un jour. Dufouré n'aime pas sa femme : c'est qu'en vérité Mme Dufouré n'a rien de séduisant. Il la querelle dans le tête à tête, et redevient tout miel dès qu'on peut les voir : c'est qu'il a le respect des convenances. Lorsque sa femme est malade, il va se promener parce qu' « il ne peut pas voir ça » : c'est qu'il est sensible. Quand on lui demande ce qu'il ferait si elle venait à mourir, il répond qu'il s'installerait à la campagne, dans une jolie maison, qu'il aurait une voiture et un petit cheval... et, peu à peu, son visage s'éclaircit, il sourit à son rêve : cela veut dire simplement qu'il est opprimé par sa femme depuis trente ou quarante ans et qu'il en a assez. Mais, tout à coup, il se ressouvient de la réalité et reprend son air de circonstance : c'est qu'il sait qu'il y a des choses qu'on ne dit pas et qu'on n'a même pas le droit de penser. Qu'est-ce à dire, sinon qu'il a le respect le plus profond et le plus sincère des préjugés publics ?

Quant à Mme Dufouré, que voyez-vous de répréhensible dans sa conduite ? J'en appelle à toutes les mères ! Elle veut marier son Raoul. Pour cela, elle n'hésite point à jouer la comédie. Elle cache les vices du pauvre garçon et lui prête des vertus. Elle le dit follement amoureux de Mlle Emmeline, puis de Mlle Eugénie. Cette comédie, elle la joue avec une constance merveilleuse, sans se laisser décourager par les affronts ni par les déboires. C'est qu'elle adore son fils, à sa façon. Cette odieuse et doucereuse bourgeoise est une héroïne de l'amour maternel.

Et Bassecourt ? Eh bien, mais Bassecourt est charmant. Après avoir dit du bien des gens, il arrive insensiblement à en dire du mal ; il déprécie ce qu'il a loué, il dit blanc et noir sur le même objet (avec cette particularité, que c'est toujours par « noir » qu'il finit). C'est que Bassecourt est un esprit souple et compréhensif, un homme qui sait voir les côtés opposés des choses. Si je ne tenais beaucoup à paraître modeste, je dirais que Bassecourt fait inconsciemment ce qu'il m'est arrivé plus d'une fois de faire ici en m'en rendant un peu mieux compte... *Seulement* (comme il dirait lui-même), il juge des individus, et je ne juge, moi, que des œuvres ; et surtout il a, dans son inconscience, une malice que je n'ai pas dans mes lucidités momentanées. Mais enfin Bassecourt n'est point un homme si abominable. Il faudrait n'avoir jamais mis le pied dans un salon ou dans un bureau de journal (ou même ailleurs — et peut-être n'importe où) pour le juger sévèrement. Tout le monde sait que ce qu'on appelait au dix-huitième siècle le « persiflage », et ce qu'on appelle le « débinage » aujourd'hui, n'a jamais été plus à la mode dans tous les endroits où l'on se réunit pour causer. Le monde est de plus en plus une jolie forêt de Bondy, — parfois très amusante. Celui qui aurait l'imprudence de se reposer sur d'autres affections que celles de son père et de sa mère, de sa femme quelquefois, et de deux ou trois amis *qui ne sont pas de sa partie*, celui-là serait une bien bonne dupe. Il faut ajouter que, dans bien des cas, ce « débinage » n'est qu'un jeu d'esprit, qui ne tire pas à conséquence et qui même n'exclut pas toujours une sorte de sympathie superficielle pour ceux sur qui il s'exerce. Au fond, Bassecourt est un monsieur qui a de la conversation, voilà tout.

Ça, des « faux bonshommes » ? Croyez-vous ? Oh ! des hommes, tout simplement.

(Je ne parle pas de Vertillac, d'Anatole, ni de Lecardonel, qui sont certes de vilains bonshommes, mais qui ne sont, eux, à aucun degré, des « faux bonshommes » (en dépit du titre de la pièce), puisqu'ils se donnent pour ce qu'ils sont et ne dissimulent pas un instant leur égoïsme ou leur rapacité.)

Passons à l'autre camp. Si j'ai reconnu dans Péponet, Bassecourt et le ménage Dufouré mes pauvres semblables, je reste un peu déconcerté devant Edgar, Octave, Emmeline et Eugénie.

Car ils sont stupides. Et sottise pour sottise, j'aime encore mieux celle de Péponet que la sottise travaillée et prétentieuse de cet Octave et de cet Edgar. Vous me direz qu'il ne faut pas prendre garde à leur langage, que chaque époque a sa façon de « faire de l'esprit » ; examinons-les donc en eux-mêmes, ces vertueux et ces désintéressés que Barrière oppose aux hypocrites et aux cupides et qu'il nous présente comme les types d'une humanité idéale.

Edgar se conduit certes fort honnêtement. Il aime Eugénie Péponet et n'ose le lui dire, d'abord parce qu'il n'est pas sûr de ses sentiments, puis parce qu'elle est riche et qu'il est pauvre. Lorsque Péponet est ruiné, il demande la main de la jeune fille. Tout cela est à merveille... *Seulement...* (toujours comme dirait Bassecourt), il ne prononce pas une seule phrase qui n'exprime la conviction où il est de l'imbécillité de Péponet, de sa propre supériorité intellectuelle et morale, et la joie immense que lui cause cette triple conviction. Donc il est payé d'avance de tout ce qu'il peut faire de bien ; il se paye lui-même, et largement ; il se prodigue sa propre estime. Et, comme il est persuadé (on le sent, cela éclate à chacun de ses mots) qu'il a fait quelque chose de méritoire et de quasi héroïque en aimant l'art plus que l'argent et en aimant Eugénie plus que tout (deux sentiments qui pourtant ne dépendaient pas de sa volonté), il s'attribue donc des vertus qu'il n'a pas, et est à sa manière, lui aussi, un faux bonhomme.

Son ami Octave Delcroix est plus bête que nature. Il est tellement innocent que, après avoir révélé à Péponet sa parenté avec l'agent de change Vertillac, il est tout surpris que Péponet lui accorde subitement la main de sa fille, et il attribue ce revirement à la bonté d'âme dudit Péponet. Il est amoureux de la façon dont on l'est au théâtre, — avec le désintéressement le plus saugrenu et avec cette idée, que la plus petite préoccupation d'argent est chose absolument déshonorante. Il se laisse donc voler deux cent mille francs par Péponet, et il s'en sait un gré infini. Puis, tout à coup, cet étonnant benêt par amour se transforme, par amour encore, et pour conquérir son Emmeline, en un homme d'affaires si retors et si hardi, si prodigieusement actif et si génial, qu'il éblouit et stupéfie Vertillac lui-même. Et, après avoir montré aux bourgeois ce que sait faire un artiste quand il daigne se mêler d'affaires, souriant et dédaigneux, il revient à sa chère peinture. Bien entendu, à peine sait-il son beau-père ruiné, il ne fait qu'un bond chez le notaire et rapporte à Péponet la dot d'Emmeline, sans même se demander si le cher homme est aussi radicalement ruiné qu'il le dit et s'il ne lui reste pas, après tout, quelques petites choses. Et tout cela avec ce même air de satisfaction intime et cette espèce de béatitude dans le mépris des bourgeois que nous avons déjà relevée chez Edgar. Ah! que cet Octave serait déplaisant s'il pouvait exister, s'il était autre chose qu'un masque de théâtre!

La jeune Emmeline est bien de la même race. Vous trouverez d'abord chez elle cette même affectation de désintéressement, cette superbe insouciance de l'argent et ce mépris secret pour l'auteur de ses jours, bref, tous les sentiments que nos auteurs dramatiques ne manquent guère de prêter aux enfants qui ont l'affreux malheur d'avoir des parents très riches (sentiments que vous ne rencontrerez guère dans la réalité, j'en ai peur, et qui, au surplus, y paraîtraient choquants par plus d'un côté). Cette jeune dinde, qui, grâce à l'argent paternel, est fort bien vêtue, habite un fort beau château et ne fait œuvre de ses dix doigts, a pour le

commerce et les affaires un dédain si transcendant.
elle est si persuadée qu'il n'y a pas de noblesse
d'âme possible en dehors de la peinture à l'huile
que, lorsque l'homme qu'elle aimait quitte la peinture pour la finance, elle le méprise instantanément
et se considère comme indignement trahie.

J'aimerais encore mieux, quoiqu'un peu « sosotte », sa petite sœur Eugénie. Au commencement,
du moins, elle est vraie. Elle est contente d'être
riche, elle ne voit dans le mariage que des toilettes,
des voitures et une loge à l'Opéra. C'est bien une
petite Péponette. Mais la bienveillance de l'auteur veille sur elle. Il lui inspire, vers la fin (suivant
une des plus vieilles coutumes du théâtre), un
irrésistible amour pour l'homme qu'elle devrait le
moins aimer, et il a l'air de croire que, du moment
qu'elle aime, elle n'est plus une Péponette ; comme
si de chercher le bonheur dans l'amour, ou de le
chercher dans l'argent et dans la puissance que
l'argent procure, cela ne supposait pas, au fond,
deux états d'âme également involontaires et aussi
peu méritoires l'un que l'autre. Mais voilà ! il est
entendu, dans la plupart des romans et des drames,
que l'amour confère à ceux qui en sont possédés
une dignité, une supériorité morale, et que c'est une
façon plus honorable que les autres d'être égoïste
et d'aller fatalement à son plaisir. Je n'ai jamais su
pourquoi.

Ainsi, tous les personnages que Barrière oppose à

ses « faux bonshommes », tous ceux pour qui il a tendresse de cœur et qu'il recommande à notre sympathie, sont si niais, ou si conscients de leur vertu, qu'on les trouve beaucoup plus insupportables que ceux à qui ils font la leçon, et que, si l'on pouvait prendre au sérieux ces figures toutes conventionnelles, l'esprit du drame en serait profondément altéré. On aurait la douleur de se sentir contre l'égoïsme et l'inconsciente hypocrisie des bourgeois très peu d'indignation, et, en même temps, quelque mauvaise humeur contre le désintéressement trop fertile en phrases des « artistes » et des nobles jeunes filles.

Ce qu'il fallait opposer aux « faux bonshommes », ce n'étaient point des rapins généreux, qui font des mots et qui raillent et s'indignent en style de chroniqueurs, mais d'autres « bonshommes », des « vrais », des êtres simples qui seraient vertueux sans trop le savoir, qui n'auraient pas la vertu cinglante, sifflante et lettrée, et qui ne se compareraient pas continuellement aux autres. Bref, en face des faux bonshommes, il fallait mettre de braves gens, tout bonnement. Et alors nous les aurions aimés, et Péponet, Dufouré et Bassecourt nous eussent paru affreux.

Mais sans doute le pauvre Barrière, qui fut, je le soupçonne, une intelligence un peu superficielle et qui manqua tout à fait de « vie intérieure », ne pouvait guère concevoir la vertu sans attitudes ni gestes. Invinciblement, en bon boulevardier qu'il était, il lui prêtait l'allure cravachante, l'amertume et l'esprit (hélas !) de Desgenais : pauvre « faux bonhomme » qu'il était lui-même, noblement insurgé, et à tout propos, contre les vices du siècle, — et vivant pourtant comme le siècle, à ce que j'imagine.

C'est ce même esprit boulevardier et théâtral qui lui a fait considérer, dans son for intérieur, ses Péponet et ses Dufouré comme des bonshommes beaucoup plus « faux » et plus odieux qu'ils ne le sont en réalité. Car, il n'y a pas à dire, sa comédie ne répond qu'à moitié à son titre. Il eût été beau de nous montrer une collection de faux bonshommes vraiment dignes de ce nom, de rassembler dans un drame les principales espèces d'hypocrisie (et Dieu sait s'il y en a ! hypocrisie politique, hypocrisie mondaine, hypocrisie littéraire, etc.) et d'écrire *les Tartuffes* après le *Tartuffe*. Mais par malheur son échauffement de satiriste ennemi des Philistins a fait croire à Barrière qu'il peignait des monstres, alors qu'il peignait des bourgeois d'immoralité moyenne. Les cas d'hypocrisie humaine qu'il a réunis sont, en effet, très ordinaires, assez inoffensifs au fond, et ce ne sont pas de très méchants hommes que ces faux bonshommes-là.

Que dis-je ? Ce que Barrière leur reproche, ce par quoi ils lui paraissent être de faux bonshommes, c'est peut-être ce qu'ils ont de meilleur, car ce sont leurs illusions et leur respect de certains préjugés, de certaines conventions sociales. Dufouré n'est nullement affligé de la maladie de sa femme, mais il *croit* l'être, et cela parce qu'il *croit* qu'il est convenable qu'il le soit. Péponet offre sa fille à Octave parce qu'Octave est neveu d'un agent de change ; mais il est persuadé que ce qu'il en fait, c'est par sympathie pour ce jeune homme et par tendresse pour sa fille ; il sait quels sont les devoirs d'un bon père, et *croit* les remplir... Ces gens-là sont pareils à nous : ils sont égoïstes sans le savoir. Notez bien que, s'ils le savaient, s'ils perdaient leurs illusions, s'ils n'étaient pas innocemment hypocrites, s'ils étaient plus intelligents, s'ils voyaient les choses comme elles sont, s'ils acceptaient leur propre égoïsme, s'ils le raisonnaient et le systématisaient, c'est-à-dire, en somme, s'ils valaient encore moins qu'ils ne valent, nous aurions pour eux beaucoup plus d'indulgence. Leur morale et leur façon de prendre la vie seraient alors toutes proches de celles de ce délicieux Desforges de *Mensonges* ; mais justement parce qu'ils seraient plus conscients, plus renseignés sur eux-mêmes et sur les autres, et plus cyniques (à condition que leur cynisme s'enveloppât de quelque élégance), on les jugerait très forts, on trouverait de la grâce ou de la grandeur dans leur immoralité. Cela n'est-il pas injuste ? — Oui et non. C'est que l'égoïsme intelligent et conscient se limite lui-même. On sait mieux à quoi s'attendre de la part de Desforges. Et puis pourquoi ne haïrions-nous pas la sottise autant que le vice, et n'aimerions-nous pas l'esprit autant que la vertu ? Il y en aurait long à dire là-dessus...

Au fond, le seul personnage vraiment sympathique de la pièce, vous l'avez deviné, n'est-ce pas? c'est le jeune Raoul Dufouré.

Pour finir, et bien que j'aie toujours cette impression que l'auteur n'a pas vu ses bonshommes comme je les vois (car il les a jugés avec sa conscience de boulevardier rigoriste et rhéteur), il faut reconnaître que, pris en eux-mêmes, ils sont merveilleusement vivants, et c'est l'essentiel. Même, s'ils sont plus innocents que Barrière ne l'a cru, sa comédie prend par là plus de portée. Bassecourt, Péponet et Dufouré sont hypocrites et faux, à peu près dans la mesure où nous le sommes tous involontairement. Si l'on osait s'interroger, quels abîmes on découvrirait entre ce qu'on fait et ce qu'on professe, entre ce qu'on professe et ce qu'on croit ! et quelles illusions sur les mobiles et sur la qualité morale de nos actes ! et cela continuellement. Oui, *les Faux Bonshommes, ou les Hommes*, tel serait le titre complet de la comédie de Barrière.

EMILE AUGIER

Comédie-Française : *Maître Guérin*, en cinq actes, de M. Emile Augier (reprise).

23 avril 1889.

Après tant de « reprises » que nous a fait subir la Comédie-Française, reprises inutiles et parfois comiquement inattendues, en voici une enfin du plus vif intérêt et à laquelle nous ne pouvons qu'applaudir. *Maître Guérin* n'avait pas paru sur les planches depuis vingt-cinq ans. Nous avons vu, l'autre soir, qu'il y faisait encore bonne et solide figure.

La pièce a des défauts : qui le nie ? Vous vous rappelez le fond de l'histoire. Un notaire de petite ville « roule » un vieux fou d'inventeur et, par des moyens obliques et légaux le réduit à lui vendre son château pour pas grand'chose : ce qui doit permettre au fils du tabellion d'épouser une très riche veuve, et du meilleur monde. Mais il se trouve qu'en fin de compte ce fils trop vertueux épouse la fille du vieux fou, que la riche veuve épouse un Arthur qui lui faisait la cour et que Maître Guérin, abandonné même de sa femme (une bête à bon Dieu qui s'insurge au dernier acte), reste seul « avec son déshonneur ». On a jugé que les amours procédurières et intermittentes de la veuve et de son neveu tenaient dans le drame une place un peu excessive et que certains personnages n'y vivaient que d'une vie un peu effacée et conventionnelle... Mais qu'importe ? Si vous y songez un peu, vous soupçonnerez qu'il ne peut y avoir de « chef-d'œuvre » absolu et irréprochable, que dans la musique, la poésie lyrique, et peut-être la statuaire et la peinture... Pourquoi ? Sans doute parce que la beauté d'un sentiment et d'une forme peut être perçue universellement et dans tous les âges. Si l'art est toujours en dernière analyse une « imitation de la nature », l'entente est assez facile, en musique, en poésie et dans les arts plastiques, sur la fidélité de cette imitation. Car d'abord une belle mélodie traduit ce que nous voulons : il suffit qu'elle soit délicieuse, c'est sa façon d'être « vraie ». Quant à la poésie lyrique, elle n'a, pour être « vraie », qu'à être « sincère », à exprimer ce que le poète a profondément senti. Enfin, la vérité des formes extérieures est ce qu'il y a de plus aisément contrôlable ; et lorsque cette vérité apparaît vêtue de splendeur à la majorité des hommes, nous sommes sûrs du « chef-d'œuvre ». Il n'en va plus de même quand il s'agit pour l'artiste de traduire, non plus des sentiments personnels, mais les caractères des autres hommes ;

non plus des formes permanentes, mais les conflits, en partie invisibles, des idées et des passions, et la vie humaine, dans sa mobilité et dans sa complexité. La matière d'art est ici changeante et fuyante. Là, plus que partout ailleurs, il faut que l'écrivain devine, suppose, choisisse et combine. Il est guidé dans ce travail par son expérience propre, par la connaissance qu'il a du monde. Mais cette connaissance ne saurait être identique sur tous les points à celle que nous en croyons avoir. Nous avons chacun notre nature, chacun notre vie, chacun notre passé ; et, à cause de cela, la vérité ou la vraisemblance morale ne peut être la même pour nous tous. Il s'ensuit qu'au théâtre et dans le roman, il n'y a guère de « chefs-d'œuvre » à proprement parler, c'est-à-dire d'œuvres sur la vérité et la beauté desquelles nous puissions être tous complètement d'accord. Du moins cet accord ne se forme que peu à peu, par l'autorité de certains hommes et par la docilité des autres... Aujourd'hui encore, il est aussi facile de déprécier *Hamlet*, le *Cid* ou *Athalie* que de les glorifier, — et pour des raisons presque aussi bonnes. Rien ne prête à des jugements plus contraires qu'un ouvrage dramatique ; rien ne peut être considéré sous des angles plus différents, parce que la matière même d'un tel ouvrage est ce qu'il y a de plus inégalement et diversement connu et senti par les fugitives créatures que nous sommes... Bref, un chef-d'œuvre de théâtre n'est pas et ne saurait être une pièce où rien ne nous choque ni ne nous inquiète, où rien ne nous paraît invraisemblable ou faux, ou inutile, ou insignifiant, mais une pièce qui, dans son ensemble, offre, de l'aveu de tous, une somme considérable d'observation et de vérité, l'image animée et fidèle d'échantillons importants de notre espèce. Or cela peut se dire, à coup sûr, de *Maître Guérin.*

Une chose curieuse — et un peu effrayante, — c'est que, dans cette robuste comédie, plus les personnages valent moralement et moins ils nous intéressent ; et que, plus ils sont vertueux, et moins ils nous paraissent vivants.

Maître Guérin est admirable. Fin, sournois, retors, avec des allures, parfois, de large bonhomie ; âpre, énergique, ambitieux, tyran à son foyer ; jovial, un peu libertin, prudhommesque, garde national philosophe du Caveau et citateur d'Horace... il est bien lui d'abord, Maître Guérin, mari d'une bonne femme bornée et timide, millionnaire par quarante ans de travail enragé et tortueux, père d'un fils qui est lieutenant-colonel à trente-trois ans, et qu'il respecte vaguement, tout en le méprisant un peu pour son manque de sens pratique... et, en même temps, il représente des milliers de notaires et de bourgeois du bon pays de France et, par delà, si vous voulez, la race des mangeurs voraces et envahissants en face de celle des rêveurs éternellement dupés et mangés, dont cet innocent Desroncerets est le type. Maître Guérin est donc bien vivant ; il l'est avec ampleur, carrure, plénitude, éclat. Il est beau à voir. Il vit à tel point qu'on ne peut plus dire qu'il soit odieux ; car tout ce qu'il fait, nous avons continuellement cette impression qu'il le fait en vertu de sa constitution physique et morale, et qu'il ne pourrait point ne pas le faire. Quand il se voit condamné par sa femme et son fils, il s'étonne et s'indigne de bonne foi : *il ne comprend pas*. Car après tout quel crime a-t-il commis ? Il a profité de la sottise d'un voisin qui avait certes l'âge de se conduire (et à qui il restera encore de quoi vivoter) pour avoir un fort beau château à très bon compte. Mais c'est la vie, cela. Chacun pour soi ! Il ne l'a pas forcé, ce vieux monsieur. Et ce château, n'est-ce pas par le plus légitime des sentiments, par ambition paternelle, qu'il l'a convoité ? N'est-ce pas ainsi, d'ailleurs, que grandissent et montent les familles ; et qu'un paysan ou un manouvrier se trouve avoir pour petit-fils un maréchal de France ou un comte du pape ? Et cette ascension des classes inférieures, n'est-ce pas la vie même et la force de la patrie ? Maître Guérin remplit une mission sociale. C'est quelqu'un, songez-y, que ce petit notaire qui, dans sa petite ville, avec de petites affaires, a su gagner son million. — Il n'a pas dû y mettre beaucoup de délicatesse ? — Allons ! est-ce que vous ne savez pas de quelle façon commencent toutes les grandes fortunes ? L'honnêteté de Maître

Guérin n'est nullement au-dessous de la moyenne. Si vous le rencontriez dans le monde réel, qui de vous, même sachant ce qu'il est, lui refuserait la main ? Et s'il avait une fille, — jolie et bien élevée dans quelque Sacré-Cœur, — jurez-moi que vous ne la demanderiez pas en mariage ou que, la demandant, vous repousseriez sa dot ! C'est un des plus beaux efforts de l'art et c'est la gloire de l'écrivain dramatique ou du romancier, de savoir nous présenter des coquins semblables à nous, et dont la coquinerie est si naturelle, si tranquille, si inconsciente, si pleine de sécurité, qu'ils ont tout à fait l'air d'honnêtes gens. Là est la marque de la vie.

Auprès de Guérin, les autres, les vertueux paraissent un peu pâles. Mais il est à remarquer qu'ils ne sont plus intéressants que dans les moments où leur vertu, leur générosité, leur noblesse morale s'accompagne de passion, tombe dans quelque excès. Le beau en art, ce n'est pas la vertu, c'est la vie, et la vie n'est jamais pure. Polyeucte est une des grandes figures du théâtre, non parce qu'il est un saint, mais parce qu'il est un fou.

Pendant les trois premiers actes, le vieux Desroncerets nous laisse assez indifférents. C'est un bonhomme à l'esprit enthousiaste, obscur et faible, qui a dépensé toute sa fortune à des inventions saugrenues, dont l'intérêt nous échappe un peu trop, et qui, du reste, ne nous sont point expliquées. Passe s'il s'agissait du vaccin de la rage ou de l'emmagasinement de la force des marées ! mais ce que Desroncerets a trouvé, c'est une méthode pour apprendre à lire en huit jours. Or, je crois d'abord que c'est impossible : quelle que soit l'ingéniosité des méthodes, il faut à la mémoire le temps de faire son travail, et ce temps ne saurait être réduit à ce point. Et, quand cela serait possible, je ne vois pas clairement l'immense avantage d'une telle rapidité dans l'enseignement de la lecture. Il y a, si je puis dire, dans les idées de l'inventeur Desroncerets, quelque chose d'un peu puéril, d'un peu niaisement humanitaire. Cela ne nous dit rien, cela nous est parfaitement égal. Mais tout à coup, ce vieux toqué inoffensif devient féroce. Sa fille lui ayant refusé l'argent qu'il lui demande pour de nouveaux essais, il s'indigne, il lève la main pour la maudire. Et, sans doute, lorsqu'il apprend qu'il n'a plus rien à lui, que depuis des années il vit sur la dot de Francine et que c'est pour cela qu'elle ne s'est point mariée, il a honte de lui-même, il implore son pardon : mais tout de suite après, sa fille lui ayant dit, pour le consoler, qu'elle croit à son génie, sa foi orgueilleuse, aveugle et entêtée lui revient : « Alors, ma fille, prête-moi ces cent mille francs. » Certes, on peut se demander à ce moment-là si l'égoïsme de Desroncerets n'est pas, tout compte fait, aussi détestable que celui de maître Guérin, car l'égoïsme du vieil inventeur est plus funeste aux siens sans qu'on soit sûr qu'il soit plus profitable à l'humanité.

Et pourtant c'est à cette minute-là que nous applaudissons Desroncerets, parce que c'est à cette minute-là qu'il vit. Même la scène est superbe, et il n'y en a point de plus belle dans *la Recherche de l'absolu.*

Jusqu'au troisième acte, Mme Guérin n'est qu'une bonne femme qui adore son fils et qui craint son mari, simple, douce, honnête, un peu molle, très effacée. Elle sait que son fils aime Mme Lecoutellier, et qu'une des raisons qui font que la brillante veuve hésite à épouser le colonel, c'est qu'elle deviendrait la bru de Mme Guérin, une belle-mère à ne pas montrer dans un salon. La passive Mme Guérin fait alors quelque chose d'extraordinaire. Elle va trouver Mme Lecoutellier et lui promet de disparaître après le mariage : elle se retirera, s'il le faut, dans une ferme qui est à vingt lieues de là, et elle ne verra son fils et sa bru que quand ils le voudront bien… J'ai presque envie de dire qu'il y a dans la sublimité de ce sacrifice une sorte de bassesse, et, dans cette folie d'abnégation maternelle, une manière d'outrage à celui qui en est l'objet. A-t-elle le droit de faire pour son fils une démarche qu'il condamnerait hautement s'il la connaissait, qui le blesserait et l'humilierait, qui l'atteindrait non seulement dans sa piété filiale, mais dans sa fierté d'homme? Et ce fils (qu'elle vénère pourtant), quelle idée se fait-elle donc de lui si elle croit ou qu'il ne souffrira pas de l'éloignement de sa mère, ou qu'il ne s'apercevra pas qu'elle souffre elle-même de cet éloignement, ou qu'il n'en devinera pas les causes ? La démarche de Mme Guérin est un acte de passion maternelle, vraiment absurde et, en un sens, coupable, puisque l'excellente femme accepte d'avance la possibilité d'une diminution morale de son fils, pourvu que ce fils soit matériellement heureux. (Voilà une chose, soit dit en passant, que la vanité de Maître Guérin n'accepterait pas, et cette vanité ferait ici office de dignité.) Et cependant nous applaudissons Mme Guérin ; elle nous touche, elle nous remue ; car à cette minute où elle est si parfaitement déraisonnable, elle vit, elle est entièrement elle-même, et avec intensité.

Et le colonel Guérin ? Il représente, lui, le désintéressement absolu et particulièrement ce rigorisme dans les questions d'argent qui est comme l'âme du théâtre d'Emile Augier, — ce théâtre où trois fois (dans *Ceinture dorée*, *les Effrontés* et *Maître Guérin*) les enfants s'indignent de la fortune mal acquise des pères, et deux fois les obligent à restituer. Donc, le colonel, qui aimait Francine Desroncerets, s'est détourné d'elle du jour où il l'a soupçonnée d'être une ménagère regardante et de connaître quelque chose aux placements d'argent et au cours de la Bourse. Puis, quand il a appris la vérité, et par quels moyens Maître Guérin s'est assuré la propriété du château de Valtaneuse, il lui dit son fait, endosse son uniforme, coiffe son boisseau à plumet et emmène sa mère. Cela, sans ombre d'hésitation ni de faiblesse. Et cela sans doute est fort beau ; mais enfin ce guerrier intègre ne songe pas un moment que, si maître Guérin a manqué de scrupules dans sa petite opération, c'est un peu pour son fils qu'il travaillait ; que, si le digne tabellion avait raffiné davantage sur la probité, il n'aurait pas fait, lui, d'excellentes études et ne serait pas entré à l'Ecole polytechnique ; que c'est à l'argent du bonhomme et, par conséquent, à ses façons d'entendre les affaires qu'il doit d'avoir un si beau grade et de pouvoir sentir avec tant de noblesse ; et que c'est, en somme, parce que le père a eu une conscience de qualité moyenne que le fils a pu se payer une conscience de luxe. Cela devrait le rendre indulgent, ou du moins l'empêcher de brusquer les choses, lui conseiller l'attente, la patience, l'emploi de la persuasion. Mais point : tout de suite il soufflette son père de son orgueilleuse probité, — lui qui a eu la vie aisée et qui n'a jamais pâti... Il s'en faut donc que ce parfait soldat soit un fils irréprochable. Or, si ce froid personnage pouvait vivre, c'est, à coup sûr, dans ce moment où il est passionné et injuste (étant juste sans nuances et, si j'ose le dire, sans intelligence) qu'il vivrait et que nous l'applaudirions... Je crois même que nous l'avons applaudi.

Et Francine ? Elle a, sans le lui dire, sacrifié sa fortune personnelle aux turlutaines de son vieux toqué de père ; elle a pour lui renoncé au mariage et découragé l'homme qui l'aimait. Notez qu'on ne sait pas trop si elle croit ou non au génie de Desroncerets. Et cette incertitude nous gêne un peu ; car son sacrifice, sublime dans le premier cas, est, dans le second, plus sublime encore... A moins qu'on ne trouve, au contraire, que son véritable devoir de fille, et le plus évident, était de lutter de toutes ses forces contre la folie paternelle et de défendre le vieil enfant contre lui-même. Quoi qu'il en soit, et j'ignore pour quelle cause, Francine nous est à peu près indifférente. Ce n'est que l'ange lointain d'un dévouement bizarre. Mais tout à coup, ne pouvant plus supporter le mépris du beau colonel, qui la croit sèche et intéressée, elle crie son secret. Qu'est-ce à dire ? Elle cesse d'être héroïque, elle redevient comme nous. Et c'est à cet instant précis' qu'elle nous touche, qu'elle nous enlève et que nous l'aimons...

— Enfin, me dira-t-on, que voulez-vous démontrer ? Que Maître Guérin est le plus honnête homme de la pièce et que les autres sont des lâches et des misérables ? Vous avez déjà tenté quelque chose de pareil à propos de *Monsieur Alphonse* (1). C'est un exercice facile, et peu original malgré son impertinence. — Oui, je l'avoue, c'est un jeu ; et je n'ai pas besoin de vous signaler, dans tout ceci, mes oublis ni mes exagérations volontaires. Mais, du

---

(1) Voir l'article suivant.

moins, ce n'est pas un jeu tout à fait stérile. C'est comme la preuve empirique de la vérité d'une œuvre. Montrer, en étudiant les personnages d'un drame, ce qu'il y a de fatalités dans les vices des méchants et ce qui se mêle de faiblesse à la vertu des bons, rapprocher de nous-mêmes ceux qui sont pires que nous et aussi ceux qui sont meilleurs, c'est montrer que ce drame ne nous offre pas seulement des mannequins à figure humaine ; mais que, tout en les simplifiant un peu par une nécessité d'art, il respecte néanmoins la complexité de la vie et des hommes et les réfléchit loyalement. Et c'est un des mérites de *Maître Guérin.*

ALEXANDRE DUMAS FILS

GYMNASE : Reprise de *Monsieur Alphonse*, pièce en trois actes de M. Alexandre Dumas fils.

11 février 1889.

Deux types (M. Alphonse et Mme Guichard), peut-être égaux aux plus célèbres qui aient jamais paru sur la scène comique ; non seulement vrais dans leur fond, mais si vivants d'allure, et d'un relief si juste et si fort que l'un des deux a déjà donné son nom, dans le langage familier, à toute l'espèce qu'il représente... (je ne serais pas étonné que, l'autre soir, quelque spectateur du Paradis ait fait cette réflexion en voyant M. Alphonse : « Ah ben ! en v'là un qui n'a pas volé son nom ! ») — un sujet simple et hardi ; un drame qui fait beaucoup penser sans que rien y tourne à la « thèse » ; je ne sais quoi de franc, de robuste et d'imperturbable dans l'exécution : voilà ce que nous avons retrouvé intact, après seize ans, dans la pièce de M. Alexandre Dumas. Et *Monsieur Alphonse*, je suis tenté de le croire, serait un absolu chef-d'œuvre, si l'on ne nous y demandait d'abord un véritable acte de foi ; en d'autres termes, si toute une partie de l'action ne reposait sur un des plus singuliers *postulats* que jamais dramaturge ait prétendu nous faire admettre sans discussion. Nous sommes obligés de croire qu'une jeune fille, qui s'est laissé faire un enfant et qui épouse ensuite un autre homme que son séducteur, a pu cacher sa faute à son mari et, tranchons le mot, le tromper sur la qualité de la marchandise livrée, et rester néanmoins une créature intéressante, vertueuse même et digne de sympathie et de respect ; car c'est bien ainsi que M. Dumas la juge et nous la présente. Or, il n'y a pas à dire et toute la casuistique du monde n'y fera rien, cela est dur à avaler. Que cela soit complètement impossible, je ne le prétends point ; mais, tandis que nous cherchons comment cela s'est pu faire, tandis que nous imaginons les raisons multiples et délicates que l'auteur ne nous a point données (sinon dans sa préface), nous oublions un peu d'être émus par le drame.

Et, sans doute, nous finissons par nous réfugier, pareils à des femmes troublées, dans le sein de M. Francisque Sarcey, qui nous rassure en nous affirmant « que ce qui est antérieur à l'action ne compte pas, que nous devons l'accepter les yeux fermés, que c'est un pacte entre l'auteur et nous » : tout de même, nous ne sommes pas parfaitement tranquilles ; *Monsieur Alphonse* nous semble un chef-d'œuvre un peu inquiétant, qui nous laisse trop à faire, qui exige de nous, sur un point important, un trop grand effort, soit de collaboration active, soit de docile connivence, et qui, par suite, mêle à notre admiration, çà et là, un sentiment d'insécurité et une légère peur de duperie.

Je n'ai point d'autre objection à faire. Au reste, — et en mettant à part le commandant Montaiglin, qui est une exception morale, un phénomène, — il est bien peu d'œuvres où la nature humaine soit mieux prise dans son vif, avec son éternel et nécessaire mélange de bien et de mal ; il en est peu où l'humanité moyenne soit plus loyalement décrite, où les vicieux paraissent plus rapprochés des bourgeois de probité courante que nous coudoyons tous les jours, et où la vertu de ceux qu'il faut, après tout, appeler « les bons » soit plus relative, laisse plus transparaître d'inconscient égoïsme et d'instincts assez pareils, dans leur fonds et leur origine, à ceux des coquins corrects et bien élevés Joseph de Maistre a écrit cette belle parole chrétienne : « Je ne sais pas ce qu'est la conscience d'un scélérat. Mais je sais ce qu'est la conscience d'un honnête homme ; c'est affreux ! » Je dirais volontiers : « Il est évident que l'âme de M. Alphonse est un joli marécage. Mais étudiez, pour voir, l'âme de Mme Guichard et de Raymonde, qui sont pourtant de braves femmes ; vous verrez que ça n'est pas très frais non plus. »

Un mien ami me dit à ce propos :

— « Vous ne savez pas à quel point vous avez raison. Assurément, M. Alphonse est un être méprisable. Il n'a d'autre morale, j'imagine, que le respect forcé du Code et le respect héréditaire de certaines règles ou convenances mondaines, — édictées presque toutes par l'égoïsme ou l'hypocrisie bourgeoise. — Il ne cherche d'ailleurs que son plaisir ou son intérêt. C'est un animal de joie et de ruse. Nullement violent, il faut le reconnaître. Il a séduit une jeune fille, parce qu'elle lui plaisait et qu'elle se laissait faire ; il l'a abandonnée, parce qu'elle était pauvre. Puis il a été l'amant intéressé d'une ancienne servante d'auberge, plus âgée que lui de quatre ou cinq ans. Il n'a pas compris un seul moment que cette posture était infâme, — plus infâme qu'elle n'eût été il y a cent ans, à cause de l'avènement définitif de l'argent comme puissance souveraine, et vu les variations de la morale publique. Il ne voit là qu'un troc, un trafic, une opération commerciale. Mme Guichard lui donne de l'argent, et il lui donne du plaisir. Quoi de plus légitime que cet échange ? Qui vous dit enfin qu'il n'ait pas quelque affection pour cette bonne dame qui l'admire tant, ou même, parfois, quelque semblant d'amour ; car, après tout, la commère est encore fraîche. Notez qu'en l'épousant il n'accomplira pas seulement un acte profitable, mais un acte moral, du moins selon les idées de la société où il vit. Il « régularisera une situation ». Il ne demande pas mieux, lui, que de régulariser les situations quand il y trouve son compte. Il ne tient pas du tout à être « hors de la règle » quand il peut faire autrement sans se gêner. Ce n'est point un réfractaire, oh ! non. Il est mauvais père ? C'est vrai. Pourtant, il est allé voir six fois sa petite fille en onze ans : il pouvait s'en dispenser. Il a confusément conscience d'un vague devoir, et il le remplit dans la mesure où il en a conscience. Il est très probable qu'il sera un père très suffisamment dévoué et affectueux pour ses enfants légitimes. Il est comme tout le monde : il aimerait mieux ne jamais faire souffrir les autres. Il est, je suppose, de probité moyenne : il ne commettrait pas un vol qualifié parce que c'est dangereux, et peut-être même par une répugnance qu'il tient de son éducation : les vols déguisés, analogues à ceux que nos mœurs tolèrent soit dans le commerce, soit dans les affaires de Bourse, et où l'on préfère ne pas regarder de trop près, lui suffiront toujours, croyez-le bien. Il n'est pas incapable de rendre gratuitement quelque petit service à un ami, ni de donner deux sous à un pauvre. Quand il sera marié, il y a apparence qu'il professera les meilleurs principes, et de très bonne foi. Il goûtera les romans de M. Georges Ohnet et flétrira ceux de M. Emile Zola. Et si la pièce de Dumas s'appelait *Monsieur Arthur*, et que notre homme allât au Gymnase, à coup sûr il ne s'y reconnaîtrait point. Que dis-je ? elle peut garder son titre, il ne s'y reconnaîtra pas davantage. Je vous jure que tous les jours nous serrons la main à des gens dont la valeur morale est exactement celle de l'amant de Mme Guichard...

« Allons, bon ! fit tout à coup mon ami, je viens de me déshonorer. On dira que j'ai fait l'apologie de M. Alphonse. »

Il reprit :

— « Voyons les autres. Oh ! Mme Guichard n'est certes pas une mauvaise créature. Elle est gaie, causante, sans façon, toute ronde, pas bête ; et il devait y avoir plaisir à loger au *Lion d'Or*, quand elle y faisait les chambres et, plus tard, quand elle trônait au bureau. Je ne doute pas qu'elle n'ait soigné de son mieux Guichard, toujours malade et beaucoup plus vieux qu'elle. Mais enfin elle l'a trompé tout son soûl, et si elle est devenue sa maîtresse et si elle s'est fait épouser par lui, il est bien clair que ce n'était point par amour. Même, si j'ai bien compris, il a pu lui arriver de donner à Alphonse l'argent de Guichard. En somme, elle a fait avec Guichard à peu près ce que M. Alphonse fait avec elle. — Mais elle l'aime, direz-vous, ce joli garçon. — Soit : Comment l'aime-t-elle ? Elle n'a aucune illusion sur lui, elle le connaît mieux que personne ; elle le méprise absolument et ne lui envoie pas dire. Seulement, elle ne peut se passer de lui : «... Ah ! que tu me connais bien ! que tu sais bien que je ne puis pas me passer de toi ! Malheureuse que je suis ! Quel empire as-tu donc sur ma volonté, et que me sert d'être forte comme un cheval ? Tu me mènes comme tu veux. C'est que, en effet, tu es d'une autre race que moi ; tu as des petits pieds ; tu as des petites mains ; c'est toi la femme. Et tes yeux, et ta voix ! Je t'adore et j'ai envie de t'étouffer ; ce ne serait pas difficile et je te suis soumise comme un chien. Ah ! ah ! je t'aime trop ! » (Au fait, j'ai tort de citer cela, du moins maintenant, car il y a, dans ce couplet, un accent qui dérange ma démonstration, et qui différencie Mme Guichard de son amant, alors que je cherche à la rapprocher de lui. Ma loyauté me joue souvent de ces mauvais tours.) Continuons. Ce qu'aime Mme Guichard, ce sont donc les sensations que lui donne M. Alphonse, rien de plus, comme il aime et cherche, lui, les sensations que lui procurent les jolies femmes rencontrées, la bonne chère, la paresse jouisseuse et les commodités matérielles de la vie. Mme Guichard aime comme une brute, avec une jalousie toute animale. Quand elle sait que son Alphonse a été l'amant d'une autre femme, elle hait cette femme, elle l'étranglerait si elle pouvait la tenir. Lorsqu'elle veut emmener la petite Adrienne, ne vous y trompez pas, ce n'est point par pitié, c'est encore pour l'amour de son Alphonse ; c'est pour avoir auprès d'elle et chez elle ce qui est sorti de lui ; et c'est aussi en haine de la mère : « ... Va chercher cette enfant... Je me charge d'elle... Oui, de l'enfant d'une autre. *Tu ne diras plus que je ne t'aime pas* ; du reste, c'est à prendre ou à laisser ; je t'en donne ma parole d'honneur de commerçante ; tu sais, celles-là sont bon teint ; je ne t'épouse qu'avec ta fille dans ma maison. Et, si la mère vit, qu'elle s'adresse à moi, *elle trouvera à qui parler.* » Et lorsque, à la fin, tout à coup, et par un revirement un peu brusque à la vérité, elle cesse d'aimer M. Alphonse... («... Quand on pense que j'allais épouser ce pierrot-là! »), c'est bien sans doute parce qu'il lui est apparu plus infâme encore qu'elle ne le soupçonnait (quoique, après tout, un peu plus de mépris mêlé à son amour ne soit pas une affaire); c'est bien aussi parce qu'elle a subi l'autorité du commandant Montaiglin et l'ascendant de son grand cœur, et parce que, d'autre part, elle a été remuée malgré elle par la grâce et la douleur de Raymonde : mais c'est peut-être surtout parce qu'elle est incapable de supporter cette idée, que quelque chose de son amant restera aux mains d'une autre femme, et parce qu'elle sent bien qu'elle ne vivrait plus... C'est un instinct de bête désespérée, beaucoup plus que le mépris, qui tue l'amour chez elle. Ne le croyez-vous pas ? Pour moi, je le crois presque.

« Et Raymonde ? Jeune fille, elle s'est donnée à un homme. Oh ! je sais bien, elle l'aimait ; et puis..... le printemps, l'énervement des soirs d'orage, les troubles secrets de son corps et, enfin, la grande excuse : son « ignorance » ! Mais enfin nous savons bien comment se passent les choses, et que la chute proprement dite a été nécessairement précédée de caresses assez hardies et significatives pour qu'elle n'en pût « ignorer » l'impureté. Et si elle « ignorait » avant, elle savait après ; et elle a recommencé, puisqu'elle est devenue mère. Et, si vous me dites qu'elle ne prenait pas à ces jeux le même plaisir que son complice, je vous prierai de ne pas vous moquer de moi. D'ailleurs, si M. Alphonse est un fin matois, Raymonde n'est pas non plus dénuée de prudence. Elle a fort bien su laisser sa petite fille grandir à la campagne, à seule fin de pouvoir garder, à Paris, l'estime de ses voisins et de ses connaissances.

« Vient à passer un brave officier de marine. Il a vingt-cinq ans de plus qu'elle. Il la voit triste, il la croit sage ; il lui demande sa main. Elle ne peut avoir pour lui que de l'amitié. Elle l'épouse, parce que « cela lui fera une situation ». Voilà un mariage qui ressemble diablement à celui de Victoire avec Guichard, et à celui d'Alphonse avec la veuve de l'aubergiste. Mais Raymonde est infiniment plus coupable que les deux autres. Elle oublie de dire à son mari qu'elle a un enfant. Rien que cela. (Il est vrai qu'il ne le lui a pas demandé ! » Acte II, sc. IX.) M. Dumas nous explique, dans sa préface, que Raymonde n'avait point d'aveu à faire au commandant, et qu'un bon prêtre lui aurait certainement conseillé de ne rien dire : car une faute, confessée, absoute, expiée par le repentir, est réellement effacée, n'existe plus. Aussi bien le commandant, « du moment qu'il prétend aimer Raymonde, doit savoir d'avance à quoi l'engage implicitement l'amour chrétien ». Je vous renvoie à cet extraordinaire morceau de casuistique. Il ne convaincra point les esprits un peu simples. Car, d'abord, si la faute est effacée, les effets de la faute subsistent, et ces effets sont de ceux auxquels un mari est généralement fort sensible. Notez que Mme Guichard, en se faisant épouser par son vieux, et M. Alphonse, en épousant la veuve Guichard, ne déshonorent qu'eux-mêmes : Raymonde se met dans le cas de déshonorer son mari le jour où la vérité sera connue, ce qui peut arriver (je sais bien qu'il ne sera « déshonoré » qu' « au jugement absurde de l'aimable société où nous vivons ». Mais quoi ? nous y vivons, et non pas dans la lune) Puis, ce premier et monstrueux mensonge en entraîne une infinité d'autres. Et ce n'est pas tout : ce mariage, après ce mensonge, condamne Raymonde, ou à n'être jamais une bonne mère, ou à souhaiter la mort de son vieux mari, — ou enfin, si elle veut sortir de cette vilaine alternative, à confesser un jour au commandant ce qu'elle a eu la lâcheté de lui cacher. — mais à ne le lui confesser que lorsque le mal qu'elle lui a fait est irréparable, et que le pauvre homme en peut mourir.

« Il n'y a pas à dire mon « Bel-Ami » : Raymonde est une misérable. Elle ment plus impudemment que M. Alphonse. Et M Dumas est un singulier moraliste, avec sa théorie des fautes qui, « une fois révélées dans le confessionnal, perdent, pour ainsi dire, tout leur caractère social et ne sont plus sous la juridiction de ceux qu'elles pourraient léser... et qui, dès lors, n'auraient plus, pour les juger, l'indépendance d'esprit nécessaire ». Comprenez-vous ? Moi, pas très bien. Car enfin, si nos fautes, une fois confessées au prêtre (je dirai même confessées ou non), ne sont point « sous la juridiction » de ceux à qui elles font du mal, s'ensuit-il que nous ne soyons pas responsables de celles de leurs conséquences qu'il dépendait de nous de conjurer ? Ce serait trop commode, en vérité, si nous n'avions à répondre que de la faute elle-même, et jamais de ses suites mauvaises, même de celles qu'un sacrifice de nous pouvait atténuer ou prévenir ! C'est ce qu'il y a de terrible dans le péché. Quand nous faisons le mal, nous ne savons pas au juste dans quelle mesure nous le faisons, quels lointains et meurtriers prolongements il peut avoir, ni jusqu'où nous sommes coupables. — Au reste, j'en appelle de M. Dumas à Raymonde elle-même : « Tromper, je ne saurai pas... Tu te vantes, malheureuse ! voilà six ans que tu trompes le cœur le plus loyal et le plus confiant. Une fois de plus, qu'est-ce que ça te coûtera ? C'était la première fois qu'il ne fallait pas mentir ! » Elle a tout à fait raison, bien qu'elle se traite encore un peu doucement. De tous les personnages du drame, c'est elle qui a le plus gravement manqué au devoir. Est-ce à dire que je l'accable ? que je ne lui reconnais nulle excuse ? que je ne lui accorde aucune pitié ? Point. Je lui refuse l'honnêteté paradoxale que M. Dumas semble lui accorder, voilà tout.

« Et la petite Adrienne ?... Elle a onze ans. Tâchez de la rencontrer dans cinq ou six ans ; frôlez-lui le genou sous la table quand vous dînerez chez le commandant, regardez-la d'une certaine façon, et donnez-lui rendez-vous, à minuit, dans la ruelle qui passe derrière le jardin de son père légal ; et je vous promets que vous ne vous ennuierez pas.. Autrefois, je trouvais que cette petite était vraiment bien avancée pour son âge. Elle m'agaçait avec ses mots d'enfant qui ressemblent à des mots d'auteur. Vous vous rappelez ? « ... Je t'aimerai d'autant plus que je t'embrasserai moins... Mon père !... Ma mère !... Maman !... » Je m'imaginais qu'une enfant nourrie à la campagne et tout à coup enlevée sans y rien comprendre devait être timide et farouche comme une petite bête et ne savoir que mettre les doigts dans son nez et répondre : « Oui, Madame ; non, Madame. » Mais, cette fois, j'ai mieux saisi la pensée de l'auteur ; et dans cette gamine rouée comme une potence, qui, soudainement engagée dans la plus obscure et la plus difficile des situations, fait des phrases, mais ne fait pas une « gaffe », ne perd pas un instant son sang-froid, et a même des roueries de femme et des raffinements de ruse presque superflus, — j'ai clairement reconnu la fille du subtil et glissant M. Alphonse.

« Ah ! le joli monde ! Il n'y a que le commandant d'un peu propre. Seulement il n'existe pas. »

Ainsi parla mon ami. J'étais un peu ébranlé par son assurance. Je répondis pourtant.

— Vous voilà bien fier. Vous croyez avoir fait

quelque chose de merveilleux et de rare en démontrant que M. Alphonse est, après Montaiglin, le personnage le plus vertueux de la pièce. C'est une plaisanterie qui peut se soutenir à la rigueur. Et, en effet, si l'on fait abstraction des personnes pour ne considérer que les actes (ce qui est d'ailleurs un artifice d'une pratique assez difficile), M. Alphonse ne paraîtra peut-être pas plus coupable que Victoire et que Raymonde. Et cependant (il n'y a pas à aller là contre) nous méprisons M. Alphonse et nous aimons Mme de Montaiglin et Mme Guichard. Comment donc cela se fait-il?

C'est là, comme je l'indiquais au commencement, que gît la vérité profonde du drame de M. Dumas. Les théologiens, si j'ai bonne mémoire, distinguent, dans le péché, la matière (c'est-à-dire ce que le péché est extérieurement) et la forme (c'est-à-dire ce que le péché est en nous). Eh bien ! la matière des péchés de Victoire, de Raymonde et d'Alphonse peut être la même, ou à peu près ; la forme, non. Raymonde et Mme Guichard ont été impures et déloyales, comme M. Alphonse, mais non pas de la même façon. Elles aiment ; ce n'est rien, et cela suffit pour qu'elles soient d'une autre race que lui. Mme Guichard porte le bel Alphonse dans ses moelles. Raymonde l'a aimé ; Raymonde, en dépit de ses lâchetés et de sa trahison, aime sa fille, et elle aime aussi son vieux mari. M. Alphonse n'aime rien que lui-même, il s'aime directement, sans ce détour et cette espèce de crochet qui est l'altruisme. Puis les deux femmes ont la bonté ; elles souffrent de la souffrance des autres. Et j'oubliais une toute petite chose : elles sont capables de remords. M. Alphonse ne saura jamais ce que c'est. Quant au commandant, s'il n'existe pas, c'est tant pis ; et peut-être bien qu'il existe après tout. Il est, lui, la charité absolue ; et c'est à son approche que s'épure et se dégage, par contagion, ce que les deux pauvres femmes ont de bon en elles... *Monsieur Alphonse* devrait avoir pour épigraphe : « Il sera beaucoup pardonné à qui a beaucoup aimé. » Nul drame d'une humanité plus vraie, ni où M. Dumas ait mis plus de large intelligence, de pitié et de larmes.

AUGUSTE VACQUERIE

Gymnase : *Jalousie,* drame en quatre actes, de M. Auguste Vacquerie.

10 décembre 1888.

Permettez-moi de vous rappeler ce que j'écrivais ici même, il y a un an, sur les procédés d'invention et de composition de M. Auguste Vacquerie. Cela rendra plus clair ce que j'ai à vous dire de son dernier drame.

«..... Don Jorge, Jean Baudry, Louis Berteau sont conçus comme des personnages de Corneille ; ce sont des Idées qui parlent avec éloquence et subtilité. Et quand le poète réussit à faire vivre les personnages où il a incarné ces idées, ils semblent alors plus grands que nature, comme les héros comédiens. On dirait que tous ont été conçus *à priori.* Don Jorge, c'est l'honneur absolu ; Jean Baudry c'est la charité absolue ; Louis Berteau, c'est la probité absolue. M. Vacquerie s'est demandé : — Dans quelles circonstances un gentilhomme, pour qui l'honneur est réellement une religion, souffrira-t-il le plus ? Et cette religion, quelle est la marque la plus éclatante, la plus inattendue, la plus saisissante qu'il en pourra donner ? Et il a écrit *les Funérailles de l'honneur.* — Dans quelles conditions la bonté paraîtra-t-elle le plus désintéressée et le plus héroïque ? Il faut, pour cela, qu'elle s'épanche sur des étrangers : il faut qu'elle soit sans salaire : il faut qu'elle souffre, et que cette souffrance lui vienne de ceux à qui elle s'est dévouée, etc. Et M. Vacquerie a écrit *Jean Baudry* — Dans quelles conditions la probité pourra-t-elle être sublime ? Il faut pour cela qu'elle soit douloureuse ; il faut, par exemple, qu'elle exige le sacrifice du plus ardent et du plus bel amour et que, ce sacrifice, elle soit obligée de le cacher et qu'elle ne puisse donner ses raisons sans déshonorer une mère... et M. Vacquerie a écrit *le Fils.* Et tout, dans la construction de ces trois pièces, est subordonné à ce dessein de nous montrer, dans le plus haut degré de pureté et d'éclat qui se puisse concevoir, les trois vertus que j'ai dites... »

La dernière œuvre de M. Auguste Vacquerie, *Jalousie*, — qui, on ne saurait le nier, a déplu à la majorité du public, — a été conçue exactement de la même façon.

M. Vacquerie a dû se poser ces deux questions :

— Dans quelles conditions un jaloux souffrira-t-il le plus de sa jalousie ?

— Quelle est la vengeance la plus cruelle qu'il puisse tirer de l'homme dont il est jaloux ?

Cherchons avec lui les réponses.

Premier point.

Remarquons tout d'abord qu'il y a au moins deux grandes espèces de jalousie, celle du mari, et celle de l'amant.

Subdivisons donc ce premier point.

I. — La jalousie du mari sera particulièrement douloureuse s'il est beaucoup plus âgé que sa femme ; s'il l'a épousée par amour ; si elle ne l'aime pas et ne l'a jamais aimé ; si elle se refuse à lui ; si, par un arrangement auquel il a dû se soumettre, elle a cessé de partager son lit sans qu'il ait cessé de la désirer ; si elle est douce avec lui, et bonne et loyale sur tout le reste, et s'il n'a pas autre chose à lui reprocher que sa faute ; enfin si l'amant présumé est vraiment digne d'amour, s'il a sur le mari l'avantage de la jeunesse et de la beauté, et s'il lui est, en outre, supérieur par le caractère et par les sentiments.

II. — Passons à la jalousie de l'amant. Dans quelles conditions l'amant sera-t-il le plus torturé ? Deux cas se présentent : il peut être jaloux, soit du mari de sa maîtresse, soit d'un autre homme.

Nous pouvons presque négliger le premier cas.

En général, l'amant n'est que très modérément jaloux du mari, parce qu'il sait que le mari n'est pas aimé, et parce que les femmes qui ont un amant ont l'habitude de lui raconter et l'art de lui faire croire qu'elles se dérobent au devoir conjugal. Mais au surplus, et en supposant même que la femme continue à subir les caresses du mari, s'il peut arriver que l'amant en conçoive de l'amertume, de la colère et de la haine, et que certaines images l'assiègent, le poursuivent et le torturent (comme dans *Fanny*), il y aura toujours un supplice plus atroce encore : C'est quand l'amant d'une femme mariée est jaloux d'un autre amant.

La souffrance de l'amant doit alors, à tout le moins, égaler celle de l'époux, puisqu'il est trompé comme lui. Et elle peut même la dépasser si l'amant a quelque imagination, puisqu'il a pu se croire, lui, librement aimé. Il est plus dur, en effet, pour l'amour-propre de se voir retirer ce qui nous avait été gracieusement offert que de perdre ce qu'on retenait par force ou en vertu d'un droit écrit. Car seule, la première de ces mésaventures implique un changement des sentiments de la femme à votre égard. Dans ce premier cas, la femme est réellement coupable envers vous de trahison ; dans l'autre, elle n'est coupable, si je puis dire, que d'évasion.

Ainsi, la passion étant supposée égale des deux parts, l'amant trahi souffrira plus que le mari trompé. Mais ce n'est pas tout. On peut imaginer une situation telle que la jalousie de l'amant atteigne au paroxysme de la rage et de la douleur. C'est si cet amant, par obéissance à sa maîtresse, par respect pour elle, et parce qu'il croyait absolument à sa vertu, est resté un amoureux platonique. L'idée qu'il n'est pas seulement trahi, mais ridicule; l'idée que ce que cette femme lui refusait avec de grandes phrases, ce qu'il avait la sottise de s'interdire (et par quels efforts sur lui-même!), elle le prodigue maintenant à un autre, et que sans doute tous deux se moquent de lui; et surtout l'image précise, lancinante, de ce qu'elle prodigue à cet « autre »; cette triple torture du cœur, de l'orgueil et de la chair..., non, voyez-vous, après cela il n'y a rien.

Tout ce que nous venons de dire entraîne naturellement la création de quatre personnages principaux. Le mari : ce sera M. Jorgan ; il aura passé la cinquantaine; il sera banquier, et d'humeur sombre, impérieuse et maussade. La femme : nous l'appellerons Marcelle; on l'aura livrée, toute jeune et sans la consulter, à ce vieux mari ; ce sera une honnête femme. Le premier amant, — platonique : nous le nommerons Gérard Bréhal ; il sera beau, généreux, passionné, et il aura trente ans. Le second amant, présumé non platonique : nous le nommerons Philippe; même âge ; ami du premier, très brave garçon.

La pièce n'est pas encore faite. Ce sera la solution du second point qui nous permettra d'imaginer la « fable ».

Deuxième point.

A savoir, je vous le rappelle : comment un jaloux se vengera-t-il le plus cruellement de son rival ?

Mais, puisque le mari est le premier personnage que nous avons conçu et puisque, selon l'ordre naturel des faits, le mari doit être trompé avant l'amant, précisons ainsi la question :

— Quelle est la plus atroce vengeance qu'un mari puisse tirer de l'amant de sa femme ?

Nous écartons d'abord (comme le fait Jorgan lui-même) le duel et le divorce, et je n'ai pas besoin de vous en dire les raisons.

Trois autres moyens se présentent : tuer la femme, — tuer l'amant, — tuer les deux.

Le premier moyen, c'est celui d'Othello. Il est un peu naïf, et se tourne contre les gens qui l'emploient. Le jaloux, au moment où il tue sa femme, l'aime encore, l'aime furieusement, puisqu'il la déteste et l'adore à la fois. La mort de cette femme lui sera donc aussi douloureuse qu'elle peut l'être à l'amant. Il ne fera souffrir son rival qu'à la condition de souffrir tout autant que lui : cela est un médiocre calcul. Même si Othello, ayant tué Desdémone, persistait à la croire coupable, il ne pourrait pas se consoler. Vous vous rappelez ce que fait le grand Frisé dans *la Chanson des gueux*. après avoir suriné Margot :

Ah ! Ah ! dit l'Frisé, te v'là morte,
Et l'grand niq'doul' s'mit à pleurer.

Cela, c'est la vérité même. Et, si les Maures et les Frisés étaient capables de raisonner, ils se diraient : — Je veux, s'il se peut, infliger à mon rival une souffrance égale à celle qui m'est venue par lui. Or, ce n'est point en tuant cette femme que j'y parviendrai, puisque, justement, le mal que me fera cette mort me paraît inférieur à celui que me faisait ma jalousie. Il faut donc chercher autre chose.

Tuer l'amant est encore un plus mauvais moyen ; car alors votre femme le pleurera devant vous, elle vous haïra, vous maudira ; elle ne se gênera plus ; et ainsi ce meurtre n'aura fait qu'exaspérer son amour et, par suite, votre jalousie. Et, tandis qu'auparavant vous pouviez espérer, à la rigueur, que cette femme vous reviendrait un jour, vous êtes maintenant à peu près certain que c'est fini, qu'elle ne vous reviendra jamais, — et que, si elle trompe le défunt dans quelques années, ce ne sera pas avec vous. Il est vrai que vous aurez eu le plaisir de tuer l'homme que vous haïssiez (plaisir d'une minute) et que vous êtes du moins bien sûr qu'il ne possédera plus le corps de votre femme. C'est quelque chose que cette assurance. Mais enfin, tout compensé, votre vengeance est fort imparfaite. Car c'est toujours vous qui êtes le plus torturé des trois. Ou bien, si c'est la femme... eh bien, ce sera encore vous, tout de même, puisque vous la verrez souffrir.

Tuer la femme et l'amant? Oh! cela, c'est la solution la moins intelligente de toutes. Elles vous procure une satisfaction assez vive, mais très passagère, et qui n'est qu'une détente, un soulagement des nerfs. Et il est probable qu'au bout de très peu de temps les remords viendront, peut-être même le désespoir. Vous serez épouvanté de votre solitude. Vous serez supplicié par l'idée de ce que votre action a d'irréparable, et furieux en même temps de son inefficacité Car eux, les deux amants, ils ne souffrent plus, ils dorment dans la divine paix de la mort. Les autres solutions, quoique médiocres, étaient cependant un peu plus satisfaisantes : vous étiez sûr, du moins, de la douleur du survivant.

Cherchons encore, et tâchons de bien raisonner notre affaire. D'abord, auquel des deux coupables vous en prendrez-vous ? Evidemment à celui que vous haïssez le plus. Mais quel est-il ? C'est l'amant, ce n'est pas la femme. *Jaloux* a deux sens ; quand vous dites : « Je suis jaloux d'elle » et : « Je suis jaloux de lui », ce n'est pas tout à fait la même chose. La femme, vous ne la haïssez qu'en tant qu'elle lui appartient et que vous vous la représentez possédée par lui. Autrement, vous l'aimez (oh! comme on aime quand on aime passionnément, c'est-à-dire avec le plus entier et le plus implacable égoïsme). Bref, vous êtes jaloux *à cause d'elle* ; mais c'est bien *de lui* que vous êtes jaloux. C'est lui, le voleur, c'est toute sa personne, qui vous inspire une haine sans mélange : c'est donc lui que vous devez viser.

Il s'agit de lui infliger la plus dure souffrance qui soit au monde. Quelle est-elle ? Ce n'est point la mort, puisque la mort est la fin de toutes les souffrances. Mais, justement, la pire des douleurs, c'est celle que vous ressentez vous-même, c'est la jalousie, cette forme suprême du délicieux et abominable, du divin et diabolique et méchant amour (Amour *tyran* des hommes ! dit le poète grec)... Ne cherchons plus ; nous avons trouvé.

Rendez jaloux, comme vous, l'amant de votre femme. Vous pouvez même espérer le rendre encore plus malheureux que vous ne l'êtes. Car votre douleur, à vous, n'a été l'œuvre que des mauvais hasards : la sienne sera l'œuvre d'une volonté, d'une volonté ingénieuse et acharnée. Vous savez, par expérience, ce qui fait souffrir, et tous vos coups porteront.

Othello jouant auprès de Cassio le rôle que Iago a joué auprès de lui-même, voilà la pièce. Elle est faite maintenant.

(Je dois vous avertir que, dans tout ce qui précède, il n'y a, en réalité, pas un mot de moi ; que j'ai simplement fait, sous une forme indirecte, l'analyse de la pièce de M. Vacquerie. Il y a déjà des chances sérieuses pour qu'un drame de tant de suc — et d'où l'on peut tirer ainsi, sans y rien ajouter, toute la théorie d'une passion, — ne soit ni banal, ni ennuyeux, ni médiocre.)

Nous savons à présent quels devront être les rôles des quatre personnages nécessaires dont j'ai dit les noms plus haut. Jorgan se vengera de Gérard, qu'il sait aimé de Marcelle, en le rendant jaloux de Philippe. Mais, pour que la chose soit facile, il sera bon que Philippe ait une raison de faire sa cour à Marcelle. Nous supposerons donc que Philippe veut par là se venger d'une autre femme, Céline, qui lui avait promis sa main et qui, pendant qu'il voyageait, a épousé par intérêt un fils naturel de Jorgan. (Et ainsi, à côté des deux jaloux par passion, nous avons le jaloux par dépit et la jalouse par vanité.) Ce fils naturel que Jorgan loge chez lui fournira à Marcelle un grief de plus contre son mari. Ajoutez un subalterne, un commis, Sergent, qui déteste Philippe, et qui sera utile au mari pour combiner ses guet-apens.

L'action se déroule, simplement et largement. Je la résume en quelques mots. Au premier acte, Céline, piquée, essaye de reprendre Philippe et ne réussit qu'à l'envoyer à son amie Marcelle. Puis, nous assistons à une très belle, très gracieuse et très noble scène d'amour entre Marcelle et Gérard. Sur quoi Jorgan sort d'une cachette et nous apprend qu'il se vengera.

Au second acte, Jorgan commence d'attiser la jalousie de Gérard. Il veut que Philippe accompagne Marcelle dans la voiture qui doit, à une heure du matin, la reconduire à Paris (nous sommes à Villeneuve-Saint-Georges). Marcelle jure à Gérard qu'elle ne le permettra point. Mais elle est ensuite obligée de céder aux violences et aux menaces de son mari, — et cela sans pouvoir prévenir Gérard, qui se croit alors trahi par elle.

Au troisième acte, scène d'explication entre les deux amoureux. Ils vont retomber dans les bras l'un de l'autre, quand une lettre anonyme prévient Gérard d'un rendez-vous nocturne que se sont donné Marcelle et Philippe.

Au dernier acte, Gérard vient au rendez-vous et y trouve Jorgan. Celui-ci lui raconte qu'il attend Philippe et qu'ils se battront à mort : il a apporté, pour cela, deux pistolets. Philippe arrive, en effet (je ne sais plus par quel moyen il a été attiré, lui aussi, dans le piège). Je passe les détails. Jorgan laisse les deux hommes aux prises, pendant que Marcelle apparaît au balcon... Gérard tire le premier et blesse Philippe au bras. Marcelle se précipite, enlace Gérard... et Philippe, comprenant enfin quel rôle on lui a fait jouer, décharge son pistolet sur Jorgan, qui s'est caché dans un fourré voisin...

Dans chaque acte, des scènes d'une grande beauté, prises en elles-mêmes ; dans tout le drame, quelque chose de sombre, d'énergique, d'un peu tendu ; un style presque trop travaillé, et tantôt d'une robuste nudité, tantôt relevé de *concetti* romantiques; partout une impression de force, — et aussi d'effort; l'intérêt le plus poignant : on se sent vraiment en présence de passions fatales, aveugles, que nul ne pourra arrêter dans leur chemin, et dont on prévoit avec certitude et avec angoisse le choc inévitable et meurtrier... C'est une fort belle *tragédie*, si vous voulez le savoir.

Pourquoi donc n'a-t-elle pas réussi ?

C'est que les défauts en sautent aux yeux, et que ces défauts sont de ceux que le public supporte le plus mal, — à moins qu'il ne les rencontre dans une œuvre consacrée par le temps et dont il sait d'avance qu'il doit la trouver belle. Les personnages ne sont peut-être pas assez expliqués : nous ne connaissons pas leur passé, — ou nous ne le connaissons pas au moment où il faudrait. A cause de cela, ils gardent quelque chose d'un peu abstrait, Jorgan surtout : sa jalousie n'a ni répit, ni défaillance, ni retour : Jorgan, c'est la Jalousie absolue, la jalousie en soi ; et c'est un peu, par suite, le Croquemitaine de la jalousie. Puis, les détails de l'action ne sont pas tous parfaitement clairs. J'avoue n'avoir compris que tout en gros le rôle de Sergent. Il y a quelque gaucherie dans l'emploi des moyens matériels. Enfin, une chose a égayé le public beaucoup plus que de raison, mais non pourtant sans raison : Jorgan passe son temps à écouter aux portes. M. Vacquerie nous dira que c'est bien le fait d'un jaloux, et qu'il l'a voulu ainsi. Mais nous avons beau faire : rien, ni vérité, ni justice, ni respect, ne prévaut contre ce qu'il y a de forcément comique dans ces répétitions.

Bref, M. Vacquerie a joué de malheur : car il a mis dans son drame le genre de beautés auquel le public des premières, à la fois gouailleur et routinier, est le moins sensible, et le genre de défauts auquel il l'est le plus. Pour moi, je le dis, parce que c'est la vérité : j'ai beaucoup aimé, en somme, la nouvelle œuvre de M. Vacquerie : peut-être parce que, ayant voulu y retrouver ce que j'admirais dans ses autres drames, je l'ai retrouvé en effet. J'en suis bien fâché ; mais si c'est une mauvaise pièce que *Jalousie*, c'est donc la plus intéressante mauvaise pièce que j'ai entendue depuis longtemps.

Peut-être le sujet, qui est excellent, eût-il gagné à être transporté dans un milieu héroïque et lointain, par exemple, dans l'Espagne du seizième siècle, — ou, au contraire, dans un milieu parisien et mondain, et à être traité sur le ton de la comédie de genre.... Mais où vais-je m'engager là ?

EDMOND DE GONCOURT

Odéon : *Germinie Lacerteux*, pièce en dix tableaux, de M. Edmond de Goncourt.

24 décembre 1888.

Encore qu'il soit, ici-bas, de pires misères et des souffrances plus dignes de pitié, je trouve assez mélancolique, au fond, la destinée de M. Edmond de Goncourt.

Qu'on pense ce qu'on voudra des romans des deux frères, il me paraît que ces romans furent, en leur temps, d'une incontestable nouveauté ; que M. Emile Zola et M. Alphonse Daudet leur doivent beaucoup ; que, sans *Germinie* et *Sœur Philomène*, sans *Renée* et *Charles Demailly*, l'auteur de *l'Assommoir* et l'auteur du *Nabab* n'eussent pas si aisément ni si vite trouvé leur voie.

Or, après une vie de travail acharné, d'absorption douloureuse dans la chose écrite, d'une sorte d'ascétisme littéraire dont il n'y a peut-être pas de plus parfait exemple, et qui, tout en aiguisant en eux la faculté de sentir et de rendre leurs sensations, les a peut-être spécialisés outre mesure, a fini par leur enlever une certaine liberté aisée du jugement et la vue sereine et indulgente des choses de ce monde, Jules de Goncourt, — le plus heureux des deux pourtant, — est mort sans avoir connu la gloire. Et sans doute elle est venue au survivant, mais restreinte encore et contestée. Elle ne lui est venue, en quelque façon, que par contre-coup, et comme à l'occasion de renommées plus jeunes et plus retentissantes. Il semble que l'œuvre de Goncourt n'ait été révélée au public que par le succès inouï des romans de MM. Daudet et Zola, c'est-à-dire de romans qui procédaient justement de ceux des deux frères. Il y a là une espèce de renversement et quelque chose qui ressemble à une injustice. Car M. Edmond de Goncourt a bien pu passer chef d'école et dieu de chapelle et, presque seul parmi les anciens, obtenir le respect des jeunes ahuris de l'impressionnisme et du symbolisme : les gros tirages, le gros bruit, les visites des barnums, les traductions en anglais, en allemand et en javanais ont été pour d'autres. Et, vraiment, cela n'est pas tout à fait équitable. *Sic vos non vobis.*

Je vous dis tout cela parce que je le crois. Mais M. Edmond de Goncourt doit le croire encore plus fort que moi. Et alors jugez!...

Si M. Edmond de Goncourt avait été un sage, il en eût pris son parti ; il en eût appelé, une fois pour toutes, à l'équitable (?) postérité, et se fût enseveli dans son veuvage silencieux. Mais qui de nous est un sage? Et de qui, je vous prie, avons-nous le droit d'exiger qu'il en soit un?

M. Edmond de Goncourt a écrit quatre romans tout seul. Ils étaient infiniment curieux, mais d'un impressionnisme de plus en plus étroit, spécial et tourmenté. Il y manquait quelque chose. Quoi? Sans doute le génie plus clair, plus libre, plus alerte et plus sensé du frère disparu. Ces romans plurent à Bourget, fanatisèrent des adolescents d'esprit trouble et inquiet, mais ne parvinrent pas, ou presque pas, jusqu'au grand public, jusqu'à cette foule nécessairement composée d'imbéciles et dont les artistes les plus raffinés et les plus dédaigneux mendient, — non moins nécessairement, — les grossiers suffrages.

Dans la préface du dernier de ses romans, l'auteur disait, comme le vieil athlète de Virgile : *Artem cestumque repono...* Et c'est pourquoi, le lendemain du jour où il nous faisait ce serment d'homme de lettres, plus fragile qu'un serment d'ivrogne, M. Edmond de Goncourt commençait pour nous l'inventaire de ses tiroirs.

Il en extrayait d'abord des biographies d'actrices du dix-huitième siècle: la Saint-Huberty, Sophie Arnould. Il les appuyait d'une quantité de documents : actes de naissance, actes de mariage et de décès, notes de fournisseurs et mémoires d'huissiers. Il y alignait un nombre prodigieux de détails superflus. Ces pauvres filles, qui n'ont été que d'aimables comédiennes et de gentilles courtisanes, — c'est-à-dire dont le charme a été, par essence, viager et fugitif, étant étroitement attaché à leur enveloppe mortelle, et dont la vie, en dehors de ce charme qui ne peut nous être rendu, est totalement dépourvue d'intérêt et semblable à la vie de toutes leurs pareilles, — ces cabotines qui ont été exactement ce que sont les plus piquantes de celles d'aujourd'hui, — rien de plus, rien de moins, — et qui ne sont plus rien du tout, puisqu'elles sont mortes, il les traitait comme un historien lerait Richelieu ou Napoléon, et consacrait des trois cents pages à ces ombres vaines et à leur grâce irrévocable. Et les plus épris des fantômes d'antan trouvaient que c'était beaucoup, en vérité.

Puis M. de Goncourt continuait ses fouilles dans les tiroirs fraternels. Il en extrayait de ces choses qu'on n'a coutume de livrer au public que quelques années après la mort des grands écrivains. Il semblait qu'il réalisât je ne sais quelle imagination mélancolique et macabre d'Edgar Poë ou de Baudelaire, et qu'il publiât lui-même ses œuvres posthumes. C'étaient les *Pages retrouvées*, essais de jeunesse, brouillons, broutilles, copeaux précieux, — mais copeaux. C'étaient, — chose inouïe, — les lettres de son frère et les siennes ; je dis les siennes, puisque, d'après la *Préface*, si Jules a tenu la plume, il n'a jamais exprimé que la pensée des deux Goncourt.

C'est la première fois, je suppose, qu'un écrivain ait publié de son vivant sa propre correspondance. — C'était enfin le *Journal des Goncourt*, en trois volumes, très amusant, tout plein d'impressions originales et où je ne m'indigne pas outre mesure que les deux frères aient consigné, sur quelques écrivains célèbres du second empire, des remarques évidemment sincères. Non : ce qui m'étonne ici, c'est que M. de Goncourt ait poussé le culte de la vérité et le renoncement à certaines convenances jusqu'à divulguer sur des personnages encore vivants des notes du caractère le plus intime, et jusqu'à violer — héroïquement — le secret de ce qui fut dit *sub rosâ* et, par suite, en tout abandon et toute sécurité. Et ce qui m'étonne un peu plus encore, c'est qu'ils aient eu cette constance enragée d'inscrire ainsi chaque nuit, en rentrant chez eux, les moindres choses vues et entendues. Il y a là je ne sais quelle manie de notation, un affreux pli professionnel, une obsédante et déprimante habitude de métier, peu compatible, j'en ai peur, avec la liberté et la largeur de l'esprit, avec la netteté et l'équité de l'observation. Et ce qui m'étonne tout à fait, du moins au premier abord (car je ne le comprends que trop à la réflexion), c'est que les écrivains que les deux frères traitent avec le moins de bienveillance sont justement ceux qui ont le plus d'idées générales, et sur le plus grand nombre d'objets ; ceux qui m'inspirent à moi, s'il faut le dire, le plus de respect, de reconnaissance et d'amour, et que j'avoue, tout en sentant mon indignité, pour mes maîtres et mes directeurs spirituels : Sainte-Beuve, M. Taine, M. Renan. Tandis qu'ils résumaient à la hâte, en une page, les libres propos d'une soirée, les frères de Goncourt arrivaient à ce prodigieux résultat de transformer les entretiens de ces nobles esprits en conversations d'imbéciles. Et personne n'y a cru, et l'on s'est demandé (juste retour) si les deux frères avaient bien compris.

Enfin, les tiroirs étant vides, je pense, et ne sachant plus où déterrer les trois cents pages du volume annuel, M. de Goncourt a eu dernièrement une idée plus étonnante encore que celle de la publication de ses lettres. Il a ingénument réuni en volume, pour notre édification et notre commodité, ses *Préfaces* et *Manifestes*, c'est-à-dire des morceaux *déjà parus*, soit en tête de ses romans, soit dans le *Journal* ou dans les *Pages retrouvées*. A quand les notes de sa blanchisseuse ? Une des choses auxquelles il tient le plus, c'est qu'il soit bien entendu que les deux frères *ont fait du neuf*. Il peut être tranquille : c'est du neuf, assurément, que ce dernier procédé.

Entre temps, M. de Goncourt a eu soin de nous répéter, afin que nul n'en ignorât, que les deux frères ont inventé quatre choses : dans le roman, le naturalisme ; au théâtre, « la langue littéraire parlée » ; plus, le Japon, — et l'art et le bibelot du dix-huitième siècle. Et certes il y a du vrai dans cette revendication, du moins en ce qui regarde le roman et l'histoire. Mais pourquoi M. de Goncourt nous a-t-il envié le plaisir de nous en aviser nous-mêmes ?

Est-ce qu'en ce moment je dresse un réquisitoire ? Point du tout. Je n'aurai jamais une parole vraiment dure pour aucun des hommes qui ont vu le monde avec des regards plus ingénieux et plus créateurs que les miens, et à qui je dois l'inestimable joie d'une impression de beauté un peu nouvelle. M. Edmond de Goncourt, — avec ou sans Jules, — est de ceux-là. Je constate et je regrette les effets étranges et les involontaires manifestations d'une souffrance imméritée, accrue ici par une sensibilité dont il ne faut point dire de mal, puisqu'elle fut la condition même du merveilleux talent des deux frères. Mais je m'incline respectueusement devant cette souffrance. Il faudrait la plume des Goncourt, celle qui a conté *Charles Demailly*, pour dire le triste roman de la survivance du frère aîné.

Nous devons passer beaucoup de choses à qui a su écrire *Germinie Lacerteux*. C'est un beau livre, et qui paraît tout à fait original si l'on se reporte au temps où il a été écrit. Toute l'histoire de Mlle de Varandeuil est un pur chef-d'œuvre. Et celle de Germinie est d'une vérité et d'une humanité poignantes. On nous rebat les oreilles des romans russes et de leur réalisme compatissant ; on a l'air de croire que les écrivains de là-bas ont inventé la pitié. Me suis-je trompé lorsque j'ai cru sentir, dans *Germinie Lacerteux*, une pitié profonde, plus que cérébrale et plus que littéraire ? Pourquoi l' « écriture artiste » serait-elle imcompatible avec la religion de la souffrance humaine ? On vante beaucoup le mysticisme de ces Slaves, leur souci de morale évangélique, et leurs histoires de rédemptions ; on croit à l'âme sainte de Sonia, la prostituée-martyre ; on se récrie sur la confession et le repentir de cette horrible brute de Nikita... Eh bien ? mais la pauvre Germinie, à la fois héroïque et infâme, et qui parmi ses hontes et la folie de son corps garde un si grand cœur et, dans ses « ténèbres », — pour parler comme Tolstoï, — la pure flamme d'un absolu dévouement... n'est-ce point là un cas de moralité paradoxale assez semblable à quelques-uns de ceux que nous admirons chez les romanciers russes ?... Et suis-je dupe, enfin, si tel passage de *Germinie Lacerteux* (et j'en dis autant des cinquante dernières pages de *Madame Bovary*) me trouble jusqu'aux entrailles d'une compassion si forte et si prolongée, que, par delà les souffrances particulières qui me sont décrites, elle va à la grande misère humaine et prend ainsi un caractère religieux, — tout comme si le texte était traduit du russe ?...

Maintenant, je sais, il y a, dans *Germinie*, une espèce particulière de « rhétorique », un goût d'aristocrates pour les tableaux de crapule populacière, une complaisance de stylistes à extraire surtout du pittoresque de toute cette misère et de tout ce vice ; une coquetterie dans la brutalité ; une trop visible attitude de lettrés, l'ironique disposition d'esprit qui fait noter ou imaginer les « légendes » à la Gavarni ou à la Grévin ; un souci trop constant, et presque maladif, de l'invention du style. Autant de causes de froideur. *Germinie*, comme les autres romans des deux frères, est un livre de mandarins créateurs, — mais de mandarins. Bref, l'« écriture » des Goncourt fait parfois douter de leurs larmes.... Mais, enfin, si elles y sont pourtant !

Il est donc évident qu'on pouvait tirer de *Germinie* un drame fort émouvant. Seulement il fallait, pour cela, « repenser » tout le livre en vue du théâtre. M. de Goncourt n'en a pas eu le courage. Il paraît qu'il a prétendu faire une révolution, nous apporter d'un coup, et dans toute sa pureté, la forme nouvelle que cherche le théâtre (notez qu'il la cherche depuis Thespis). Du moins, c'est ce que M. de Goncourt a laissé dire. Il aurait donc péché par présomption. Mais je crois qu'il a surtout péché par paresse Ce qu'il nous a donné n'est ni un roman ni un drame ; ce sont des images découpées dans un roman, et découpées au hasard. En sorte que la pièce est restée peu intelligible pour ceux qui n'avaient pas lu le roman ou qui ne l'avaient pas très présent à la mémoire ; et que, d'autre part, les bonnes gens qui avaient été choqués déjà par les brutalités tristes du roman, l'ont été encore plus par celles de la pièce ; car, toute la partie d'analyse psychologique en ayant été retranchée ou ne s'y retrouvant que par lambeaux maladroitement cousus, ces brutalités y demeuraient presque seules ; et alors il semblait qu'on les y étalât pour elles-mêmes, dans leur insolence facile et monotone...

J'ai dit que ces découpages avaient été faits au petit bonheur. Jugez plutôt. (J'indique seulement les tableaux, supposant que le roman vous est connu.)

1er tableau. — Germinie part pour le bal.

2e tableau. — Germinie et Jupillon se promènent sur les fortifications.

3e tableau. — Germinie vient chercher Jupillon à la Boule-Noire.

4e tableau. — Germinie installe Jupillon dans le petit magasin qu'elle a loué pour lui, et lui apprend qu'elle est enceinte.

5e tableau. — Dînette de petites filles chez Mlle de Varandeuil. Jupillon vient emprunter à Germinie les quarante francs qu'elle avait gardés pour faire ses couches.

6e tableau. — Germinie apporte à Jupillon, qui a tiré un mauvais numéro, les deux mille trois cents francs dont il a besoin pour acheter un homme.

7e tableau. — Germinie rompt avec Gautruche,

rencontre Jupillon qui sort de chez le marchand de vin, lui dit son fait et est empoignée par un sergent de ville.

8ᵉ tableau. — Mˡˡᵉ de Varandeuil vient voir Germinie à l'hôpital.

9ᵉ tableau. — Mˡˡᵉ de Varandeuil apprend comment a vécu Germinie.

10ᵉ tableau. — Mˡˡᵉ de Varandeuil au cimetière.

Quel dessein, quelle pensée directrice a présidé au choix de ces tableaux ? Pourquoi ceux-là plutôt que d'autres ? Je cherche en vain... Quelques-uns de ces tableaux n'ont qu'un très léger rapport avec l'histoire de Germinie, ont une valeur uniquement pittoresque : et, d'autre part, certaines scènes très importantes, essentielles même, ou manquent tout à fait ou sont mises en récit : par exemple, la scène, — très cruelle et très belle, — où Germinie avoue son état à la mère Jupillon et où la grosse femme joue l'affreuse comédie que vous vous rappelez ; ou bien celle où Jupillon, après avoir lâché Germinie, la rencontre au moment où il vient de tomber au sort et reprend possession de la pauvre fille ; ou encore la première rencontre de Germinie et de Gautruche. Même une de ces trois scènes (la première) est mise en récit *anticipé*, ce qui est d'un effet bizarre et glacial.

Je prends ma tête dans mes mains et je me demande encore : Pourquoi ? Pourquoi ? Et je ne trouve pas... Il y a quelques années, frappé de ce que je croyais voir de trous dans quelques-uns des personnages d'Edmond et Jules de Goncourt, j'écrivais : « .. Cette impression tient peut-être à ce caprice de composition qui découpe un livre en courts tableaux presque toujours indépendants les uns des autres : les vides qui séparent ces tableaux se répètent dans le *processus* des caractères. Ainsi un homme qui marche à l'intérieur d'une maison, si nous regardons du dehors, apparaît successivement à chaque fenêtre, et dans les intervalles nous échappe. Ces fenêtres, ce sont les chapitres de MM. de Goncourt. Encore y a-t-il plusieurs de ces fenêtres où l'homme que nous attendions ne passe point. »

Eh bien, M. Edmond de Goncourt, dans sa pièce, a encore bouché la moitié de ces fenêtres et, de préférence, celles où Germinie passait !

L'œuvre est comme invertébrée. Cette totale absence de liaison, de plan, de composition, c'est peut-être un art nouveau ; mais alors cet art nouveau n'est donc qu'un retour aux essais amorphes des littératures enfantines. Les procédés sont ceux du plus ancien théâtre japonais ou chinois. *Germinie* est toute en récits et en monologues, comme *la Marchande de sourires*. Ce n'est pas, du reste, la première fois que je constate que les plus orgueilleuses tentatives de notre littérature finissante, celles dont on fait le plus de mystère, rejoignent par le plus long, et avec beaucoup de cérémonies, non point même l'art primitif, mais l'art barbare et rudimentaire. Et je ne dis pas que ce mélange de raffinement et de candeur, de sénilité et d'enfance ne soit infiniment curieux.

— Et le style ? — Très singulier aussi. Dans les morceaux écrits, vous constaterez, entre la langue du faubourg et la langue littéraire, un compromis analogue à celui que George Sand avait cherché et trouvé entre la langue littéraire et le parler des paysans du Berry. Mais il y a beaucoup plus d' « écriture » chez M. de Goncourt. Vous savez que les faubouriens de Paris inventent peu d'images : ils vivent sur un vieux fonds hérité de métaphores et de tropes. M. de Goncourt prête à Germinie, à Jupillon, à Gautruche, des façons de dire pittoresques qui, sans doute, sont conformes à leur tour d'esprit et qu'ils pourraient imaginer à la rigueur : seulement il leur en prête plus, en cinq minutes, qu'un ouvrier de Paris n'en emploie dans une année : et alors cela redevient de la littérature et de la plus savante. Sans compter les morceaux de style transportés du livre (et presque sans changement) dans la bouche de Germinie ou de Mlle de Varandeuil.

Tout cela réuni constitue une erreur amusante par son excès même et par toutes les illusions distinguées qu'elle suppose, à mon avis, chez son auteur. Aussi ne vous ai-je point dit que je me sois ennuyé à la pièce de M. de Goncourt, ni que j'aie partagé sur tous les points le sentiment du public.

EDMOND ET JULES DE GONCOURT

Théatre-Libre : *la Patrie en danger*, drame en cinq actes, d'Edmond et Jules de Goncourt.

25 mars 1889.

Le Théâtre-Libre nous a donné un « drame » écrit il y a vingt ans par MM. de Goncourt : *la Patrie en danger*.

Nous ne faisons pas toujours ce que nous voulons, ni ce que nous croyons faire. Si jamais artistes ont eu la généreuse inquiétude et l'enragé désir du nouveau, le goût de la vie, de la réalité concrète, l'horreur d'une certaine littérature conventionnelle et, en général, de tout ce qui ressemble à de la rhétorique, ce sont assurément les frères de Goncourt. Et pourtant, voyez !

La Patrie en danger n'est pas tout à fait du théâtre et n'est pas tout à fait de l'histoire. C'est plutôt un « exercice » dialogué sur la Révolution française, exercice très ingénieux, soigneusement et savamment écrit par des gens qui ont la curiosité et l'intelligence du passé ; mais quelque peu artificiel, je dirais presque scolaire.

Dans un travail de ce genre, l'invention se réduit presque à rien. Il ne s'agit que de trier et de classer les notions qu'on a sur l'époque dont on veut faire la peinture. Les personnages ne seront que les représentants des diverses classes sociales et de leurs divers états d'esprit. Ils sont donc tout indiqués d'avance, ils s'imposent, ils sont inévitables. Et c'est pourquoi ceux de *la Patrie en danger* sont à peu près les mêmes que ceux du *Lion amoureux*.

Côté de l'ancien régime. C'est la jeune première, héroïque et mélancolique : Blanche de Valjuzon ; c'est la vieille fille noble, entêtée des préjugés de sa race, intraitable et d'énergie toute virile : la chanoinesse de Valjuzon ; c'est le gentilhomme sceptique et libertin, qui combat avec insouciance pour une cause perdue et meurt sur une facétie : le comte de Valjuzon.

Côté de la Révolution. C'est le jeune premier, héroïque et enthousiaste, qui prend la Bastille et qui est général des armées de la république à vingt-quatre ans : Perrin ; et c'est le jacobin fanatique, disciple de Jean-Jacques, délateur et bourreau par amour de l'humanité : Boussanel, qui fait pendant à la chanoinesse, comme le général Perrin à Blanche de Valjuzon. (Il manque un pendant au jovial comte ; ce pourrait être quelque vieux sergent loustic, révolutionnaire avec bonhomie.)

Il va sans dire que le beau plébéien et la belle demoiselle noble s'aimeront. Ils se le diront avant d'aller ensemble à la guillotine. Sans doute, cela n'est pas d'une invention fort originale, et les auteurs le savent parfaitement. Je crois aussi que les amours de cette sorte ont dû être infiniment rares pendant la Révolution et je me demande même s'ils ont été possibles. N'importe ! les deux frères n'ont voulu voir là qu'un moyen commode, un fil pour relier entre elles les différentes parties de leur étude.

Quant à ces tableaux eux-mêmes, je ne sais pas d'avance quels ils seront, car l'histoire en offre un choix énorme. Mais je sais tout au moins que les uns se rapporteront aux débuts de la Révolution, les autres aux exploits des armées révolutionnaires, et les derniers à la Terreur ; et que cela commencera par la prise de la Bastille, et que cela finira par l'échafaud. Et, en effet, les cinq actes de MM. de Goncourt s'intitulent : Le 14 juillet 1789 ; — la Nuit du 9 août 1792 ; — Verdun ; — Fontaine, près Lyon ; — le Préau de Port-Libre.

Voyons maintenant comment sont composés les personnages, puis les tableaux.

Les personnages sont vrais comme types. Mais, chacun d'eux devant représenter une classe ou un groupe considérable, il s'ensuit que, ce qu'ils sont, ils ont trop l'air de s'appliquer à l'être. Ils le sont trop exclusivement, d'une façon presque trop suivie et trop immuable ; ils le sont avec excès. Il y a des moments où on a envie de leur crier : « Très bien ! On sent qu'il y a derrière vous toute une file d'âmes semblables à la vôtre, et que vous les résumez. Mais, prenez garde ; vous vous donnez trop de mal pour réaliser votre type, et alors vous le dépassez. On dirait que vous faites du zèle. »

Par exemple, il est entendu que la chanoinesse représente dans toute sa force, dans ses ridicules et aussi dans sa grandeur, le préjugé nobiliaire. Mais je me demande si une vraie grande dame a jamais parlé aussi abondamment et aussi continûment de sa noblesse, de ses titres et de ses privilèges. Lorsqu'elle dit, au premier acte : « Savez-vous, mon frère, que c'est à périr, cette terre qui n'en finit pas, et où passe, avec les vaches, *ce vilain prochain de rustres et de pécores* », je me demande si ce mépris du paysan est d'une véritable aristocrate, et je crois entendre la chanoinesse d'Escarbagnas. Je conçois qu'elle haïsse le jeune révolutionnaire Perrin (bien que son père se soit fait tuer jadis pour le père de Blanche) ; je conçois même qu'elle ne veuille pas être sauvée par lui ; mais lorsqu'elle ajoute : « Oui, Monsieur, nous conspirons ; allez le dire à votre district. Ce sera un beau trait de vertu révolutionnaire et qu'applaudiront vos amis, de dénoncer ces deux mains qui vous ont nourri ! » je ne comprends plus bien que l'on soit chanoinesse à ce point-là, et je trouve dans cet outrage une férocité d'ingratitude et presque une bassesse que j'ai peine à concilier avec ce qu'il y a, après tout, de beauté morale et de générosité dans cette vieille amazone.

Perrin, c'est l'enthousiasme républicain. Oserai-je dire qu'il est généreux et sublime avec quelque monotonie ? Mais il y a plus. Nous l'avons entendu, au quatrième acte, parler avec horreur des massacres et des mitraillades de Lyon. Or, quand il est jeté en prison comme suspect, il n'a pas un mot de révolte : « La république, dit-il, m'a tout donné. Elle me demande aujourd'hui tout mon sang : il est à elle. » Eh ! il sait pourtant bien que ce n'est pas la république, mais une bande de sanglants coquins, qui « lui demande tout son sang ». Moi, cette résignation me suffoque ; je jure que cela n'est pas humain, que cela n'est pas vrai ; que Hoche, arrêté, n'a point pensé ni parlé ainsi... Mais, au reste, chacun dans ce drame a la rage d'exagérer le type dont il est le représentant. Le comte pousse la gaieté insouciante jusqu'à se dénoncer lui-même pour rien, pour le plaisir. Blanche, qu'on a oublié d'appeler pour l'échafaud, réclame avec fureur, veut absolument mourir. Pas un des condamnés (au dernier acte) qui n'ait pour la mort le mépris le plus tranquille et le plus détaché... (Oh ! je sais, il est convenu qu'on s'amusait énormément dans les prisons de la Terreur, en attendant la guillotine... Mais, je vous prie, sur quels témoignages repose cette aimable tradition ? Le compte, j'imagine, en serait bientôt fait. Avez-vous interrogé toutes les victimes ? Connaissez-vous les songes de leurs nuits ?... Les condamnés faisaient bonne contenance dans la charrette : mais les assassins qu'on mène aujourd'hui place de la Roquette, et qui, j'imagine, ne sont pas des âmes héroïques, se tiennent en général fort convenablement. C'est que l'inertie de la bête devant l'*irrévocable* a presque toujours l'aspect du courage... Enfin, je ne doute point que, dans le drame de MM. de Goncourt, l'attitude de chacun des condamnés ne puisse être justifiée par des documents précis ; mais alors, ce qu'ils nous présentent, c'est donc un faisceau d'exceptions. Et si chacune d'elles est authentique, c'est donc leur assemblage qui trahit la vérité. On a, presque tout le long de la pièce, cette impression, que la Révolution a été faite uniquement par des âmes sublimes contre d'autres âmes sublimes. Et, comme on soupçonne que cela n'est pas tout à fait exact, on est un peu gêné.)

Boussanel, c'est, comme j'ai dit, le type du fanatique révolutionnaire. La composition de ce type me paraît sentir aussi l'artifice et l'hyperbole. Il a été d'abord un fanatique de la religion. Il est au premier acte un fanatique de la « nature ». Comment s'est opérée cette transformation, cela ne nous est pas dit, et je ne trouve point, cependant, que cela aille de soi. Il habite une hutte de bûcherons, entre le Lyonnais et l'Auvergne ; il y fait des expériences de chimie, et surtout il se promène dans les bois et sur la montagne... « Je revenais avec des pleines brassées d'herbes et de fleurs, de ces fleurs qui poussent toutes seules, de ces bouquets que font les champs ; j'en emplissais ma cabane, elles m'embarrassaient et me suffoquaient, et, peu à peu, j'éprouvais une sorte d'asphyxie divine qui me montait à la tête, m'étourdissait le cœur et me l'emportait à Dieu, comme dans l'encens fumant de la terre !... Oh ! la nature ! vous ne vous y êtes jamais perdus, vous les grands, les riches, les heureux ! vous ne connaissez pas cette douceur de vous laisser couler dans cette grande vie de paix, de sève et de fraîcheur, d'y frissonner, d'y palpiter... » Voilà qui est bien. Mais, trois ans après, tout à coup, Boussanel reparaît. Le doux rêveur n'est plus qu'un sinistre maniaque de délation et de meurtre : «... Prends garde, femme, voilà assez longtemps que la Révolution trouve dans ton sexe des larmes conspiratrices et des apitoiements liberticides... Mais tu ne sais donc pas, ma fille, que le premier devoir d'une républicaine est de dénoncer tous ceux qui conspirent contre la liberté, de dénoncer les aristocrates, de dénoncer les rolandistes, de dénoncer les modérés, de dénoncer les égoïstes, de dénoncer les agioteurs, de dénoncer les accapareurs, de dénoncer la caste fanatique ?... etc. » Et sans doute, c'est la même main qui a écrit les *Lettres de la Montagne* et *le Contrat social*, et l'âme de Robespierre est fille de l'âme de Rousseau ; mais, tout de même, on a de la peine à concevoir ici comment le Boussanel inquisiteur est sorti du Boussanel amoureux de la campagne. On ne sentait point, chez l'excellent bonhomme du premier acte, le plus petit germe de haine, et surtout il y avait, dans la façon dont il parlait de la nature (et qui rappelle Michelet beaucoup plus que Jean-Jacques), autre chose que l' « idyllisme » sensuel du dernier siècle ; il y avait une profondeur d'apaisement et de bonté, une joie d'abandon aux forces naturelles et de communion avec les choses, par suite une sorte d'indulgence universelle, de nihilisme tendre, qui devait le rendre à jamais impropre aux affirmations furieuses, aux fanatismes précis et méchants, aux haines qui se traduisent par des actes... Et enfin, Boussanel, troisième manière, est trop beau ; il parle trop bien ; son sanglant délire est splendide comme celui des martyrs et des apôtres : « Grand cœur fou de Chalier, sois mon cœur ! Sang de Chalier, coule dans mes veines ! Eloquence de Chalier, touche mes lèvres de ton charbon ardent ! etc... Ah ! gens de Fontaine, vous ne savez pas ce que c'est qu'un vrai républicain ; si mon bras conspirait, je me le ferais couper ! etc... » Et au cinquième acte : «... j'ai rempli ma tâche, une dure tâche, celle d'un faiseur de coupes sombres dans les vivants, etc... » Oh ! je n'ignore pas ce qu'on dit: que les grands tueurs de la Révolution croyaient absolument à la justice et à la bonté de leur œuvre, qu'ils avaient de ces extases et de ces explosions de foi. Mais d'abord ils parlaient, et j'en suis bien aise, un affreux charabia ; ils avaient une creuse et basse rhétorique, dont la fausseté n'était peut-être bien qu'une image de la fausseté de leurs âmes. Quand ils déliraient, c'était de haine, d'envie et d'orgueil ; et leur lyrisme n'était que l'ivresse physique, aiguillonnée de peur, d'hommes qui continuent à tuer, invinciblement, parce qu'ils ont commencé... Si Boussanel, dans ce drame, n'est pas un vain fantôme, ceux qu'il représente, c'est donc Marat, Saint-Just, Couthon, Carrier. Or, je me refuse absolument à reconnaître ces personnages, qui furent les plus méchants et les plus haïssables des hommes, dans cet apôtre et ce confesseur égaré, dont l'âme reste noble dans sa folie homicide, et qui est poète, et qui s'épanche en si magnifiques discours... Il me déplaît infiniment qu'on idéalise des gens qui ont versé tant de sang innocent, et du sang de femmes, et du sang de vieillards ; et il m'est extrêmement difficile de les considérer comme des espèces de saints qui se seraient trompés.

Ainsi, tous les acteurs de *la Patrie en danger* nous ont semblé hyperboliques par quelque endroit. Et cependant il n'est presque pas un seul de leurs propos, j'en suis sûr, qui ne soit emprunté à quelque document du temps, journaux, lettres, mémoires. Mais c'est justement pour cela qu'ils ont à la fois quelque chose de démesuré et d'immobile. Leurs caractères ont été dessinés, si je puis dire, comme des tableaux synoptiques, de façon qu'on y pût enclore le plus de « notes » possible. Ce sont des casiers, des cartons qui marchent, — un peu. *La Patrie en danger* est vraiment un drame à « tiroirs ». J'entends que MM. de Goncourt y ont vidé les leurs.

Les tableaux sont composés de la même manière que les figures. Prenons le premier acte. C'est une merveille d'ingénieuse mosaïque. Je ne sais comment les auteurs s'y sont pris ; mais comptez ce qu'ils ont trouvé moyen de nous apprendre, en trente pages, dans le cours d'un dialogue qui paraît toujours naturel, — ou à peu près : le contenu d'un numéro de la *Gazette de France* ; la cérémonie de la réception d'une chanoinesse au chapitre noble d'Aix ; vingt détails de toilette ou d'ameublement ; la vie d'un disciple de Rousseau ; le couvent de la Visitation le jour où les pensionnaires partent en vacances ; un mariage noble en 1789, les clauses du contrat, les devoirs de la jeune mariée, et sa présentation à la cour. Tout cela et bien d'autres choses encore ! Chaque tableau ressemble un peu (style à part) aux lettres que le bonhomme Dezobry prête à son jeune Gaulois dans *Rome sous Auguste*. Mais voyez les inconvénients de ce système qui fait d'un acte de drame une malle anglaise, une malle à documents. Les auteurs ont voulu terminer leur premier acte par le récit de la prise de la Bastille, et ils ont imaginé ceci. Perrinet, qui ne peut ignorer les sentiments de la famille de Valjuzon et, en particulier, de la chanoinesse, entre comme cela, tout de gô, dépoitraillé, la chemise tachée de sang, dans le salon où est assise la terrible demoiselle ; et là, se tournant vers Blanche, il raconte longuement, à son aise, et avec le plus pur enthousiasme, la première des grandes journées révolutionnaires, — et cela, sans que la chanoinesse ait une seule fois l'idée de l'interrompre !

Il est, du reste, très beau ce récit. Ah ! comme ce Perrinet sait écrire ! « ... Des gibernes sur des habits, des couteaux de chasse dans des mains noires... du peuple comme si la liberté sortait des pavés !... Ah ! la journée superbe ! le bleu du ciel brûlait, il faisait chaud comme avant un orage, quand le ciel attend le tonnerre ! On crie : A la Bastille ! et nous y voilà... » Et les autres, donc ! « ... Quand on s'en va de là, dit Blanche en racontant sa sortie du couvent, c'est singulier... le premier moment... on est contente et on a le cœur gros... Tiens, *on a comme de la joie qui aurait envie de pleurer.* » Et le comte : « .. Je baissais, mon cher... Non, je n'avais plus cette légèreté d'ironie... ces jolis coups de fouet que je cinglais si lestement en pleine figure des jacobins ; à la fin je perdais le sang-froid, mes épigrammes tournaient au coup de bâton... *J'avais l'air d'écrire avec ma canne.* » Et plus loin : « ...Oui, le comité des recherches à mes trousses, les motionnaires des sections aboyant sur mes talons, *la menace et le péril qui sifflent à mon oreille, le reverbère qui me convoite,* je trouve que cela précipite admirablement les pulsations du cœur et des idées ! etc... » Ces prouesses de style sont continuelles. Chose singulière, ce drame écrit par deux artistes dont la prétention la plus constante a été de nous donner la sensation directe de la vie, ce drame sent le cabinet de travail, la petite table et l'encrier du bon mandarin de lettres épris des gentillesses de la phrase ; il est tout pourri de littérature, il est purement livresque. Et c'est pourquoi il est intéressant à la lecture ; et peut-être que, si on ne l'avait pas joué, je n'en penserais encore que du bien et n'y verrais point ce que les planches m'ont révélé.

Il y a pourtant trois ou quatre scènes dont l'effet est assez dramatique : la fin du second acte, quand la chanoinesse et Blanche de Valjuzon, restées seules, entendent le canon et la fusillade du 10 août, et que la vieille ne peut ni pleurer ni prier ; la scène où Blanche, qui est venue demander à Perrin un passeport pour rejoindre les émigrés, n'ose pas le prendre, et sort sans s'être fait reconnaître ; la scène où Perrin résiste tout seul à l'invasion de la populace réclamant la capitulation de Verdun ; enfin, au dénouement, l'appel des condamnés.

Au troisième acte, M. Antoine a cru faire merveille en jetant sur la scène cent cinquante ou deux cents camelots qui représentent la population de la ville assiégée. Mais, comme cette foule compacte, et qui ressemble à un mur, après avoir poussé ses cris et agité ses bras, fait régulièrement trêve à ses fureurs et retombe docilement dans son immobilité pour que nous puissions entendre les beaux discours de Perrin, il se trouve, en somme, que M. Antoine n'a fait que multiplier par deux cents têtes l'invraisemblance et l'imbécillité du figurant traditionnel. L'innovation se réduit donc à un fort surcroît de poussière et d'odeur.

CRIME ET CHATIMENT

ODÉON : *Crime et Châtiment*, drame en sept tableaux, tiré du roman de Dostoïewsky, par MM. Hugues Le Roux et Paul Ginisty.

24 septembre 1888.

Un très vieux drame, c'est la lutte du policier et de l'assassin, la victoire restant au policier.

Deux cas se présentent :

Ou l'assassin garde son sang-froid, et alors l'homme de police, soit par de fines enquêtes et d'audacieuses inductions, soit en dressant des pièges au meurtrier, arrive à le convaincre de son crime ;

Ou bien l'assassin a peur, — une peur toute physique, une peur sans remords, tout au plus des remords sans repentir. Et alors l'homme de police se contente de le suivre, de l'épier, de guetter le moment où l'angoisse, la terreur, peut-être quelque hallucination, lui arracheront des aveux.

(Et il va sans dire que ces deux cas peuvent être combinés.)

Mais, étant donné que tout l'intérêt est dans la lutte engagée entre le criminel et Monsieur Lecoq, il paraît évident, en bonne logique de théâtre, que, lorsque le criminel n'en pourra plus, c'est à Monsieur Lecoq qu'il se livrera, c'est devant lui qu'il laissera échapper l'aveu, et il n'ira pas chercher un tiers pour lui faire sa confesssion.

Voilà à peu près ce que nous exposait M. Sarcey, lundi dernier, à propos de *Crime et Châtiment* ; et, jusque-là, rien à dire.

Or, un étudiant de Pétersbourg, Rodion Romanowitch, épuisé par la misère, le cerveau hanté par les théories darwiniennes, tue, pour la voler, une vieille usurière. Il se croit très fort ; il est persuadé que, la chose faite, il ne sera nullement troublé et déjouera tout soupçon par la tranquillité de son attitude. Il se trompe. Son crime se dresse partout devant lui. Son allure devient bizarre. Il a, pour des riens, des sueurs froides, des tremblements, des colères inexpliquées. Un policier, Porphyre Pétrowitch, le soupçonne, l'observe, le suit pas à pas, l'affole par ses apparitions imprévues, par ses questions, par ses ironies, par la pensée muette que le meurtrier lit dans ses regards. Tant qu'à la fin, pour se délivrer, Rodion se confesse... A qui ? — A Porphyre, évidemment. — Point : il se confesse à une pauvre fille, Sonia, une espèce de prostituée mystique, de sainte du trottoir, qui nourrit son père, sa marâtre et ses petites sœurs, et pour qui une communauté de souffrances a inspiré au meurtrier une tendresse bizarre...

— Et c'est pourquoi *Crime et Châtiment* est un drame mal bâti, conclut M. Sarcey, tout en rendant justice au talent des deux jeunes auteurs.

Mais c'est peut-être que ce drame est autre chose, en effet, que l'histoire d'une chasse à l'homme. Apparemment, s'il n'y avait qu'une histoire à la Gaboriau dans le roman de Dostoïewsky, il ne nous aurait pas si profondément troublé ; et lorsque M. de Vogüé nous a révélé ce beau livre, nous aurions dit : « Ce n'est pas mal, mais nous avons mieux chez nous. »

Crime et Châtiment n'est pas seulement un roman judiciaire ; c'est, avant tout, une histoire d'âme.

Car Rodion, ce n'est ni Lacenaire, ni Troppmann. C'est quelque chose de beaucoup plus complexe, de plus intéressant et de moins éloigné de notre humanité à nous qu'un assassin intelligent et qui aurait quelques idées générales. La philosophie d'un Lacenaire est purement négative. Ce n'est qu'un animal de proie qui raisonne, qui est tout juste capable de concevoir l'ensemble du monde comme une vaste et interminable bataille pour manger et pour jouir, et de se représenter à lui-même l'assouvissement de ses appétits comme l'exercice d'un droit. Nulle place, ici, pour la pitié, et nul souci d'un intérêt supérieur à l'intérêt particulier de l'assassin. — Au contraire, si étrange que cela paraisse au premier abord, il y a quand même, dans les mobiles qui poussent Rodion au meurtre et dans les conditions qu'il choisit lui-même pour son crime, une sorte de désintéressement et aussi de pitié profonde et vraie, une déformation d'un sentiment moral et presque d'un sentiment religieux dans un cerveau malade, cerveau d'affamé, de rêveur orgueilleux, d'idéologue guetté par la folie...

Rodion est fort intelligent ; ses amis lui reconnaissent presque du génie. Il sent une puissance en lui, une puissance qui serait bienfaisante et qui ferait honneur à l'humanité si elle pouvait se déployer. Un seul obstacle, mais insurmontable : la misère. Que ne ferait-il pas avec de l'argent, — cet argent que détiennent souvent des êtres méchants et nuisibles, par exemple l'usurière Aléna, vieille, horrible, et si impitoyable aux malheureux ! Quel mal ferait-il en la supprimant ? Aucun. Son droit ? Il est dans sa supériorité intellectuelle et morale. Un homme comme Napoléon Ier en avait-il un autre ? (Rodion est obsédé par le souvenir du grand empereur comme Julien Sorel, avec qui on lui pourrait trouver quelque ressemblance.)

Rodion se sent d'autant plus rassuré sur son droit non pas au meurtre, mais à ce meurtre-là, qu'il a conscience de la tendresse de son propre cœur. Il a grande pitié des souffrants, des misérables, de Sonia, même de l'ivrogne Marmeladoff. Assurément, il ne tuerait pas un moujick ; il ne tuerait même pas un riche qui aurait de la bonté, ni un artiste ou un savant qui se trouverait être riche. Mais Aléna ! L'existence d'un pareil monstre est évidemment une erreur de la création. Rien ne défend de tuer Aléna, rien, sinon le précepte général : « Tu ne tueras point. » Mais ce précepte n'a pas prévu tous les cas ; et d'ailleurs Rodion s'est placé dès longtemps au-dessus des religions positives et des morales enseignées. Tuer Aléna, ce n'est donc pour lui que corriger violemment, sur un point, le désordre et l'absurdité de l'univers. Ce n'est que substituer, dans un cas déterminé, son sens propre à l'aveugle prescription de l'obscure morale universelle...

Eh ! qui de nous n'a fait cela, du moins en pensée ? Rodion, lui, passe à l'acte ; mais, encore une fois, il est malade ; il souffre de la faim ; il est poursuivi par une idée fixe qui, d'après une loi connue, tend à se réaliser sans que sa volonté y soit presque pour rien. Les circonstances, non seulement le servent, mais le sollicitent, le provoquent, semblent le tenter. Il tue à la façon d'un somnambule, mû par une force qu'il a sans doute créée, mais qu'il ne gouverne plus... Et c'est ainsi qu'on peut voir un assassin qui tue pour voler — et qui n'est pas odieux.

Ceci posé, ce qui se passe dans l'âme de Rodion après le meurtre ne saurait être tout à fait du même ordre que ce qui se pourrait passer chez un Pranzini un peu nerveux. Sans doute, Rodion s'aperçoit alors qu'il est moins fort et moins maître de lui qu'il ne croyait ; il a peur, et peur sans raison. Il revoit toujours l'horrible scène. Mais enfin il est des moments où il retrouve sa lucidité d'esprit ; et, même lorsqu'il est le plus agité, il se possède encore assez pour ne pas se couper dans ses explications, et pour ne lâcher aucun mot irréparable. Sa fièvre et son désordre mental ont une autre cause que la terreur, et plus profonde. C'est que, à peine l'acte par lequel il affirmait sa morale particulière était-il accompli, la morale universelle s'est vengée. Il lui est apparu dans un éclair, avec d'autant plus d'évidence qu'il n'aurait pu en donner les raisons, qu'en tuant cette vieille femme méchante il s'est très réellement rendu criminel et qu'il a violé une loi absolue, mystérieuse, plus générale et plus auguste que toutes nos éthiques personnelles. Ce qui s'est douloureusement éveillé en lui, c'est la conscience subite de son indignité, de sa déchéance, de sa souillure. Il a compris que l'homme ne se substitue pas impunément à Dieu. Il a senti en outre ce qu'il n'avait pas voulu apercevoir : l'ignominie cachée sous l'orgueil de son crime, et qu'un meurtre dont le meurtrier tire un profit matériel, quelle que soit du reste la sublimité de ses pensées, n'est rien de plus qu'un assassinat.

C'est cela qui le travaille, et beaucoup plus que la peur. La preuve, c'est qu'il se livrera au moment où il n'aura plus rien à craindre et après qu'un pauvre diable d'ouvrier (celui dont la hache a servi au crime), rendu fou par les émotions, sera venu se dénoncer lui-même.

Or, c'est sans doute à Porphyre que Rodion se livrera, *parce qu'il y est obligé* par sa conscience et qu'il *ne peut pas* laisser condamner un innocent. Mais, auparavant, **il faut qu'il se confesse,** *parce qu'il en a besoin.*

A qui donc se confessera-t-il ? Sera-ce à ce Porphyre ? Non, puisque se confesser à lui, ce serait déjà se livrer, et qu'il n'en a pas le courage encore, et que c'est cette confession même qui peut seule le lui donner. Et puis, se confesse-t-on (comprenez tout ce qu'il y a dans ce mot) se confesse-t-on à un homme de police? à un fonctionnaire ? à un monsieur qui a une écharpe dans sa poche ? à un ennemi ?

Voici celle devant qui Rodion soulagera son cœur. Elle est fille publique, elle s'appelle Sonia. «... Un jour qu'il ne nous restait plus rien, mais rien, raconte son ivrogne de père, Sonia a mis son burnous, et, sans rien dire, elle est sortie de notre logement. Le soir, elle est revenue. En entrant, elle va droit à Catherine et sans dire un mot dépose trentre roubles d'argent devant ma femme. Cela fait, elle prend notre foulard vert en drap de dame, c'est un foulard qui sert pour toute la famille, elle s'en enveloppe la tête et se couche sur le lit des enfants, le visage tourné du côté du mur. Mais ses épaules et son corps étaient agités d'un frisson... Depuis ce temps, Monsieur, ma fille a été inscrite à la police, ce qui l'a obligée à nous quitter... » — Le bon ivrogne Marmeladoff et l'assassin Rodion considèrent Sonia comme une sainte. A vrai dire, il est extraordinairement difficile de concevoir sa sainteté, pour peu qu'on se représente avec quelque précision et dans un détail un peu poussé le métier qu'elle fait. « Les trottoirs de Pétersbourg doivent en rire », dit mon spirituel confrère Hector Pessard. Ces Slaves se moqueraient-ils de nous? Pourtant soyons graves et essayons de comprendre. Il faut d'abord admettre que, dans le cours de ses immolations quotidiennes, Sonia n'éprouve jamais pour son compte le plus petit plaisir. Car, si la victime s'amuse, nous nous méfions. Je veux aussi que Sonia soit profondément humble, qu'elle ne se doute pas un instant que son histoire est matière à littérature et qu'elle peut émouvoir des journalistes et des romanciers ; je veux qu'elle soit bien persuadée de son infamie ; car, si elle cesse d'en être persuadée, c'est alors qu'elle n'est plus vénérable du tout. Ce n'est pas tout d'être en carte par pitié filiale : « il faut encore être modeste », comme dit l'autre. C'est du reste, à ce que je crois, la pensée de Dostoïewsky. Sonia se résout à son infamie comme à la pire des douleurs et comme au seul moyen qu'elle ait d'être utile à ceux qu'elle aime. Elle manque à un devoir dont la violation n'atteint qu'elle-même, afin d'accomplir un devoir d'ordre supérieur, celui qui nous oblige envers les autres. Elle perd son âme par le sentiment qui d'ordinaire sauve le mieux les âmes et les élève le plus en dignité. Elle se souille aux yeux de Dieu pour mieux obéir aux fins divines. Elle songe : « J'accepte d'être infâme pour être plus charitable et meilleure aux hommes », par une folie qui rappelle un peu celle de sainte Thérèse disant à Dieu : « Que je sois damnée, pourvu que je vous aime toujours ; car ainsi vous verrez bien que je vous aime sans intérêt. » Mais au fond Sonia agit surtout par un instinct sublime. Son état d'esprit est si paradoxal qu'elle ne doit pas en avoir bien clairement conscience. Elle vit dans un rêve, comme Rodion, — et comme, paraît-il, beaucoup de Russes... Le propre de l'âme russe, qui est, dit-on, éminemment idéaliste, c'est peut-être, qui sait ? de ne pas apporter une attention trop soutenue à ce que fait son corps, et de pouvoir se créer une vie morale profondément séparée de l'autre, qui va son train comme elle peut.

Quoi qu'il en soit, Sonia est bien la créature à qui Rodion doit se confesser. Cela, pour plusieurs raisons. Depuis longtemps, il voit dans Sonia un des exemplaires les plus accomplis de la souffrance humaine : et puisque, parmi les sentiments complexes qui l'ont poussé au meurtre, il y avait une espèce de pitié sophistique pour les misérables, on peut dire que c'est un peu à cause de Sonia qu'il a tué l'usurière. Puis ils se trouvent tous deux dans une situation morale absolument exceptionnelle : lui assassin par orgueil spéculatif et (il le croit du moins) par humanitarisme transcendant ; — elle, prostituée par charité. Ils se sont fait — lui le savant et elle l'ignorante — une idée du devoir singulièrement personnelle et hardie. Cela n'est-il pas l'indice d'une secrète conformité d'âmes ? Leur étrangeté doit les rapprocher. Mais, outre la sympathie qu'il a besoin d'éprouver pour ouvrir son cœur, elle lui inspire le respect, même la vénération qui, seule, peut transformer l'aveu en confession véritable. Car si Sonia s'est mise aussi hors de la règle, c'est en violant un devoir qui ne l'obligeait qu'envers elle-même : elle est, comme lui, dans l'exception ; mais elle y est restée inoffensive, pure de tout crime envers autrui. Extérieurement avilie, elle ne le méprisera pas ; sainte par le dedans, elle saura le consoler et le relever. C'est bien le confesseur qu'il lui faut ; il n'y en a pas un autre au monde. Il y a du reste, dans la condition sociale de Sonia, quelque chose qui ne déplaît point à ce qui persiste en lui d'orgueilleux déclassement moral. C'est donc vers elle qu'il se réfugiera. Après, mais après seulement, il pourra se dénoncer à l'homme de police ; et c'est la prostituée au cœur immaculé qui l'y enverra.

MM. Le Roux et Ginisty ont donc bien fait de conserver l'étrange entretien de Sonia et de Rodion. Ils le devaient. C'est là le vrai dénouement de cette histoire d'âme. L'intervention de Porphyre ne sert qu'à hâter chez Rodion le travail de sa conscience, à préparer ce dénouement et à le rendre inévitable.

Maintenant, peut-être les auteurs de la pièce ont-ils eu tort de ne pas nous expliquer plus longuement, soit par les discours de l'étudiant Razoumikine qui eût alors rempli l'office de raisonneur, soit même par l'artifice classique du monologue, deux personnages aussi prodigieusement exceptionnels que Rodion et Sonia, et de ne pas nous rendre plus sensible et plus clair ce qui se passe dans l'âme de l'assassin après le crime. Enfin, il me déplaît qu'ils aient mis de l'amour et des baisers dans le suprême entretien de l'assassin philosophe et de la pierreuse mystique.

Mais ne nous plaignons pas. Il y a dans ce drame bien de l'adresse et de l'ingéniosité et un vrai sens du théâtre. Sans compter le style, qui porte la marque de deux vrais lettrés. D'un roman étranger, du plus russe des romans russes, d'un roman qui a paru étrange même là-bas, d'un roman presque purement psychologique, d'un roman qui a huit cents pages et qui, malgré cela, n'est pas encore trop clair, MM. Le Roux et Ginisty ont su tirer un drame, poignant par endroits, intéressant d'un bout à l'autre : c'est dire qu'ils ont fait l'impossible.

Sais-je moi-même si j'ai bien compris tout à l'heure la pensée de Dostoïewsky ? Il n'est déjà pas si facile, quand on lit le roman, de distinguer nettement, chez Rodion, le travail de la peur et le travail de la conscience, et de ne point rapporter à l'une ce qui appartient à l'autre... La Russie, depuis quelques années, nous a peut-être fait dire bien

des sottises. J'avoue que je reste un peu « baba »
devant cet assassin et devant cette fille. J'ai quelquefois envie de leur dire :

Je soupçonne, entre nous, que vous n'existez pas.

Tandis que se dévoilent laborieusement leurs
âmes contradictoires, plus artificielles et formées de
plus violentes antithèses que celles de Triboulet ou
de Lucrèce Borgia, un Parisien de Paris (ce n'est pas
moi) hésite entre l'admiration éperdue (car il est né
confiant, grand amateur des choses étrangères) et la
raillerie la plus irrévérencieuse quand par hasard
il ose se reprendre... Ce qu'on en peut dire de mieux,
c'est que ce sont des fous. Tout cela, c'est de la
psychologie profonde sans doute, mais rêvée. Où
diable avez-vous vu Sonia ? J'ai déjà bien de la peine
à croire à Marguerite Gautier. Et Rodion ? Est-ce
que Lebiez ou Pranzini ont eu de ces faiblesses d'enfant ? Il y a, très certainement, des hommes et des
femmes du monde, de ceux que vous rencontrez,
qui ont commis des crimes, et qui sourient, et qui
sont parfaitement tranquilles. A un certain degré de
culture intellectuelle, l'admirable nouvelle de Barbey d'Aurevilly : *le Bonheur dans le crime*, a mille
chances de plus d'être vraie que le roman de Dostoïewsky... Et puis, excusez-moi, je ne suis pas Slave
pour un sou.

C'est peut-être pour cela que j'ai extrêmement

goûté le rôle de Marmeladoff. En le jouant comme il l'a fait, à contre-sens, en pochard des Batignolles, M. Montbars en a fait une merveilleuse parodie de ce qu'il y a — déjà! — de convention et de snobisme moral dans le tolstoïsme, qui n'est peut-être que l'exagération kalmouke de certaines conceptions chères aux romantiques. Ecoutez cet ivrogne affamé d'expiation et qui entretient, avec une complaisance si comique, la petite flamme de sa conscience sur le bourbier de son ignominie, — comme une lanterne dans un toit à porcs : «..... Et maintenant fixez les yeux sur moi. Oserez-vous affirmer que je ne suis pas un cochon ? » Et à Sonia : « ..... Ne me regarde pas ainsi, avec ces yeux comme en ont les anges qui pleurent sur les fautes humaines... Oui, je le boirai, ton argent ; plus je bois, plus je me sens indigne, et cela aussi est un châtiment. Ce sont les larmes que je cherche au fond du verre et que je savoure. » Et à sa femme qui lui tire les cheveux : «Ah ! tire, tire ! ne crois pas que je veuille me soustraire au châtiment... Aïe ! aïe ! Non ! tu ne me fais pas assez mal : j'expie !... Tire, la douleur purifie... Mes enfants soyez témoins de la résignation avec laquelle j'accepte la punition que j'ai méritée. Et quand vous serez grands, vous vous direz : Notre père était un ivrogne, un crapuleux ivrogne ; mais il avait si fort le sentiment de son indignité qu'il aurait voulu avoir toute la terre comme spectatrice de sa contrition. »

Il n'y a que les Marseillais pour « blaguer » les

Marseillais. De même, il n'y a que les Russes... Mais j'ai déjà trop parlé ; tout ceci n'est qu'une boutade, et je ne veux pas nuire à la fameuse alliance, à celle que nous mendions depuis si longtemps.

L'ORAGE

THÉATRE BEAUMARCHAIS : *L'Orage*, drame en cinq actes et six tableaux, d'Ostrowsky, traduit du russe par MM. Isaac Pavlovsky et Oscar Méténier.

11 mars 1889.

... Là-bas, là-bas, dans une petite ville de Russie, sur le bord du Volga. Des gens se promènent et causent dans un jardin public. Ils sont bizarres et lointains ; on sent d'ailleurs que leurs propos sont traduits d'une langue étrangère (et la traduction est telle, il faut le dire, qu'elle accroît encore l'étrangeté de ce langage). Nous sommes, dès le début, complètement dépaysés.

C'est le petit horloger Kouliguine et le petit commis Koudriache. Kouliguine est un rêveur et un moraliste. Il fait remarquer que le paysage est très beau. Puis il développe ce point « que les mœurs sont cruelles » dans la petite ville qu'il habite ; que les riches sont rapaces, de mauvaise foi et sans pitié. Il explique aussi qu'il est en train de découvrir le mouvement perpétuel. — Koudriache est employé chez Dikoï, un riche marchand connu pour sa violence et sa méchanceté. Dikoï n'étant pas là, Koudriache fait le brave. « Ah ! dit-il avec ingénuité, c'est dommage qu'il n'ait que des filles mineures. S'il en avait une bonne à marier, je lui ferais son affaire. C'est que je suis très porté pour les filles ! » Le terrible Dikoï paraît à son tour avec son neveu Boris, qu'il brutalise et injurie pour rien, pour le plaisir, et en crachant à chaque phrase... Ces gens-là, et tous ceux que nous verrons, ont une façon absolument naïve et tranquille d'être ce qu'ils sont. Ce sont des primitifs. On se dit : « D'où sortent-ils ? » puis on les trouve originaux. Boris, seul, paraît pâle et insignifiant, justement parce qu'il est plus instruit et plus civilisé que les autres...

Mais voici venir les principaux personnages du drame : la belle Katerina, son mari Kabanov, sa belle-mère Kabanova et sa belle-sœur Varvara. Katerina est triste, Kabanov abruti, et la petite Varvara a des airs sournois. C'est que la vieille Kabanova, dévote, formaliste, tout ce qu'il y a de plus « vieille Russie », les opprime et les terrorise tous trois. Cette imposante mégère déploie dans la contradiction des ressources d'esprit bien remarquables. Jugez plutôt :

« ... Eh bien, attendez, vous l'aurez la liberté, quand je n'y serai plus. Alors vous pourrez faire ce que vous voudrez... Peut-être me regretterez-vous.

KABANOV : Mais, maman, nous ne faisons que supplier Dieu jour et nuit pour qu'il vous donne santé, prospérité complète et réussite dans vos affaires.

KABANOVA : C'est bien ! Assez, je te prie ! Peut-être bien que tu aimais ta mère avant ton mariage. Maintenant tu n'as plus le temps de penser à moi, tu as une jeune femme.

KABANOV : Une chose n'empêche pas l'autre. La femme, c'est très bien, mais je respecte aussi ma mère.

KABANOVA : Alors tu donnerais ta femme pour ta mère ? Jamais de la vie je ne le croirai.

KABANOV : Je n'ai pas à donner l'une pour l'autre ; je les aime toutes les deux.

KABANOVA : Oui, oui, c'est cela, raconte des histoires ; je vois bien que je vous gêne.

KABANOV : Pensez ce que vous voudrez, vous en avez le droit. Seulement, je suis bien malheureux de ne pouvoir arriver à vous contenter.

KABANOVA : Ne te pose pas en victime ! Ne pleurniche pas ! Est-ce que tu es un mari ? Regarde-toi bien. Est-ce qu'une femme peut te craindre ?

KABANOV : Je n'ai pas à me faire craindre. Il me suffit qu'elle m'aime.

KABANOVA : Comment ! tu n'as pas à te faire craindre ? Es-tu devenu fou, par exemple ? Si elle ne te craint pas, elle ne me craindra pas non plus... etc. »

Mais lisez toute la scène. Elle est excellente. Entre cette belle-mère et ce mari, que voulez-vous que devienne Katerina ?... Depuis quelque temps Boris tourne autour d'elle. Elle s'est mise à l'aimer, car c'est le jeune homme le mieux élevé de la petite ville. Elle-même est une créature assez fine et délicate, d'une sensibilité maladive ; ce que nous appelons à Paris une hystérique. Pendant que Kabanov est allé boire au cabaret, Katerina raconte son enfance à Varvara; combien elle aimait aller à l'église, qu'elle croyait voir des anges voltiger dans la grande colonne de lumière qui tombait de la voûte ; ou bien qu'elle se levait la nuit et qu'elle priait jusqu'au matin devant les images. « ... Pourquoi je priais alors, ce que je demandais, je ne le sais pas, je n'avais besoin de rien. Et quels rêves je faisais, Varia, quels rêves !... Je rêve encore maintenant, mais rarement... et ce n'est plus cela. » Et elle confie à Varvara qu'elle est malheureuse, hantée de pensées coupables, et qu'elle voudrait s'enfuir, et qu'elle mourra bientôt, elle en est sûre.

La petite Varvara... oh ! celle-là est toute simple. C'est la coquine la plus innocente et la plus sereine. Elle est la maîtresse du commis Koudriache, et trouve tout naturel que sa belle-sœur ait aussi un amant. Même elle est si bonne fille qu'elle lui propose de lui ménager un rendez-vous avec Boris... Et là-dessus passe une vieille dame avec un bâton, et suivie de deux domestiques à tricornes. Elle aperçoit Katerina et Varvara, et tout à coup l'antique sibylle se met à crier:

« Eh bien ! mes belles, que faites-vous ici ? Vous

attendez vos chers amants, vous étes contentes ! Votre beauté vous réjouit. Mais voilà où mène la beauté ! (*Elle montre le Volga*). Là ! là ! dans ce tourbillon ! (*Varvara sourit*). Vous riez ! Ah ! vous riez ! Ne riez pas ! (*Elle frappe la terre de son bâton*). Vous toutes, vous brûlerez dans les flammes éternelles ! Vous cuirez dans la poix bouillante ! Voilà où mène la beauté ! »

Passons sur une assez longue conversation entre la servante Glacha et la vieille « pèlerine » idiote Fekloucha, qui exprime, sur les chemins de fer et sur la civilisation en général, à peu près les mêmes opinions que le vidangeur mystique de *la Puissance des Ténèbres*. Kabanov va partir pour un voyage de quinze jours. L'exquise petite Varvara continue à tenter sa belle-sœur : « Sais-tu, Katia, tu n'aimes pas ton mari. — Pourquoi ne l'aimerais-je pas ? Je le plains beaucoup. — Non, tu ne l'aimes pas. Si tu le plains, c'est que tu ne l'aimes pas. Et, à dire la vérité, il n'en vaut pas la peine... » Katerina est de plus en plus troublée... elle a peur d'elle-même et de tout ce qu'elle sent s'agiter dans le mystère de son âme... On dirait que tout conspire à la jeter dans les bras de Boris. L'odieuse Kabanova force son fils à faire à Katerina, avant son départ, les recommandations les plus offensantes... Pourtant, restée seule avec lui, Katerina, épouvantée, se jette dans ses bras, le supplie de l'emmener. Il ne comprend rien, il répond que c'est impossible. « Eh bien ! alors, s'écrie-t-elle, demande-moi un serment solennel... — Quel serment ? — Voici : le serment de ne parler à aucun étranger sans toi, de ne voir personne, de ne penser jamais à personne qu'à toi ! — Pourquoi ça ? — Tranquillise mon âme ! accorde-moi cette grâce ! On ne peut jamais répondre de soi. Tant d'idées peuvent vous passer par la tête ! (*Elle se jette à ses genoux.*) Que je ne voie ni mon père, ni ma mère, que je meure sans contrition si je... » Alors l'imbécile, la relevant : « Que fais-tu ? ah ! quel péché ! je ne veux pas même t'écouter ! » Et, dès qu'il est parti, Varvara, de force, met dans la main de Katerina la clef qui lui permettra d'aller, la nuit, à l'endroit où Boris l'attend.

Ici, nouvelle interruption du drame. La vieille Kabanova et la pèlerine Fekloucha échangent des radotages sur la vanité du siècle. Dikoï étale de nouveau sa méchanceté avec une complaisance saugrenue. Le doux Kouliguine rêve, récite des vers, et raconte les abominations qui se commettent derrière les portes closes des riches...

Mais soudain l'action repart. La nuit. Un ravin. C'est fini. Katerina, vaincue, n'obéit plus qu'aux forces obscures de son corps. Tandis que Varvara rejoint son Koudriache, elle descend le sentier, d'un pas de somnambule, un grand fichu blanc sur la tête, les yeux baissés... « Ah ! Katerina, dit Boris, si vous saviez comme je vous aime ! » Mais elle, sans lever les yeux : « Ne me touche pas !... Ne me touche

pas !... Va-t-en... Jamais je ne pourrai me faire pardonner ce péché !... Tu m'as perdue !... Tu vois bien que tu m'as perdue, puisque laissant la maison, je viens vers toi, la nuit ! — C'était votre volonté ! réplique le pauvre garçon. — Je n'ai pas de volonté ! *Si j'avais une volonté, je ne serais pas venue à toi.* » Et alors seulement elle lève les yeux et regarde Boris : « Maintenant, tu as pouvoir sur moi ! Est-ce que tu ne le vois pas ? » Et elle se jette à son cou, furieusement.....
Vous pouvez ici, je crois, admirer en toute sécurité, et non seulement parce que c'est russe, mais parce que c'est fort beau. Je ne pense pas qu'on ait jamais exprimé par des moyens ni des attitudes ni des mots plus simples et plus forts la fatalité d'une passion, la soudaine terreur de l'âme et du corps à l'heure irrévocable, et ce saut désespéré dans le paradis, qui ressemble à un « saut dans les ténèbres »...

Troisième interruption du drame ; troisième entrée du méchant Dikoï et du rêveur Kouliguine. Le petit horloger explique au riche marchand que, pour dix roubles, il se chargerait d'installer, au milieu de la promenade, un beau cadran solaire. Et, comme un orage menace, il se met à vanter les paratonnerres. « Car, dit-il, l'orage, c'est de l'électricité. » — Alors Dikoï : « L'électricité ? Des bêtises ! L'orage nous est envoyé pour notre punition, pour que nous le sentions, et toi, tu veux te défendre avec des tiges et d'autres stupidités, que Dieu me pardonne ! Es-tu donc un Tartare, hein ? Dis, es-tu un Tartare ? »

Cependant, les premières gouttes d'eau obligent les passants à se réfugier « dans une galerie étroite, sous les voûtes d'un vieil édifice tombant en ruines »; sur la muraille, on voit encore les traces d'une vieille peinture qui représentait l'enfer... Arrive Katerina avec sa belle-mère et son mari, revenu de voyage. Elle a peur. Un passant, auprès d'elle, dit que, pour sûr, l'orage tuera quelqu'un. « Ah ! dit-elle à Kabanov, je sais qui il tuera ! — Comment le sais-tu ? — C'est moi qu'il tuera ! Priez Dieu pour moi ! » A ce moment repasse la vieille dame du premier acte, toujours suivie des deux valets à tricornes. Elle voit Katerina qui tremble et qui se cache : « Pourquoi te caches-tu ? lui crie-t-elle... Tu as peur, tu ne veux pas mourir... Je crois bien ! Voyez donc comme elle est belle !... ah ! ah ! ah ! la beauté ! Prie donc Dieu qu'il t'enlève ta beauté. La beauté, c'est notre perte ! Tu te perdras ! Tu séduiras les hommes... Il vaudrait mieux, quand on est belle, se jeter dans les tourbillons, et vite, vite !... Où te caches-tu ? Sotte ! Tu n'échapperas pas à Dieu ! »

Énervée par l'orage, épouvantée par ces imprécations, Katerina s'agenouille devant le mur où sont peints les damnés, se relève brusquement et...

Je n'ai pas besoin de vous le dire, puisque vous l'avez deviné. En Russie, quand on a assassiné une vieille femme, quand on a enterré un enfant tout vif, ou simplement quand on a trompé son mari, on profite du moment où il y a beaucoup de monde

dans la rue, et alors on se met à genoux et on se
confesse tout haut. Il paraît que c'est l'habitude
du pays. Et cela fait qu'à Paris les psychologues
murmurent d'un air profond : « Oh ! cette âme
russe ! »

Donc, Katerina, n'en pouvant plus, se confesse,
comme Rodion dans *Crime et Châtiment* et comme
Nikita dans *la Puissance des Ténèbres*. Et ici, ce pauvre benêt de Kabanov (ô beauté des âmes simples !)
se révèle comme le meilleur homme du monde. Au
moment où sa femme commence sa confession, il la
tire, éperdu, par la manche : « Ne dis rien ! ne dis
rien ! La mère est là ! » et tandis que Katerina continue : « Pendant dix nuits j'ai péché », il veut l'embrasser, et, quand elle a fini, il la reçoit, évanouie,
dans ses bras.

Au cinquième acte, ce Charles Bovary des steppes
ouvre son cœur à l'excellent Kouliguine : « Ah !
comme ma femme a agi avec moi ! On ne peut imaginer rien de pire ! La tuer, ce n'est pas assez !
Maman dit qu'il faudrait l'enterrer toute vive pour
son châtiment. Et moi, je l'aime ! *Je l'ai battue un peu,
et encore parce que maman me l'a ordonné.* Ça me fait
pitié, rien que de la regarder. » L'excellent Kouliguine
lui conseille le pardon : « Vous-même vous n'êtes
pas sans péchés... Ne lui reprochez rien, même
quand vous êtes gris. Elle deviendra une excellente
femme et peut-être meilleure que n'importe quelle
autre. » Kabanov ne demanderait pas mieux que

d'être indulgent, mais il a peur de sa mère... et il boit de plus en plus pour oublier son chagrin...

Mais voici venir, sur le bord mélancolique du Volga, la pauvre Katerina, qui a pu s'échapper de la maison. Elle marche d'un pas d'hallucinée... Oh! le douloureux monologue, où ces deux mots : « perdue ! » et « mourir ! » reviennent sur ses lèvres pâles parmi ses plaintes, avec une monotonie de glas... Si seulement elle pouvait *le* revoir ! Justement, le voici. Elle court vers lui, pleure sur sa poitrine. Il lui raconte qu'il va partir ; que son oncle l'envoie très loin, chez un marchand de ses amis, en Sibérie... « Que Dieu t'accompagne ! dit-elle, ne t'afflige pas à cause de moi ! Au commencement, tu t'ennuieras peut-être, mon pauvre ami, et puis, tu oublieras... » Elle lui recommande de ne pas laisser passer un seul pauvre tout le long de la route sans lui donner l'aumône et sans lui dire de prier Dieu pour son âme de pécheresse, et enfin : « Laisse-moi te regarder une dernière fois !... Assez ! maintenant, pars, avec l'aide de Dieu. Va-t-en ! va-t-en vite. » Quand il s'est éloigné, elle se jette dans le fleuve... Kabanov et Kanabova, qui sont à sa recherche, arrivent alors sur la scène. Kabanov veut aussi se jeter à l'eau : « Se faire périr à cause d'elle ! Elle n'en vaut pas la peine », dit la mère. Mais des passants ont repêché le corps, sur lequel Kanabov se précipite en sanglotant : « Assez ! dit la vieille. C'est un péché même de la pleurer. » — « Maman, dit le pauvre diable à qui son désespoir donne du courage, c'est vous qui l'avez perdue, vous, vous ! » Sur quoi la mère (il faut avouer que cette antique figure de bois devient admirable à force de dureté puritaine et qu'elle atteint à la grandeur) : « Nous en causerons à la maison, mon fils. » Puis, faisant un profond salut à la foule : « Merci pour votre service, braves gens. »

Et Mlle Varvara, la petite belle-sœur, qu'est-elle devenue pendant ce temps-là ? Ennuyée de vivre au milieu de gens qui prennent les choses si fort au sérieux, elle a tranquillement filé avec son Koudriache. Cette petite Varvara (Varia pour ses intimes) est le seul personnage du drame qui n'ait pas paru trop dépaysé boulevard Beaumarchais. Elle semblait être là pour servir de lien entre l'âme russe et notre âme parisienne. Pas Slave pour un sou, Varvara. Le rôle était joué, d'ailleurs, par une jeune comédienne sans façon, fort gentille, qui avait tout à fait l'air d'être montée de la rue, et qui nous faisait risette avec ses jolies dents.

J'ai fait beaucoup de citations. Il n'y avait pas d'autre moyen de vous donner quelque idée du ton et de la couleur du drame. On le sent à la fois très étrange et, dans les scènes essentielles, d'une admirable vérité. Les scènes épisodiques (ce sont, paraît-il, les premières peintures qu'on ait faites au théâtre de la petite bourgeoisie russe) ont ce mérite de reculer la pièce comme dans un lointain de tragédie (l'exotisme et l'éloignement dans l'espace produisant à peu près les mêmes effets que l'éloignement dans le temps). Et, d'autre part, les personnages, qui sont encore des primitifs, ont une profondeur, une violence de sentiments, une spontanéité et une candeur de langage qu'on ne trouve plus guère à ce degré dans nos civilisations d'Occident. Ils n'ont point ce qu'on a toujours chez nous autres, — plus ou moins, — ce qui se rencontre même chez nos paysans : la peur du ridicule. Ils parlent tous, comme on dit, « la bouche ouverte », et cela déjà nous paraît extraordinaire et nouveau. Et ils joignent à cette absolue naïveté un tour d'imagination un peu lent et rêveur, comme il sied à des gens dont les yeux sont habitués aux vastes horizons déserts et qui, même quand ils n'y pensent point, sentent autour d'eux des solitudes infinies...

De plus, ce sont tous de bons chrétiens, — même les vicieux et les méchants. Et cela peut-être suffit à mettre quelques milliers de lieues de plus entre ce théâtre et le nôtre. Car voyez : notre théâtre, à nous, n'est point chrétien. Il ne l'a jamais été (sauf de très rares exceptions) depuis la Renaissance. On parle sur notre scène de « vices », de « fautes », de « chutes », de « crimes », jamais de « péché ». Ou, si quelqu'un en parle, c'est Tartuffe. Il faut dire aussi que l'idée de péché nous préoccupe peu dans la vie réelle. Assurément nul auteur dramatique de chez nous ne s'avisera de prêter ce souci aux bourgeois de nos petites villes ou aux paysans de l'Ile-de-France. Mais ici, sur les bords du Volga, les gens ont encore une vie intérieure et spirituelle. Ils songent tous les jours à la rédemption, au ciel et à l'enfer. Pour eux, se mettre en colère, se venger, voler, tuer, séduire une femme, etc. — c'est-à-dire commettre tous les actes qui forment nécessairement la trame des pièces de théâtre, — cela s'appelle proprement « pécher ». Et c'est pourquoi ce mot revient si souvent dans les drames russes que nous connaissons. Je feuillette *l'Orage*. Kabanova, qui vient de s'emporter contre son fils, s'arrête tout à coup : « Ah ! quel péché ! Voyez combien il est facile de commettre des péchés avec vous. On entame une conversation qui vous tient au cœur, et on commet un péché, car on se fâche ! » (Notez que, dans la pensée d'Ostrowsky, Kabanova est moins une dévote qu'une belle-mère jalouse et impérieuse et une gardienne des vieux usages.) Je n'ai pas besoin de vous rappeler que Katerina, cette Bovary ou cette Froufrou mystique, n'a que le mot « péché » à la bouche. Mais Dikoï lui-même, cette brute, a parfois dans ses violences des arrêts subits : c'est l'angoisse du péché qui le prend à la gorge, et un besoin de pénitence : « Pendant le grand carême, je me sanctifiais... » Il raconte qu'il a battu un paysan qui venait lui réclamer de l'argent, et il ajoute : « Après, je lui ai demandé pardon, en m'inclinant jusqu'à terre ! Vrai !... Ici même, au milieu de la cour, dans la boue, je me suis incliné devant lui, devant tout le monde... » Il n'est pas jusqu'à cette ingénue gourgandine de Varvara qui ne dise couramment : « J'ai aussi mes péchés. »

Cela est si continuel, que cela en devient presque comique pour nous. On le pourrait aisément tourner en plaisanterie, dire que ces Russes sont de jolis farceurs et que le trait essentiel de cette fameuse « âme slave », c'est de laisser aller son corps où il veut, — mais en se frappant la poitrine et en se répétant comme le Marmeladoff de *Crime et Châtiment* : « J'ai péché, je suis un cochon. » Car cette idée toujours présente du péché n'empêche nullement nos gens de le commettre... Qu'est-ce à dire ? C'est que ces hommes lointains sont, à très peu de chose près — et avec des façons russes, naturellement, — dans le même état d'âme que nos pères du moyen âge. Et, en effet, cette préoccupation du péché, jointe aux plus violents instincts, on la retrouverait souvent chez les personnages de nos *Mystères*. Et ce qui fait peut-être l'originalité des drames russes et leur donne tant de saveur, c'est que des états psychologiques qui, pour nous, ont quatre siècles de date, y sont exprimés, non plus par de pauvres clercs aussi naïfs que leurs contemporains, mais par des écrivains de culture raffinée et d'observation pénétrante...

MEILHAC ET HALÉVY

Variétés : Reprise de *Barbe-Bleue*, opéra-bouffe en trois actes, de MM. Henri Meilhac et Ludovic Halévy, musique de Jacques Offenbach.

8 octobre 1888.

Tandis que les messieurs entre deux âges ou plus exactement (car on est toujours entre deux âges) les messieurs de troisième jeunesse, — en d'autres termes, les vieux messieurs, — disaient dans les couloirs : « Eh bien, oui, c'est gentil, mais il n'y a pas à se le dissimuler, ça date ! » (sans s'apercevoir que c'étaient eux qui dataient), — moi qui voyais *Barbe-Bleue* pour la première fois, je songeais tout le temps : « Seigneur ! comme nos pères ont dû s'amuser ! » Une ivresse irrésistible et légère, une ivresse de vin de Champagne me venait de cette musique et de ce dialogue ; je riais de tout (je vous confesse ma faiblesse), j'en riais d'avance, silencieusement ; et je dirais que je riais aux anges, s'il y avait quoi que ce soit d'angélique dans cette bouffonnerie à la fois si insolente et si aisée.

Car *Barbe-Bleue* est bien de cette époque néfaste et charmante où l'on prenait la vie si gaiement et avec une philosophie si dégagée. *Barbe-Bleue* (comme *Orphée*, comme *la Belle Hélène* et *la Grande-Duchesse*) est un surprenant tissu de parodies et d'irrévérences. Voulez-vous que nous fassions le compte de ce qui s'y trouve « blagué » (j'emploie ce mot disgracieux parce qu'il est, ici, plus juste qu'aucun autre)? Nous n'avons pour cela qu'à suivre la pièce pas à pas. Vous verrez que c'est effrayant à la longue!

Dès la première scène, — mais doucement, gentiment, presque affectueusement, car ils sont poètes, eux aussi, — MM. Meilhac et Halévy parodient un des plus jolis rêves de la pauvre humanité, l'amour pastoral tel qu'on l'entendait au dernier siècle, les bergers et les bergères de Watteau et de Fragonard, de Favart et de Florian, Daphnis et Chloé à Trianon... Voici le berger Saphir, en justaucorps de satin : « La bergère que j'aime n'a pas encore paru... (*Montrant la cabane de Fleurette*) : Elle est là... C'est dans cette cabane qu'elle respire... Avertissons-la de ma présence par quelques modulations. » (*Il se prépare à jouer de la flûte. Pose à la Watteau. Il prélude. Sa petite flûte rend le son d'un trombone. Le berger s'arrête stupéfait, puis il en prend son parti en disant*) : « Elle ne m'en entendra que mieux. » Fleurette arrive; le berger et la bergère dansent un pas de deux; la bergère poursuit le berger; ils chantent des vers comme ceux-ci :

> Aimons-nous !
> C'est si doux !

et parlent d'un « bosquet discret ». Et la vieille chose fanée redevient exquise. Pourquoi ? Parce que nous en avons souri d'abord, — et à cause de l'éclat de trombone de tout à l'heure, n'en doutez pas. O bienfaits de l'ironie !

Secondement, ils raillent la Femme et l'Amour. La rustique Boulotte est un adorable exemplaire bouffon de l'absurdité et de l'inconscience féminines. Elle aime le berger Saphir, parce qu'il est pour elle « l'inconnu », parce qu'il a les mains blanches, et aussi parce qu'il ne l'aime pas. Et elle le poursuit à coups de sabots, comme Didon poursuivait Enée à coups d'hexamètres. Elle aime à la fin Barbe-Bleue, parce qu'il est Barbe-Bleue, parce qu'il a tué ses cinq premières femmes, qu'il a voulu la tuer elle-même, — et qu'il est bel homme, et qu'il a le crime jovial : «... Peut-on savoir ce qu'il y a au fond du cœur des femmes ?.. Il était superbe, le brigand !... Il était superbe tout à l'heure, quand il chantait... »

Troisièmement, ils « blaguent » la virginité, cette chose sainte ! Lorsque le roi Bobèche a envie de couronner une rosière, le comte Oscar rassemble un certain nombre de jeunes filles et les fait tirer au sort : « Comme cela, s'il n'y a pas de rosière, on en trouve une tout de même... S'il y en a plusieurs, on en choisit une sans faire de jalouses. » Ce qui permet à Boulotte de chanter :

> Mes titres valent bien les vôtres.
> C't honneur qu' vous désirez si fort,
> Pourquoi qu' j' l'aurions pas comm' les autres,
> Puisque ça doit s'tirer au sort ?

Quatrièmement, ils « blaguent » la littérature romanesque depuis les temps les plus reculés jusqu'à nos jours. Vraiment la fable même de *Barbe-Bleue,* très clairement et très habilement agencée, — avec ses personnages mystérieux, ses meurtres, sa sorcellerie, ses morts qui ressuscitent, ses vengeances, son duel, etc.... cette fable, prise à moitié au sérieux et développée par les procédés connus, pourrait fort bien être celle d'un roman du père Dumas en trois volumes compacts... La scène où le comte Oscar reconnaît dans Fleurette la fille du roi Bobèche, — jadis livrée au courant du fleuve, dans une corbeille, — est particulièrement remarquable. Toutes les « reconnaissances », depuis celles des *Choéphores* et de *Ion* jusqu'à celles de *Mignon* et de *la Marchande de sourires,* y sont délicieusement parodiées... « Souvenez-vous, dit le comte à Fleurette ; remontez par la pensée jusqu'aux premières années de votre enfance... un palais... un grand palais... des gardes avec de l'or sur leurs cuirasses, des femmes aux parures étincelantes... de jeunes seigneurs... et, au milieu, avec une couronne sur la tête, un mari qui se dispute avec sa femme... Luxe et splendeur, misère et vanité, une cour... une cour enfin !... Souvenez-vous, souvenez-vous... — FLEURETTE, *frappée* : Oui, oui, je me souviens. — LE COMTE : Et plus tard, sans transition aucune, une grande sensation de fraîcheur... de l'eau, de l'eau partout... une corbeille qui flotte... dans cette corbeille un enfant... Souvenez-vous, souvenez-vous... — FLEURETTE : Oui, oui, je me souviens. — LE COMTE : Pas un mot de plus, vous êtes la princesse Hermia. » (Notez qu'on blague ici par surcroît *Moïse sur le Nil* :

Mes sœurs, l'onde est plus pure aux premiers feux du jour...)

Cinquièmement... (« Horrible, horrible, très horrible! », comme dit Popolani blaguant Hamlet), ils « blaguent » le donjuanisme, qui est, comme vous savez, une des plus belles inventions de nos poètes. Barbe-Bleue est un personnage immense, — et si simple ! « ... Ce n'est pas une mauvaise nature... mais c'est un homme qui a une manie. » Quelle est cette manie ? La sublime manie de don Juan, ni plus ni moins. Barbe-Bleue, c'est à la fois le don Juan de Molière et celui de Musset. Rappelez-vous les ahurissants sixains de *Namouna* :

Mais toi, spectre énervé, toi, que faisais-tu d'elles ?
Ah ! massacre et malheur ! tu les aimais aussi,

Toi ! croyant toujours voir sur tes amours nouvelles
Se lever le soleil de tes nuits éternelles,
Te disant chaque jour : « Peut-être le voici »,
Et l'attendant toujours, et vieillissant ainsi !
. . . .
Tu mourus plein d'espoir dans ta route infinie,
Et te souciant peu de laisser ici-bas
Des larmes et du sang aux traces de tes pas...

Ainsi, Barbe-Bleue, qui a certainement lu ces strophes : « Non, je ne rougis pas, et je t'avouerai même que je trouve qu'il y a dans mon caractère quelque chose de *poétique*. » (Il faut entendre Dupuis dire cette phrase) — D'autre part, vous vous souvenez de la petite théorie développée par le don Juan de Molière : « Toutes les belles ont droit de nous charmer, et l'avantage d'être rencontrée la première ne doit point dérober aux autres les justes prétentions qu'elles ont toutes sur nos cœurs, etc. » De même, Barbe-Bleue : « Je n'aime pas une femme, j'aime toutes les femmes... *C'est gentil, ça !* En m'attachant exclusivement à une d'elles, je croirais faire injure aux autres. » En quoi donc Barbe-Bleue diffère-t-il du don Juan classique et du don Juan romantique, qu'il résume si puissamment l'un et l'autre ? En un seul point : Barbe-Bleue est plus moral. C'est pour cela qu'il supprime ses femmes à mesure. « Ajoute à cela, dit-il à Popolani, des scrupules qui ne me permettent pas de croire qu'on ait le droit de prendre une femme autrement qu'en légitime mariage.

Tout te paraîtra clair dans ma conduite ; tu m'auras tout entier. » Oui, nous l'avons tout entier. Barbe-Bleue, c'est don Juan respectueux de la morale et de la légalité. Il se résigne à faire disparaître ses épouses, — oh ! par des moyens très doux et très propres, — parce qu'il tient avant tout à avoir de bonnes mœurs. C'est un homme qui pousse extrêmement loin le respect du sacrement de mariage. Son erreur est celle d'un tempérament fort uni à un cœur pur. C'est un admirable cas de « moralité individuelle » (vous savez qu'il y a à peu près autant de ces cas, soit dit entre nous, qu'il y a d'hommes sur la terre ; les décrire, c'est éminemment faire de la psychologie)... Seulement, si Barbe-Bleue est beaucoup don Juan, il s'ensuit peut-être que don Juan est un peu Barbe-Bleue ; et cela ne laisse pas de nuire. quand on y songe, au prestige de don Juan, particulièrement de celui de Musset. Ah ! cette opérette est bien dissolvante !

Avec quelle irrévérence (sixièmement), les auteurs de *Barbe-Bleue* ne traitent-ils pas la royauté, le vain cérémonial des cours, l'ancien régime et le nouveau, le principe monarchique, et les principes de 1889 pareillement ! Ecoutez ce bout de dialogue : « Le Comte :.... Malheureusement, le jeune prince tourna mal. A peine l'eut-on fait sortir des mains des femmes pour faire de lui un homme, qu'il se hâta de s'y refourrer immédiatement, ce qui ne tarda pas à faire de lui un idiot... Impossible de songer à lui confier les destinées de 120 millions d'hommes !... Autrefois, je ne dis pas ; mais, aujourd'hui, avec les idées nouvelles... — Popolani : L'esprit d'examen... » Ils « blaguent » même la politique ! Ils n'ont pas l'air de croire qu'il s'échange nécessairement des pensées profondes dans les conseils des potentats, et, en faisant de leur roi Bobèche un idiot, ils nous insinuent que, neuf fois sur dix et par la force des choses, les hommes qui gouvernent les autres (et on ne sait jamais bien pourquoi c'est eux) les gouvernent avec des facultés de joueurs de dominos de force moyenne... « Bobèche : Et, maintenant, occupons-nous des affaires de l'Etat. (*Il fait tourner une crécelle dorée qui est sur le guéridon ; un page paraît.*) Qu'on m'apporte le monde !... (*Le page apporte une mappemonde qu'il dépose sur le guéridon.*) Avez-vous observé l'horizon politique ? — Le Comte : Oui, sire. — Bobèche, *s'amusant à faire tourner la mappemonde* : Moi aussi, Monsieur, et j'ai une opinion... » Oh ! cette boule du monde, que d'imbéciles l'ont fait tourner, quand ce n'étaient pas des méchants, et par quelles mains, Seigneur, faites-vous l'histoire !

Septièmement, presque tout le dernier tableau de *Barbe-Bleue* parodie le dialogue coupé, haché menu, qui remplit de ses innombrables demi-lignes la moitié des trois cents volumes de l'auteur de *Monte-Cristo* et qui offre cet inestimable avantage de dire les choses le plus longuement possible, tout en ayant l'air de les dire avec une rapidité vertigineuse. Et, par delà, il atteint les scènes monostiques d'Euripide et, généralement, tous les artifices du dialogue de théâtre... Ecoutez ce cliquetis d'épées de fer-blanc : « Le Comte : Un bohémien !... — Popolani : Non, un suppliant. — Popolani ! — Monseigneur ! — C'est à l'ami que tu parles. — C'est à l'ami que j'ai besoin de parler. — Ça se trouve bien. — J'en ai assez ! j'en ai assez ! — Explique-toi plus clairement. — Mais cet homme peut nous entendre. — Je l'en défie ! — Il est sourd ? — Non, il est mort. — Ah ! alors... Il y a une heure, il est venu à ma tour. — Le sire de Barbe-Bleue ? — Oui. — Avec sa femme ? — Avec Boulotte, et il m'a dit... — Il faut qu'elle meure ! — Vous le saviez ? — Je m'en doutais, car maintenant... — Maintenant ? — A l'autel... — Il en épouse... — Une autre ! — Horreur ! horreur ! (*Il agite son tambour de basque.*) — Tais-toi donc ! — J'obéis. » Etc...

Huitièmement, les auteurs de *Barbe-Bleue* blaguent la Science et, neuvièmement, la Mort. Ils raillent quantité d'autres choses ou respectables ou respectées. Il n'y a, je crois, que notre sainte religion qui s'en tire les braies nettes ; et c'est sans doute pour les récompenser de cette réserve, — et aussi pour s'amuser, — que le Ciel les a fait académiciens...

Je sais bien que MM. Meilhac et Halévy ne sont pas les inventeurs de toutes ces irrévérences et qu'on avait, bien avant eux, parodié le romanesque et le tragique, raillé l'amour, la femme, la virginité, le mariage, la politique, etc. Mais ce qu'il y a ici de délicieux, je dirai presque d'unique, c'est la spontanéité, la continuité sans effort, la grâce souveraine de l'ironie. C'est comme une veine de l'esprit du dix-huitième siècle qui se serait continuée jusqu'à nous. C'est un conte de Voltaire, avec plus d'imagination et moins d'âpreté; c'est un opéra-comique de Favart, avec une fantaisie plus hardie et plus bouffonne. Certes, il faut aller entendre *Barbe-Bleue*, mais surtout il faut en jouir dans le texte. Croyez-moi, les opérettes de MM. Meilhac et Halévy sont faites pour être lues. Elles y gagnent encore! Lisez-les donc et vous y ferez des découvertes.

Je ne parle plus de l'abondance rapide et de l'imprévu des inventions burlesques; mais vous y rencontrerez, à chaque page, des « mots de nature », si vrais qu'il semble qu'on les aurait trouvés, et si drôles qu'on en rit tout seul par ressouvenir. Ainsi le berger Saphir, après la déclaration brûlante de Boulotte : « *Il n'y a rien de blessant dans ce que vous me dites*... mais je ne vous aime pas. » Ainsi Bobèche au comte Oscar : « Je suis satisfait de vos services... Je vous nomme gouverneur de nos provinces du Sud, celles qui jusqu'à présent ont refusé de reconnaître notre autorité. » Ainsi Barbe-Bleue, quand il annonce au roi la mort de sa sixième femme :

    C'est un coup bien rude,
    Rude à recevoir

Malgré l'habitude
Qu'on en peut avoir.
Je lui ferai faire
Un beau monument...
Mais sur cette affaire
Glissons à présent, etc...

Je n'ose pas dire qu'il y a souvent de la profondeur dans ce comique. MM. Meilhac et Halévy ont tant d'esprit qu'ils en ont peut-être assez pour se moquer de moi si je le disais (et je vous assure qu'il en faut diablement pour se moquer des gens qui vous trouvent de la profondeur). Mais, enfin, transposez le ton; supposez... que cela est dans Shakespeare, et dites si ce mot de la reine Clémentine ne vous ouvre pas soudainement, et jusqu'au fond, tout un abîme : l'égoïsme de la passion. Elle vient d'apprendre qu'un homme a été tué à cause d'elle : « Et qui ça ? s'écrie-t-elle avec déchirement. — Alvarez, Madame! » Alors la reine, se remettant tout à coup : « *Alvarez! Ah! vous m'avez fait une peur!* » Je ne vous parle pas du monologue de Popolani au deuxième acte, et du mot qui le termine : « Mon Dieu! mon Dieu! qu'est-ce donc que la vertu ? Ne serait-ce que la satiété ? Ce serait atterrant, atterrant, atterrant!... » Mais ne pensez-vous pas que, pris au sérieux et ramenés à des proportions humaines, le personnage de Barbe-Bleue, tel qu'il se définit lui-même, et celui de Boulotte finissant (ô ténèbres du cœur!) par aimer Barbe-Bleue, pourraient devenir de superbes et mystérieuses figures de drames, et de substance si riche qu'il y aurait de quoi raisonner et divaguer sur elles aussi longuement qu'on le peut faire sur Hamlet ou sur l'abbesse de Jouarre ? Barbe-Bleue et Boulotte sont tels qu'il resterait d'eux quelque chose, que même presque tout en resterait, les bouffonneries ôtées.

Enfin, il y a de la poésie dans *Barbe-Bleue*. Il y en a dans l'aventure de Fleurette et de Saphir, ces deux biscuits de Sèvres ; il y en a dans le romanesque ironique dont toute cette bouffonnerie est pleine ; il y en a, assurément, dans la fantastique apparition des cinq mortes vivantes, éblouissantes comme des fées et faisant la fête derrière la porte de bronze du mausolée... Cela m'a fait songer, je ne sais comment, à la légende de saint Nicolas, au saloir-paradis où vivaient mystérieusement les trois petits enfants et d'où ils sortent, lumineux, avec des auréoles d'anges.. et cela m'a fait songer aussi à Héro ressuscitée dans *Beaucoup de bruit pour rien*, et un peu à Perdita... Car la poésie, vous le savez, n'est point incompatible avec le burlesque ; que dis-je ? elle n'est même pas incompatible avec l'ironie (voyez Henri Heine). Celle de MM. Meilhac et Halévy, tandis qu'elle parodie le romanesque, en sauve par là même toute la grâce extérieure et nous la fait mieux sentir. Quel est donc le métaphysicien allemand qui a fait de l'ironie le fondement même de l'esthétique ? Ce n'est ni Kant, ni Fichte, ni Hegel ; mais il m'est impossible de retrouver son nom... Je ne sais plus au juste ce qu'il entendait par cet axiome. Peut-être a-t-il voulu dire que, l'art consistant dans une certaine représentation des choses, représentation dont la valeur est tout à fait indépendante du jugement que nous pourrions porter sur elles au nom de la moralité, l'artiste doit toujours commencer par écarter ce souci proprement moral; et l'esprit critique (qu'il agisse consciemment ou non) ou, si vous voulez, l'*ironie* est nécessaire pour cela. Une œuvre d'art est toujours ironique en ce sens qu'elle nous présente, en dehors de toute préoccupation vertueuse, des images du monde qui nous font au moins autant de plaisir que la vertu même... Quoi qu'il en soit, ce brave philosophe, que je comprends probablement tout de travers, trouverait, s'il vivait encore et s'il fréquentait les Variétés, de bien jolis exemples à l'appui de ses théories dans le théâtre essentiellement ironique et indiciblement élégant de MM. Meilhac et Halévy.

MEILHAC ET GANDERAX

Comédie-Française : *Pepa*, comédie en trois actes, de MM. Henri Meilhac et Louis Ganderax.

5 novembre 1888.

Je ne sais plus à laquelle de ses tragédies cet amusant Voltaire, chez qui il y avait parfois du Tartarin, se pencha, dit-on, hors de sa loge en criant : « Peuple, applaudis : c'est du Sophocle ! »

Ainsi, l'autre soir, à *Pepa*, où je me sentais pour ma part entièrement heureux, j'avais envie de crier : « Bonnes gens, n'épiloguez pas tant, je vous prie. Ne vous laissez point déconcerter comme cela par les façons de l'excellent Ramiro Vasquez, et ne prenez point tant de souci de la dignité des planches de la Comédie-Française, de ces planches sur lesquelles on vient de jouer *le Mariage forcé*. Ne vous plaignez point que MM. Meilhac et Ganderax aient trop d'esprit, et ne leur demandez point plus de drame qu'ils n'ont voulu nous en donner. Attendiez-vous d'eux une tragédie ou une pièce à thèse ? Abandonnez-vous au charme comme moi, et applaudissez : c'est du Marivaux. »

Du Marivaux transposé et modernisé, cela va sans dire. Mais la donnée de *Pepa*, réduite à l'essentiel, est bien la même que celle des trois quarts des comédies de Marivaux. La formule la plus générale serait celle-ci : étant donné un cavalier et une dame qui croient se détester ou qui, du moins, ne savent pas qu'ils s'aiment, les amener d'abord à reconnaître cet amour, puis à se le confesser mutuellement. Ce résultat s'obtient souvent par l'introduction d'un troisième personnage ; voici comment : « Le comte » et « la marquise », je suppose, ne se doutent point qu'ils s'adorent. Survient « le chevalier. » La marquise croit aimer le chevalier, ou fait semblant. Le comte s'aperçoit, à son dépit et à sa jalousie, qu'il aime la marquise ; il lui cherche une querelle et de cette querelle sort l'aveu (*la Surprise de l'amour, les Serments indiscrets*). D'autres fois, il y a quatre personnages, deux amoureux et deux amoureuses, victimes d'une quadruple erreur et qu'il s'agit d'en faire revenir. A et B s'aiment sans le savoir ; C et D, pareillement. Mais A croit aimer D, et réciproquement. Alors B, pour se venger, fait semblant d'aimer C, qui s'y prête. Un malaise général avertit A, B, C et D qu'ils se sont tous trompés sur leurs sentiments ; les deux couples artificiels se défont ; A reconnaît que c'est B qu'il aime, et D se jette dans les bras de C. C'est la formule algébrique de *l'Heureux Strata-*

gème, et c'est également celle de *Pepa*, comme vous l'allez voir.

Pepa Vasquez est une jeune Américaine du Sud, que son oncle a placée dans une sorte de couvent ou plutôt de maison de retraite à l'usage des femmes du monde. Là, Pepa s'est liée d'amitié avec Mme Yvonne de Chambreuil, dans le temps où Yvonne, en instance de divorce, avait son appartement dans la maison. Et comme Jacques de Guerches, un ancien soupirant de Mme de Chambreuil, venait souvent rendre visite à la jeune femme, Pepa s'est mise à aimer Jacques.

Or, voilà que Jacques et Yvonne viennent annoncer leur mariage à Pepa. La pauvre petite s'évanouit...

Mais nous, nous avons confiance, car de fines indications semées dans le dialogue nous ont appris que Jacques épouse Yvonne sans beaucoup d'élan et que Mme de Chambreuil n'a point gardé de haine pour son mari.

Au deuxième acte, Yvonne a demandé une entrevue à M. de Chambreuil. Elle lui annonce tranquillement qu'elle va se remarier avec Jacques; mais elle ne veut point se passer de la bénédiction de l'Eglise, et, pour l'obtenir, il faut que la cour de Rome annule sa première union. C'est bien simple : il y a un bon cardinal qui se charge d'arranger tout, à une petite condition : c'est que Chambreuil déclarera par écrit qu'il n'a point épousé librement Yvonne, qu'il a subi une contrainte morale... Chambreuil finit par promettre, mais il est vexé ; il s'est aperçu durant l'entretien, à son dépit même, qu'il aimait encore sa femme.

Arrive Pepa, également furieuse. Pepa et Chambreuil unissent leurs rancunes. La petite fille offre rageusement sa main à Chambreuil, qui l'accepte. (La chose va toute seule, car, justement, au premier acte, l'oncle Ramiro Vasquez voulait marier Chambreuil à sa nièce.)

Heureusement Chambreuil, qui est un homme délicieux et, du reste, le plus raisonnable de la bande, s'avise que tout cela est stupide. Doucement, il met la main de Pepa dans celle de Jacques ; gentiment et tendrement, il demande pardon à sa femme, et c'est ensemble qu'ils se remarieront.

Mais, si *Pepa* est bien du Marivaux pour le fond, qui est un malentendu d'amour, et aussi par la façon dont ce malentendu se complique, puis se résout, et par la finesse et la grâce des mille nuances de sentiments qui naissent de ce malentendu même, — *Pepa* est, comme j'ai dit, du Marivaux d'aujourd'hui, par le dessin des personnages, par la couleur, par les accessoires et les moyens dramatiques, par l'esprit, par le ton, — même par certaines particularités de composition qui peuvent paraître des défauts, mais que je m'obstine à aimer.

Pepa, c'est une comédie de Marivaux dans un cadre amusant et curieux de comédie de mœurs, avec un soupçon de caricature et un ragoût d'ironie presque continue. Je ne saurais dire le plaisir que me fait cette combinaison originale.

Chez Marivaux, toutes les femmes s'appellent la comtesse ou la marquise, et tous les hommes, le baron ou le chevalier. Ce sont les personnages que Watteau embarque pour Cythère dans le tableau que vous savez : voilà tout leur état social. Quant au milieu matériel, c'est un vague salon ou un jardin qu'on se figure avec des arbres bleuâtres... Ici, au contraire, des silhouettes très précises, très spéciales, des silhouettes du monde parisien et cosmopolite, des silhouettes d'aujourd'hui, tout ce qu'il y a de plus d'aujourd'hui. Cette petite Pepa, née quelque part dans l'Amérique du Sud, nièce d'un Président de république de là-bas venu à Paris pour lancer une affaire et ami de banquiers juifs chez qui il rencontre des cardinaux; cette jeune fille qui vit dans une maison pour femmes divorcées, qui passe son temps à se faire tirer les cartes par une femme de chambre indienne et à la bourrer de pastilles de chocolat après l'avoir battue, et qui parfois s'en va le soir, avec son oncle, dîner au café Anglais, puis au Palais-Royal ou à la Renaissance... voilà certes, si l'on rassemble ces traits et d'autres que j'oublie, la plus singulière petite fleur de cosmopolitisme que l'on pût imaginer dans les années bizarres où nous vivons. — Et l'oncle Ramiro Vasquez ! Ne dites point que c'est l'éternel rastaquouère de Labiche et de Meilhac, et qu'il faut le renvoyer aux Variétés ; car justement c'est un rastaquouère qui, pour avoir vu trop d'opérettes et de vaudevilles, se sait rastaquouère et qui se surveille. « N'oubliez pas, Messieurs, que l'opérette nous guette ! » a-t-il coutume de dire à ses secrétaires. Et cette demi-conscience et cette terreur de son propre rastaquouérisme suffisent à rajeunir le type, à le distinguer de tous les autres Brésiliens qu'on nous a montrés et à nous le faire étroitement contemporain, puisqu'elles supposent, en effet, tout un long passé de plaisanteries sur les rastaquouères... Les autres personnages, Yvonne, Jacques et Chambreuil, n'ont point de signes particuliers et ne sont de cette année-ci (ou tout au plus de l'année dernière) que par l'accent et par le ton. Mais ce ton et cet accent, ah ! comme ils l'ont bien ! Et notez que les décors ne sont ni moins spéciaux, ni moins modernes que les gens. Le salon d'un appartement de jeune fille millionnaire dans une maison de retraite à demi religieuse, un salon qui sent le couvent, l'hôtel garni, l'Amérique du Sud et la vie parisienne, où la banalité des meubles disparaît sous des japonaiseries et où les bibelots se mêlent aux objets de piété...; le cabinet de travail, meublé avec un éclat féroce, d'un financier, président d'une république tropicale... voilà les « milieux » où s'emmêle et se démêle la marivauderie de MM. Meilhac et Ganderax.

D'aujourd'hui aussi, tout ce qu'il y a de plus d'aujourd'hui, les moyens dramatiques. Chez Marivaux, les amoureux qui se brouillent sont simplement brouillés. Ici, ils sont *divorcés*. C'est une modification toute récente de notre Code civil, et la nécessité de mettre d'accord avec cette législation nouvelle un préjugé bien plutôt mondain que religieux, qui amène cette rencontre d'Yvonne et de son mari, où est tout le nœud de la pièce. Mais, au reste, le divorce n'est employé ici que comme ressort de l'action. *Pepa* n'est point une pièce sur le divorce. La difficulté soulevée n'en est pas une, puisque, pour la résoudre, Chambreuil n'a, paraît-il, qu'à écrire un tout petit mot à notre Saint-Père le Pape... J'ai entendu des gens se plaindre que cette difficulté ne fût pas plus réelle ; ils auraient voulu que le scrupule d'Yvonne ne pût être levé : ils attendaient une horrible lutte intérieure et tout ce qui s'en suit... Quoi ? *Daniel Rochat* alors ? Que voulez-vous ? MM. Meilhac et Ganderax n'ont pas l'âme tragique.

D'aujourd'hui encore, — oh! oui, terriblement d'aujourd'hui, — cette peur du drame, ce refus de s'émouvoir et de nous émouvoir, et même de nous attendrir. Toujours, dans les comédies de Marivaux (je poursuis mon petit parallèle), un moment vient où, sous les élégants et subtils discours des chevaliers et des marquises, se trahit un sentiment profond, ou même une vraie douleur. Il y a de petites larmes secrètes, très brèves mais très chaudes, dans *l'Epreuve, le Jeu de l'amour, les Fausses Confidences*. Or, deux ou trois fois, dans *Pepa*, nous pressentons l'approche d'une émotion... qui ne vient pas, dont les auteurs se sont défiés, qu'ils ont écartée de parti pris. Est-ce à dire que je m'en plains, moi? Non point. Tout le second acte de *Pepa* est de l'observation la plus fine et du comique le plus naturel, d'un comique qui sort des choses mêmes. Tout ce qu'il peut y avoir de bizarre, d'imprévu, de drôle et de piquant dans la rencontre de l'ancien mari avec la femme divorcée et le futur épouseur, tout cela a été indiqué par MM. Meilhac et Ganderax avec une sûreté et une légèreté merveilleuses. Rien de plaisant comme l'attitude piteuse de Jacques devant son ami Chambreuil. « Ce brave Jacques! dit Chambreuil en riant dans sa moustache... Ah! ça, pourquoi ne veux-tu plus me tutoyer? » Et chacun de ses mots et de ses gestes exprime clairement l'énorme avantage de sa position. C'est comme s'il disait : « Ah! tu épouses ma femme! Mes compliments! Tu ne la connais pas... Moi, je la connais... Tu verras, tu verras... Et enfin, quoi que tu fasses, je l'aurai toujours connue avant toi... » Et le nouveau mari, qui devine la pensée de son prédécesseur, a beau s'en défendre, il se sent un peu ridicule, il est pris d'une vague jalousie bête... Très comique aussi, la conversation des deux époux divorcés : d'abord grave et cérémonieuse d'intention, comme il convient, puis traversée et dérangée à chaque instant par des ressouvenirs involontaires de la vie d'autrefois, des retours inattendus et irrésistibles d'anciennes familiarités, des oublis soudains de la situation... Mais, avec tout cela, Chambreuil et Yvonne se sont aimés, et nous savons qu'ils s'aiment encore. Lorsqu'il apprend que sa femme se remarie, il est étonné, profondément étonné, et blessé au plus profond du cœur. Il se rappelle les premiers temps de leur mariage. Et voilà maintenant où ils sont ! Un peu plus, et son dépit se changerait en vraie douleur ou en vraie colère... Et elle, toute surprise de l'effet que cette nouvelle a produit sur lui, touchée, au fond, de voir qu'il ne s'y attendait pas, qu'il en est presque scandalisé, qu'il trouve une pareille action indigne d'elle, elle aussi se souvient et songe... Un peu plus, et sa songerie se changerait en vraie tristesse, et sa tristesse en une angoisse de s'être engagée si légèrement... Et alors que se passerait-il? Je ne sais ; mais nous ne ririons plus, nous aurions même peut-être une toute petite envie de pleurer... Oui, mais voilà : les auteurs se méfient. Ganderax a dit : « Prenons garde à l'opérette, ô Meilhac ! » et Meilhac a répondu : « Prenons garde au drame, ô Ganderax ! » Et c'est pourquoi Yvonne et Chambreuil se retiennent. Ce sont gens discrets, très sensibles au ridicule, qui ont coutume de donner à tous leurs propos un tour railleur, et qui n'osent jamais exprimer leurs émotions tout entières ou qui, peut-être, gâtés par une ironie chronique, les arrêtent à moitié chemin et comme au seuil de leur cœur... Presque aucun des personnages de *Pepa*, sauf Pepa elle-même, ne prend bien au sérieux ce qui lui arrive. Ce sont des êtres fort spirituels : ce sont aussi des chiffes, d'adorables chiffes. Oh! qu'ils sont détachés des choses! Oh! qu'ils sont de grands philosophes et de bons nihilistes sans en avoir l'air! C'est, je crois, ce qui a déconcerté le public çà et là. On se disait : « Comprenez-vous que cet homme et cette femme, qui ont du goût l'un pour l'autre, et qui, quant au reste, appartiennent visiblement à la catégorie des plus distingués « je m'en-fichistes », aient jamais pu en venir à une extrémité aussi brutale que le divorce ? que cette femme si peu passionnée ait assez vivement ressenti les infidélités toutes superficielles de son mari pour exiger la séparation, et que lui, si gentil, si souple et si bon garçon, n'ait pas su l'apaiser et la désarmer ? » Je répondrai : — C'est sans doute qu'ils n'ont pas pris le divorce beaucoup plus au sérieux que les autres choses de ce monde. Ce sont des êtres parfaitement distingués, vous dis-je! Et comme leur discrétion, leurs sentiments à fleur d'âme, leur tenue parfaite et leur ironie eussent paru plus amusants encore en opposition avec les vivacités équatoriales de Pepa et ses colères d'oiseau des îles, si Mlle Reichemberg eût joué le rôle autrement!

D'aujourd'hui enfin, — ah! combien d'aujourd'hui car cela ne s'explique et ne peut s'admettre que tout à la fin d'une très vieille littérature dramatique),

— une certaine fantaisie insouciante dans la composition de la pièce, et une certaine négligence voulue ou, plutôt, des sortes d'abréviations dans l'expression des sentiments successifs que traversent les personnages. — Chez Marivaux (pour achever mon parallèle), la composition est toujours merveilleusement suivie et serrée ; jamais une scène inutile ou étrangère à l'action. Or, MM. Meilhac et Ganderax savent bien que la première scène, entre Pepa et l'Indienne Mosquita, et celle où Ramiro Vasquez dicte des lettres et des réclames à ses deux secrétaires, ne servent à rien — qu'à nous amuser. Mais, comme elles servent éminemment à cela, ils les ont laissées et ils ont eu raison. — Second point. Chez Marivaux, les nuances particulières de chaque état d'âme, puis les transitions d'un état d'âme à un autre sont marquées avec une minutie incroyable et comme par des étapes innombrables et extraordinairement rapprochées. MM. Meilhac et Ganderax abrègent tout cela. Ils notent seulement les étapes essentielles, se fiant à notre intelligence, à notre mémoire, à notre expérience pour suppléer au reste... Par exemple, le futur amour de Jacques de Guerches pour Pepa ne nous est indiqué, au premier acte, que par un mot et un geste. Puis, à l'acte suivant, nous revoyons Jacques encore plus transi auprès de Mme de Chambreuil. Et enfin, au dénouement, après quelques protestations forcées pour dégager sa conscience, il laisse mettre sa main dans celle de Pepa. Cela suffit ; nous avons compris, car les livres et le théâtre nous ont expliqué ce cas quelques milliers de fois. De même, après que nous avons deviné, au second acte, que Chambreuil va aimer sa femme, les auteurs ne perdent point leur temps à graduer, comme eût fait Marivaux, la marche secrète de ses sentiments. Chambreuil, par dépit, se rejette sur Pepa : nous savons ce que cela signifie, nous ne sommes pas du tout étonnés de le revoir, au dernier acte, sciemment amoureux de sa femme, et nous devinons sans peine ce qui s'est passé en lui dans l'intervalle. Les auteurs ont l'air de nous dire : « Voilà trois cents ans qu'on fait du théâtre chez nous. Tous les cas généraux de la vie passionnelle ont évidemment été présentés sur la scène avec beaucoup de soin et dans des œuvres innombrables. Rien de plus rebattu, en particulier, que l'histoire de ces passages de l'indifférence à l'amour, ou de l'amour qui s'ignore à l'amour qui prend conscience de lui-même et qui se confesse. Il y a comme une mécanique des passions, une mécanique traditionnelle et qui ne peut guère changer dans son fond. Nous la supposons connue, et nous ne la montrons dans notre pièce que là où elle se trouve renouvelée par la situation, les circonstances ou le milieu. Faites-nous la charité de croire que ce n'est pas impuissance. La scène entre Yvonne et Chambreuil, entièrement neuve celle-là, est peut-être assez proprement graduée et ménagée. Nous vous faisons grâce, ailleurs, de ce que vous savez aussi bien que nous. »

Pépa est donc du Marivaux simplifié ; nous avons vu que c'était aussi du Marivaux modernisé, pimenté, — et quelque peu desséché. En d'autres termes, c'est du Meilhac surveillé par Ganderax, et du Ganderax intimidé par Meilhac. On a peut-être, par endroits, l'impression de je ne sais quoi de latent et qui n'est pas sorti. C'est, en conscience, la seule critique que je puis hasarder. La pièce, malgré cela, et, qui sait ? à cause de cela même, m'a plu infiniment. Elle m'a paru très distinguée, et, si j'ose ajouter cette nuance, « très chic », même par ses lacunes préméditées.

MEILHAC ET HALÉVY

Variétés : *L'Ingénue*, comédie en un acte, de MM. Henri Meilhac et Ludovic Halévy.

29 janvier 1889.

Puisque les théâtres chôment, laissez-moi vous parler d'une petite pièce de MM. Meilhac et Halévy, qui fut donnée aux Variétés en 1874, sans grand succès, je crois, et qui vient d'être jouée, — mais, là, merveilleusement ! — dans un salon ami des lettres Cela s'appelle *l'Ingénue*, et c'est un pur bijou.

Voici l'action en deux mots. Le baron Hercule de La Roche-Bardière est devenu follement amoureux de Mme Léontine Dauberthier, pour l'avoir rencontrée dans le parloir du couvent où elle allait voir sa petite cousine Adèle. Pour se rapprocher de celle qu'il aime, il est entré chez les Dauberthier, sous le nom de Turquet, comme précepteur de leur petit cousin Octave. (Car vous savez qu'une des grâces du talent de MM. Meilhac et Halévy consiste à introduire, comme en souriant, les moyens traditionnels de l'ancienne comédie dans l'étude ironique et légère des mœurs contemporaines). Ah ! l'étonnant précepteur que ce faux Turquet ! et quelles amusantes leçons il donne à son élève ! « Avant-hier, nous avons parlé de chasse...; hier, nous avons parlé de chevaux... Si nous parlions de femmes aujourd'hui », dit Octave. Et ils parlent de femmes. Octave aussi est amoureux de Mme Dauberthier, mais il ne veut pas la nommer. « Bien, jeune homme, lui dit Turquet ; de la discrétion, ça vous passera, mais c'est très bien. » Et il énonce quelques axiomes. Celui-ci entre autres : « Il vaut mieux, en général, s'adresser à deux femmes à la fois. — Oh! — Oui, vous vous adressez en même temps à deux femmes et vous vous arrangez de manière qu'elles s'en doutent... La première, alors, vous prend pour que la seconde ne vous ait pas ; la seconde, après cela, se donne pour avoir le plaisir de vous enlever à la première. — Et on les garde toutes deux ? — Ou bien l'on en prend une troisième... »

Mais Mlle Adèle, une jeune personne de dix-sept ans, arrive de son couvent, toute chargée de prix et de couronnes. Elle reconnaît, dans le précepteur d'Octave, le beau jeune homme qu'elle a vu au parloir, et elle croit que c'est pour elle qu'il a pris ce déguisement. Elle le prie de lui donner une leçon d'histoire de France, le « colle » le plus facilement du monde, et alors : « Je sais maintenant ce que je voulais savoir. Vous n'êtes pas un précepteur. —

Aïe ! — Un précepteur saurait au moins quelques petites choses... vous ne savez rien, vous, vous ne savez rien du tout ! Vous êtes un homme du monde... — Mademoiselle... — Vous êtes le baron Hercule de La Roche-Bardière... Mais pourquoi avez-vous pris un déguisement ? Pourquoi tous ces détours ? Vous avez eu peur de rencontrer des difficultés... Il n'y en aura pas, je vous assure ; ma cousine ne demandera pas mieux... — Ah ! — Quant à son mari, ça lui fera plaisir... »

Et, donc, Hercule, à la fois ahuri et rassuré, pousse vivement sa cour auprès de Mme Dauberthier. Et Adèle, qui l'a écouté derrière un rideau, croit à une abominable perfidie : « Je retourne au couvent... j'y retourne pour n'en plus sortir... Mensonge, fourberie, trahison, voilà ce que j'ai vu pour mon premier jour... Et il n'est pas quatre heures... Qu'est-ce que je verrais donc, mon Dieu ! si j'attendais jusqu'au dîner ! »

Vous devinez ce qui arrive. La scène a été écrite bien des fois, jamais avec plus de grâce qu'ici, ni autant de piquant. L'excellent baron Hercule est surpris et touché de ce grand amour, et de cette franchise, de cette crânerie dans l'innocence. « Ah ! es petites filles ! ces petites filles ! » répète-t-il de plus en plus attendri... et tout à coup, il a une idée, qui est d'un très grand psychologue (quoique le brave garçon ne se pique pas de stendhalisme) : « Comme ce serait facile, se dit-il en lui-même, de lui prouver qu'elle s'est trompée... Il n'y aurait pas besoin de lui donner la raison. Je suis bien sûr qu'elle trouverait elle-même. » Puis, à Adèle : « Ainsi, vous étiez là, derrière cette porte ? »

ADÈLE. — Oui, là... là... j'étais là... et je vous ai entendu dire à ma cousine...

HERCULE. — Que c'était elle que j'aimais...

ADÈLE. — Oui, et que vous iriez la retrouver dans le kiosque.

HERCULE. — Vous m'avez entendu lui dire cela, et vous n'avez pas deviné ?...

ADÈLE. — Vous dites ?

HERCULE. — Vous n'avez pas deviné... (*A part.*) Je parie qu'elle va deviner quelque chose...

ADÈLE (*avec un grand cri*). — Ah !...

HERCULE (*à part*). — Qu'est-ce que je vous disais !

ADÈLE. — Vous saviez que j'étais là ?...

HERCULE. — Juste...

ADÈLE. — Et c'est pour me punir d'écouter aux portes ?...

HERCULE. — Certainement.

ADÈLE (*tombant dans ses bras*). — Ah ! je savais bien que je ne pouvais pas ne pas être heureuse... je savais bien que c'était moi... que c'était pour moi...

HERCULE (*la tenant embrassée*). — Ces petites filles !...

Elle est exquise, en effet, cette jeune Adèle, avec sa foudroyante promptitude à aimer, sa candide hardiesse et, s'il faut le dire, sa terrible imprudence. Elle est vivante ou, mieux, vivace ; elle a le diable au corps ; elle est, elle aussi, « une force de la nature », avec des épaules encore maigriottes et deux nattes sur le dos. En dépit des différences de temps et de situation, c'est une petite sœur de l'éternelle Agnès de Molière.

Il pourrait être intéressant, à ce propos, de tenter l'histoire des jeunes filles au théâtre depuis deux cent cinquante ans.

A la vérité, ce ne serait point si simple que cela en a l'air, et le classement serait assez délicat. Car il y a d'abord l'ingénue, qui a quinze ou seize ans, et qui est censée absolument ignorante de la physiologie de l'amour ; et il y a la jeune fille, qui a dix-huit ou vingt ans, et qui sait ou soupçonne quelques petites choses. Mais on trouverait, dans cette ignorance ou dans cette demi-science, des degrés et des nuances à l'infini ; et il y a, en outre, la jeune fille qui est encore une ingénue, et il y a enfin, par exception, la jeune fille entièrement renseignée et qui est déjà presque une femme. (Ajoutez que, d'un autre côté, on découvrirait des femmes mariées qui sont encore, en quelque façon, des jeunes filles ; qui ont conservé, on ne sait comment et par un don singulier d'oubli, une âme virginale et même des sens d'enfant. C'est ainsi que le plus ou moins de science ou d'ignorance, le plus ou moins de sensualité ou de sentimentalité, ce qu'il peut y avoir, chez une vierge, d'instinctif ou de conscient, les mystères du corps et ceux de l'esprit, forment des mélanges et des combinaisons, fort agréables à regarder, mais souvent difficiles à définir... Et c'est à cause de cette variété de la flore humaine qu'il fait bon, en somme, habiter la terre...)

Molière a largement et puissamment décrit deux types extrêmes : Agnès et Henriette, celle qui ne sait rien et celle qui sait tout. Elles me plaisent fort toutes deux (surtout Agnès, par son âcre saveur de fruit sauvage), mais je ne prendrais pour femme ni l'une ni l'autre. Agnès est trop inquiétante par ce qu'il y a en elle d'involontaire et d'inconnu ; et quant à Henriette... Eh bien, il me semble qu'elle a, sur les réalités du mariage, des notions par trop précises, et qu'elle en parle avec trop de tranquillité. La verdeur de ses répliques me suffoque ; et, lorsqu'elle demande ironiquement à Armande la permission d'imiter leur mère « du côté des *sens* et des *grossiers plaisirs* ; lorsqu'elle ajoute :

Mais vous ne seriez pas ce dont vous vous vantez
Si ma mère n'eût eu que de ces beaux côtés ;
Et bien vous prend, ma sœur, que son noble génie
N'ait pas vaqué toujours à la philosophie ;

oh ! je sais bien tout ce qu'on a coutume de dire ; je sais que la bravoure de ces propos est justement la marque d'un esprit droit et d'une âme saine et merveilleusement équilibrée ; mais, j'ai beau faire, ces insistances de langage (« *sens, grossiers plaisirs* » et, plus loin, « *les bassesses* à qui vous devez la clarté »), les images que je sens s'élever nécessairement dans l'esprit de celle qui parle ainsi, et enfin ce regard hardi jeté, par façon de plaisanterie, dans l'alcôve maternelle (je dis les choses comme elles sont), tout cela me semble d'une étrange grossièreté, et qui me répugne absolument. De duvet à l'âme, cette bonne Henriette n'en a pas pour un sou. Elle n'en a pas plus qu'une fille de ferme élevée parmi les bêtes ou qu'une étudiante qui vient de passer son doctorat en médecine... Oh! le charme mystérieux des petites vierges! oh! leurs rougeurs, leur ignorance parfois troublée de pressentiments incomplets qu'elles n'osent s'avouer à elles-mêmes ! le don merveilleux qu'elles ont de ne pas comprendre, et pourtant de frissonner à ce qu'elles ne comprennent point, et de fuir et de désirer ce qu'elles ignorent !... En réalité, Agnès et Henriette sont des « cas » intéressants : ni l'une ni l'autre n'est « la jeune fille ». J'ose presque dire que « la jeune fille » ne se trouve point dans le théâtre de Molière : car les autres, les Luciles, les Elises, les Mariannes et les Angéliques, ne sont que des amoureuses, tendres ou délurées, point énigmatiques, dont toute la fonction est d'aimer Clitandre et, la plupart du temps, de s'entendre avec lui pour berner quelque imbécile de père.

Où donc la trouverons-nous, la jeune fille? Sera-ce au dix-huitième siècle? Point. La gentille et touchante Chloé du *Méchant* mise à part, ce sont toujours les mêmes Angéliques et les mêmes Luciles. Ce qui appartient le plus en propre au dix-huitième siècle, c'est peut-être l'ingénue sournoise ou dévergondée, l'ingénue de Dancourt ou de Marmontel, Fanchette et Chonchette ; fausses innocentes, d'une ignorance frétillante et vicieuse, et dont chaque naïveté éveille une idée folâtre dans l'esprit des spectateurs. La jeune fille du dix-huitième siècle, c'est toujours, plus ou moins, la petite à la cruche cassée.

De nos jours, en haine de la fadeur et de la convention, on a mis au théâtre ou dans les romans (et je ne dis point que cette innovation ne corresponde à un changement dans l'éducation des femmes) d'innombrables jeunes personnes, les unes ignorantes à demi et les autres terriblement informées, mais qui ont toutes pour signe commun la franchise délibérée, la hardiesse garçonnière des façons. Cela va depuis les jeunes filles d'Augier et de Dumas jusqu'à Mademoiselle Loulou, en passant par Renée Mauperin et Edmée de Saint-Alais. Et je me demande si l'on n'est point retombé ainsi dans une autre espèce de convention.

Non, car elles sont vivantes. Nous en rencontrons quelquefois, autour de nous, qui leur ressemblent. Ce sont « des jeunes filles ». Mais, encore une fois, la jeune fille, celle qui représente le type moyen de l'espèce, provinciale plutôt que parisienne, au cou-

vent jusqu'à dix-sept ans, puis cousue aux jupes de
sa mère... où donc est-elle ?... Ne me méprisez pas
trop : mais j'ai soupçon que la vraie jeune fille est,
au bout du compte, celle de M. Scribe. On s'est fort
moqué d'elle. C'est à tort. Elle est timide ? elle est
sotte ? elle est insignifiante ? elle est nulle ? Elle a
l'air d'une poupée articulée qui dit : « Papa, maman ! »
et qui joue *les Cloches du monastère ?* Mais c'est par là
qu'elle est vraie. Elle ne l'est qu'à la condition de nous
rester close, puisque, justement, l'impossibilité de pé-
nétrer les secrets d'une âme féminine de dix-huit ans,
le sentiment d'une sorte de mystère inviolable, font
partie de l'idée que nous avons de la jeune fille. Moi,
l'ingénue bêlante ou sautillante de M. Scribe me ravit. On sent qu'il y a en elle tout un monde ignoré de
sentiments, — ou que peut-être il n'y a rien du tout.
Les deux opinions sont plausibles. Je ne dis point
que la Fernande d'Augier, la Marcelle de Dumas
ou la Renée des Goncourt ne sont pas vraies : je
dis que la jeune et exquise idiote du théâtre de
Madame est d'une vérité bien plus générale. Et si
elle vous paraît, au contraire, ridiculement conventionnelle, je vous répondrai par une pensée de
M. Louis Depret, que j'emprunte à son petit livre :
De part et d'autre, et qui me paraît d'une nouveauté
profonde :

« Il y a bien plus de personnages de convention
dans la nature et dans la société que dans l'art. Quoi
qu'on dise, et malgré son étiquette de convenu, c'est

l'Art qui est forcé de reproduire les mannequins sociaux... afin d'être accueilli. De là, le très sincère succès humain et général d'ouvrages que les artistes déclarent artificiels. »

THÉATRE LIBRE

Théatre-Libre : *l'Amante du Christ*, scène évangélique, par M. Rodolphe Darzens.

29 octobre 1888.

Si j'étais prêtre catholique, un de mes chagrins serait de voir ce que les artistes et les littérateurs ont fait de l'histoire de Jésus et de Madeleine.

Dans l'*Evangile*, c'est très simple, très touchant, très pur, — et très court. Toute cette histoire tiendrait en une page. Un jour que Jésus soupait chez Simon le pharisien, une femme de mauvaise vie vient s'agenouiller à ses pieds, les arrose de larmes, les essuie avec ses cheveux, puis y verse des parfums. Et Jésus dit à Simon : « Beaucoup de péchés lui seront remis parce qu'elle a beaucoup aimé ». Puis la femme s'en va sans rien dire. — Cette femme, si l'on en croit la tradition, était la même que Marie, sœur de Marthe et de Lazare. Et, quelque temps après, nous la retrouvons chez Lazare, toujours aux pieds de Jésus, toujours silencieuse et l'écoutant. Après la mort de Lazare, elle tombe aux pieds de

Jésus (toujours!) et ne lui dit que ce mot : « Seigneur, si vous aviez été ici, mon frère ne serait pas mort. » Elle suit Jésus le jour de son supplice : elle est debout au pied de la croix. Le surlendemain, elle se rend à son tombeau, s'aperçoit qu'il est vide et, se retournant, elle voit Jésus qu'elle prend d'abord pour le jardinier. Alors Jésus, lui adressant directement la parole pour la première fois, lui dit : — « Marie ! » et elle répond : « Maître ! » Et Jésus lui dit : « Ne me touche pas ; mais va trouver mes frères et dis-leur ce que tu as vu. »

C'est tout, et certes c'est assez. Ce fait, que le Sauveur a absous une femme publique et l'a eue pour amie, est éminemment significatif. C'était une grande nouveauté morale. Lacordaire l'explique éloquemment dans son histoire de *Sainte Marie-Madeleine*. « On se demandera pourquoi le divin Maître des âmes a voulu choisir pour l'aimer de préférence une pauvre pécheresse, et nous la léguer à nous comme le plus touchant exemplaire de la sainteté. La raison n'en est pas difficile à entendre : l'innocence est une goutte d'eau dans le monde, le repentir est l'océan qui l'enveloppe et qui le sauve. » (Lacordaire n'a pas toujours la métaphore très sûre.) « Il était donc digne de la bonté de Dieu d'élever le repentir aussi haut que possible, et c'est pourquoi, dans l'Ancien comme dans le Nouveau Testament, il a mis sous nos yeux un modèle accompli de réhabilitation par la pénitence : David et Marie-Madeleine. » Puis, il montre que, de ces deux grandes figures de la pénitence, la seconde est la plus divine : « D'abord, c'est une femme, c'est-à-dire l'être en qui la souillure est le plus irrémédiable, et cette différence entre l'Ancien et le Nouveau Testament est à elle seule un progrès sublime dans la miséricorde. Ce n'est plus l'homme qui est racheté par le repentir, c'est la femme. Aucune femme flétrie par le vice n'avait été rendue grande avant Jésus-Christ : Jésus-Christ seul l'a fait..... Marie-Madeleine n'a eu que ses larmes, mais elles coulaient sur les pieds du Sauveur.... Humble et cachée après avoir trouvé grâce, *elle ne s'éloigne pas des pieds qui l'ont purifiée..* Séparée de ce maître, l'unique objet de sa vie..., *elle ensevelit en un antre inconnu ses souvenirs et son âme. Elle meurt enfin d'amour,* en recevant d'un évêque envoyé de Dieu la chair sacrée du Fils de Dieu. »

Il ne faut qu'adorer. Lacordaire lui-même commente trop. Sa vie de Marie-Madeleine devient une sorte de roman divin de l'amitié. Il démontre que la créature que Jésus a le plus aimée, ce n'est point Lazare, ce n'est point Marthe, ce n'est même pas saint Jean l'Evangéliste, c'est Marie de Magdala. Il a, à propos de l'histoire de la résurrection de Lazare, des remarques d'une finesse exquise, mais un peu imprudente : « La vue des larmes de Madeleine touche Jésus, et il pleure lui-même. Jusque-là il s'était contenu ; *devant Marie sa faiblesse éclate.* » Et plus loin : « Il y avait donc dans Marie... *une plus grande action sur le cœur de Jésus.* » Et alors une question nous brûle les lèvres, une question que le saint religieux ne s'est point posée (car elle est presque impie), mais que tout son livre nous suggère : « Que le plus grand ami de Jésus ait été une amie, — et que cette amie ait été une femme souillée... d'où vient cela ?... Et qui dira (je tremble à écrire ces mots) si quelque chose de l'attrait mystérieux du sexe ne subsistait pas, purifié et angélisé, dans cette amitié surnaturelle ? » J'ai grand'peur que le ressouvenir de la beauté mortelle et de l'ancien métier de Marie ne rende périlleux et aisément sacrilège tout essai de définition des sentiments qui unissaient à son Sauveur la pécheresse rachetée. Ce ressouvenir, l'imagination si chaste du grand dominicain n'y échappe point entièrement : « Tout en pleurant, Marie laisse tomber ses cheveux autour de sa tête et, faisant *de leurs tresses magnifiques* un instrument de sa pénitence, elle essuie *de leur soie humiliée* les larmes qu'elle répand. C'était la première fois qu'une femme condamnait ou plutôt consacrait sa chevelure à ce ministère de tendresse et d'expiation. » Oh ! ces cheveux de la pécheresse, ces cheveux trop beaux, trop longs et trop lourds !... Pourquoi nous les étaler ? Nous avons beau faire, il y a pour nous une volupté dans ces images extérieures de la pénitence de Madeleine. Au moment même où son cœur se purifie et se renouvelle dans l'amour divin, l'appareil même de son repentir continue de trahir Marion dans Marie, et Madeleine, c'est encore Madelon... Non, nul de nous, hommes de chair, n'est assez pur pour concevoir ces choses sans trouble, et je comprends maintenant que la formidable orthodoxie de M. Barbey d'Aurévilly ait repoussé, comme amollissant, le livre du candide Lacordaire.

Mais ce qui fait que les âmes pieuses et croyantes hésitent devant leur pensée pour ne point profaner un mystère, c'est cela même qui a toujours fait la joie des artistes et des littérateurs, et généralement de tous les païens (et Dieu sait s'il y en a, même parmi ceux qui ont été baptisés!). Et ainsi l'épisode le plus touchant de la vie du Sauveur, et l'on peut dire le plus divin, si la divinité se mesure à la puissance de la miséricorde, est celui qui a inspiré aux hommes, dans la suite des âges, les rêveries les plus voluptueuses et les fantaisies les plus antichrétiennes.

D'abord, que Madeleine ait été si belle, qu'elle ait commencé par faire le métier que vous savez, et qu'une légende naïve ne lui ait laissé, même à la Sainte Baume, pour vêtement que ses cheveux (toujours ces cheveux!)... quelle aubaine pour les peintres! Obstinément, ils se sont plu à nous rappeler qu'elle conserva jusqu'à la fin, dans sa pénitence, le costume de sa perdition; et, depuis le Titien jusqu'à M. Henner, ils nous ont livré en pâture des « Madeleines au désert » qui ressemblaient parfaitement à des Vénus couchées. En sorte que la première et la plus illustre héroïne de la pénitence chrétienne est de toutes les figures historiques et légendaires celle dont le souvenir a fait s'épanouir sur la toile le plus de nudités et les plus complètes, et qu'ainsi elle a continué à faire ici-bas en quelque façon, la pauvre sainte! ce qu'elle faisait avant la rencontre de Jésus.

Puis, les littérateurs et les poètes de notre temps s'en sont mêlés. Cette espèce de roman qu'ils croyaient découvrir aux origines du christianisme les ravissait, les rendait pleins d'indulgence pour la religion de leurs mères. L'aventure de Marie-Madeleine « rachetée par l'amour », c'était, pour ces surprenants chrétiens, quelque chose comme le prototype de l'histoire de Marion Delorme ou de la Dame aux Camélias! Vous vous rappelez ces profanations romantiques. (Mon Dieu! pardonnez-leur, car ils ne savaient ce qu'ils faisaient!) Dans le *Tableau d'église* d'Alfred de Musset, un « enfant du siècle » interroge l'image peinte du Christ :

« Oh ! si au fond de ton âme, si dans les derniers et secrets replis de ta pensée, le Doute, le Doute terrible... si toi-même tu ne croyais pas à cette immortalité que tu prêchais; si l'homme, l'homme criait alors en toi!... Et pas un être au monde ne savait ta pensée... Et dans cette nuit terrible des Oliviers, oh! devant qui t'agenouillas-tu? Qui l'a su ? Qui le saura jamais ?... Quoi ! pas un être !... »

« A cette parole je m'arrêtai... Une douce mélodie

se fit sentir à mon oreille, et j'entendis chuchoter : *Maria Magdalena!* »

Dans *la Fin de Satan*, de Victor Hugo, c'est autre chose, et c'est encore, au fond, la même chose. Ayant appris que celui qu'elle aime est en danger, Marie-Madeleine se glisse un soir vers la maison de Marie, mère de Jésus :

Elle regarde à gauche, elle regarde à droite
Et marche. S'il faisait moins sombre au firmament,
On pourrait à ses doigts distinguer vaguement
Le cercle délicat des bagues disparues...

Elle entre et dit à Marie :

Il faut que ce soir même il fuie, et que jamais
Il ne revienne, ô mère ! et, si tu le permets,
Je vais l'emmener, moi ! Ces prêtres sont infâmes!
Manquer sa mission, ne point sauver les âmes,
Que nous importe, à nous les femmes qui l'aimons !...
Qu'il renonce au rachat des hommes, sa chimère!...
Laisse-moi l'arracher à son affreux devoir! etc...

Et dire que ce vieux goût romantique pour Marie-Madeleine est peut-être tout ce qui reste de christianisme à la plupart de nos contemporains !...

THÉATRE-LIBRE : *Rolande*, drame en quatre actes, en prose, de M. Louis de Gramont.

12 novembre 1888.

La moitié d'un bon drame, simple, véridique, robuste, à la Becque, — et moral ! ah ! épouvantablement moral ! beaucoup plus moral que *l'Abbé Constantin !* — puis, quelques scènes de mauvaises mœurs, un peu à la façon des *Bas-fonds* d'Henry Monnier ; enfin, un dénouement *express* et cornélien... voilà de quoi se compose la pièce imparfaite, mais distinguée, de M. Louis de Gramont.

Au premier acte, la comtesse de Montmorin est en train de mourir. Elle meurt du libertinage de son mari, libertinage ignominieux de quinquagénaire, aveugle et fatal comme une maladie. En ce moment même, tandis que, haletante sur ses coussins, elle sent l'asphyxie venir, Montmorin s'attarde chez sa dernière maîtresse, une Madame Rixdal, chez qui il a passé la nuit. La mourante le sait. Elle fait approcher sa fille Rolande, lui confie la triste vérité, et que déjà elle a laissé entamer sa propre fortune pour payer les dettes de son mari. Elle fait jurer à la jeune fille de veiller sur son père, de protéger son petit frère Lucien et de défendre l'honneur de la maison.

Montmorin rentre là-dessus. Il n'est pas méchant, le malheureux ! C'est, du reste, un monsieur considérable, très décoré, ancien officier de marine, haut fonctionnaire au ministère des colonies... « Tu sais bien que je n'aime que toi », dit-il à sa femme. Et il dit vrai ! Il se repent, implore son pardon, promet de rompre avec Mme Rixdal. Et il est sincère ! Ah ! misère de nous !

La pauvre femme le croit, ou fait semblant. Elle s'apaise et peu à peu s'endort. Une servante paraît. C'est une femme de chambre entrée le matin même dans la maison. « Savez-vous que vous êtes gentille ? » lui dit Montmorin. La fille sourit. « On a dû déjà vous le dire, que vous étiez gentille ? — Dame ! oui. Mais c'étaient des ouvriers ou des domestiques qui me le disaient, et alors ça m'était bien égal... Ah ! si c'était quelqu'un de bien !... » Montmorin l'interroge sur ses rêves d'avenir. Elle voudrait être gantière dans un passage, puis, quand elle serait riche, se retirer à la campagne. Pour cela, il faudrait d'abord que ses gages fussent doublés.— « Ils le seront, mon enfant. » Montmorin la lutine, l'attire sur ses genoux... Tout à coup, un grand cri ! La malade a tout vu, tout entendu. Elle retombe sur ses oreillers, morte...

Montmorin pleure très sincèrement sa femme.... et

continue à vivre comme devant. Une vieille Macette, Mme Mitaine, qui est usurière par-dessus le marché, et qui lui prête de l'argent (car Mme Rixdal lui coûte cher), vient lui proposer ce qu'elle appelle du « nanan ». Ce nanan, c'est une fillette de quatorze ans, Thérésine Putois, dite Zizine... Montmorin refuse, mais du ton d'un homme qui accepte. « Je vous enverrai la jeune personne, dit Mme Mitaine ; cela ne vous engagera a rien. »

Cependant Rolande, âme sérieuse et virile, se souvient du serment fait à sa mère. Pour mieux se dévouer à sa tâche, elle refuse sa main à un honnête garçon qu'elle aime et dont elle est aimée. Forcée par son père de recevoir Mme Rixdal, qui voudrait la marier pour s'installer à sa place dans la maison, elle dit son fait à l'intrigante et la met à la porte. Ici, une fort belle scène entre le père et la fille. Le digne érotomane, soulevé par une colère de vieux faune qui ne se contient plus et que guette le gâtisme, balbutie des menaces... Avec une noble tristesse et une héroïque fermeté, Rolande répond qu'elle fera son devoir. « Et si je te chassais ?... — Oh ! cela, je vous en défie ! »

Le vieil enfant, resté seul, lâche un gros juron. (Cette brutale exclamation, cette naturelle remontée d'ignoble colère aux lèvres molles du vieux suiveur correct et décoré, ne m'eût choqué en aucune façon, si elle n'eût quelque peu détonné avec la scène précédente, qui est presque trop « écrite ».) Entre alors

Zizine Putois, le petit trottin, nez retroussé, dents de loup, cheveux sur les yeux, grêle et pourtant déjà formée, le parler gras, — comme les pavés où elle a poussé, — fleur de ruisseau, vierge et pourrie, mais gardant encore dans son vice (elle a quatorze ans) des étonnements et des gentillesses de petite fille. « C'est rien chouette, ici ! » Telle est sa première phrase. Tout ce dialogue est d'une vérité choisie, ramassée, expressive...

Le reste peut se conter en deux mots. Montmorin, attiré dans un guet-apens par Putois, père de Zizine, par son frère Victor Putois, dit « la Saucisse », et par Mme Mitaine, qui est la propre tante de la jeune personne, ne s'en tire qu'en signant pour 60,000 fr. de billets. Moyennant quoi, on lui laisse Zizine... C'est le troisième acte. Ce n'est point pour sa hardiesse que je l'admire. Je serai hardi quand on voudra, c'est à la portée de tout le monde. Mais il est remarquable par la précision et la sûreté dans la transcription des ignominies ; et il a, comme le reste de la pièce, ce grand mérite d'être tout en action.

Montmorin a disparu depuis des mois, quand Putois apporte à Rolande le billet à payer. La pauvre fille n'a plus le sou... Elle apprend alors que son père se cache avec Zizine dans une maison de campagne aux environs de Paris. Et, tandis que Putois, menaçant, va prévenir la police, Rolande arrive la première auprès de Montmorin et lui tend un revolver. Le malheureux comprend, — et se tue, — non sans quelques phrases sur l'honneur et sur son passé de vieux marin.

Si je m'en rapportais aux règles de l'ancienne poétique (et il faut bien que je m'en tienne à celle-là, tant que je ne serai pas sûr que la nouvelle nous a donné des chefs-d'œuvre), je dirais que le drame de M. Louis de Gramont me paraît dévier au beau milieu de son développement. Je dirais que le vrai sujet de ce drame est évidemment la lutte du père et de la fille ; que M. de Gramont a fort heureusement renouvelé la vieille histoire du baron Hulot en substituant à la baronne trop résignée l'énergique Rolande, protectrice de son jeune frère, gardienne du foyer, gardienne de l'honneur du nom; mais que, cette lutte singulière et vraiment tragique, il n'en est vraiment plus assez question à partir du troisième acte. Après un premier engagement, Rolande disparaît, pour ne plus reparaître qu'au dénouement. J'aurais voulu, dans l'intervalle, d'autres rencontres entre la fille et le père. De les motiver et d'en graduer les effets, c'était l'affaire de l'auteur, et je ne dis point que ce fût facile. Il m'eût plu de voir Rolande traverser divers états d'esprit, et peu à peu, parmi des doutes et des déchirements de conscience, passer, par piété filiale, de la fermeté résignée du commencement à l'indignation désespérée et à la sainte impiété de la fin. Et j'aurais aussi aimé que Montmorin ne fût point perdu, irrévocablement perdu dès le second acte, qu'il pût avoir encore, dans quelque scène avec sa fille, un suprême réveil de tendresse humble et repentante, et que, avant de retourner à sa fange pour jamais, il eût ce mouvement, de se réfugier auprès de cet ange et de se mettre lui-même sous sa garde... Que sais-je, moi ? Mais voilà ! Montmorin est, au premier acte, tel qu'il sera au dernier. Nous sentons, dès le début, qu'il n'est déjà plus partagé entre son vice et ses sentiments de père et d'époux. En réalité, il demeure immuable. Son cas est proprement pathologique. Il n'y a donc pas grand'chose à en faire au théâtre, car le théâtre vit de mouvement. Ou bien il fallait que Rolande surgît au premier plan, que tout l'intérêt fût concentré sur elle. Au lieu de cela, à partir du second acte, c'est son incurable père qu'on nous met presque uniquement sous les yeux. Le mouvement est bien encore dans chaque scène en particulier : il n'est plus dans l'ensemble de l'œuvre.

Et l'auteur a si bien pris soin d'éteindre chez ce misérable Montmorin jusqu'à la plus petite lueur de sa conscience d'autrefois, que je m'étonne, en vérité, de le voir retrouver si subitement, à la fin, le sentiment de l'honneur et le courage de mourir. Non, non ! tel qu'on nous le montre, il n'est pas possible qu'il lui reste assez de vertu pour se tuer. Tout à l'heure, il versait sur Zizine des larmes d'idiot... Je m'attendais à le voir pleurer et trembler de peur devant Rolande, et la supplier de ne pas lui faire mal, et s'affaler sur les marches du perron... Dirai-je toute ma pensée ? Oui, c'est Rolande qui devrait le tuer, — au moment où les gens de police ouvriraient la grille. C'est cela qui serait crâne ! Et je vous assure qu'en insistant davantage sur le caractère de la jeune fille, en nous découvrant plus à fond ses sentiments et ses souffrances, on nous eût fait accepter ce parricide. Ne le croyez-vous pas ?

Je disais tout à l'heure : « Si je m'en rapportais à l'ancienne poétique... » Il faut être sincère. On découvre de temps en temps qu'elle a produit d'ineffables sottises, l'ancienne poétique, celle de la pièce « bien faite » et de l'optimisme ! Des sottises si nauséabondes qu'elles me réconcilient presque avec *Esther Brandès*, *la Pelote* et *Monsieur Lamblin*. Mon gracieux ami Jacques du Tillet nous donnait ces jours-ci dans le *Gaulois*, à propos de *Rolande*, l'analyse de *Madame Marneffe*. C'est un « drame-vaudeville » (!) tiré de Balzac par Clairville et joué au Gymnase en 1849. Mme Marneffe est devenue un ange de pureté, qui se donne les apparences d'un monstre parce qu'elle a une double vengeance à poursuivre. Elle veut venger sa sœur, autrefois séduite par Hulot, et son père, autrefois dépouillé par Crevel (je vous dis les choses tout en gros et à peu près). C'est pourquoi elle se plaît à faire souffrir et à plumer les deux vieux messieurs. Mais, à la fin, elle pardonne à tout le monde. Elle épousera son petit camarade d'enfance, le Brésilien Montès ; et Marneffe, qui n'est point son mari et qui ne l'a jamais touchée du bout du doigt, sera son garçon d'honneur ! La forme est plus prodigieuse encore que le fond. Je ne choisis pas : je prends la première scène. Mlle Hortense Hulot se marie. Mais, tandis que ses demoiselles d'honneur s'empressent joyeusement autour d'elle, Mme Hulot (Adeline) est inquiète, et le jeune Victorin Hulot reste sombre : c'est qu'il vient d'apprendre que son père est ruiné. Et la scène, évidemment dramatique dans la pensée de l'auteur par le contraste de cette joie et de cette douleur, se termine par ces flons-flons :

HORTENSE.

Terminons ma toilette,
Car je veux aujourd'hui,
Et sans être coquette,
   Plaire à mon mari.

LES DEMOISELLES.

Terminons sa toilette,
Elle peut aujourd'hui,
Sans paraître coquette,
   Plaire à son mari.

CREVEL, ADELINE.

Terminez sa toilette, etc.

VICTORIN.

Sa ruine est complète ;
Et je veux aujourd'hui
Conjurer la tempête
   Qui gronde sur lui.

A côté de conventions de cette force, celles de notre théâtre classique ne sont rien, et la tragédie même apparaît comme un genre d'un réalisme effréné. Et tout le reste est à l'avenant. Notez que *Madame Marneffe* est assurément une pièce « bien faite », qu'elle fut donnée sur le théâtre de feu Montigny, ce parangon des directeurs, et que Mme Rose Chéri y jouait le principal rôle... Je prends ma tête dans mes mains et je me dis (j'en ai des sueurs froides) : « Je sais bien qu'on ne se connaît jamais soi-même, mais voyons ! répondez-moi, rassurez-moi ! est-ce que nous sommes, à notre manière, aussi bêtes que ça ?... Non, non ! cela n'est pas possible ! »

Je vous disais aussi que *Rolande* était une pièce extrêmement morale. Cela veut dire qu'elle l'aurait été si nous l'avions voulu. Car la moralité d'une œuvre dépend presque toute des spectateurs ou des lecteurs. Or, *Rolande* a été accueillie par une partie de l'auditoire avec une parfaite hypocrisie, et par l'autre avec une bonne humeur très peu austère. Tandis que les Zizines de tout ordre et de tout âge se récriaient d'horreur derrière leurs éventails, nous nous conjouissions, nous, les sincères, justement parce que « c'était raide ». La voilà, la vérité ! Il s'ensuit que nous ne sommes pas sortis de là notablement meilleurs. Pourquoi ne pas nous confesser ? Dire que les écrivains s'imposent le rude devoir de décrire littérairement nos turpitudes à seule fin de nous en dégoûter, c'est une bonne plaisanterie. Le fait est (et ici je ne parle plus pour M. de Gramont, dont l'œuvre est honnête et dont certaines complaisances dans la description des mauvaises mœurs sont rachetées par l'invention d'une aussi noble figure que Rolande), le fait est que, depuis une quinzaine d'années, il y a eu, dans cette génération, comme une recrudescence d'une certaine espèce de tentations et d'obsessions. Je ne crois pas qu'à aucune époque de notre histoire les aventures de ce qu'on a appelé le sixième sens aient tenu une place si énorme dans notre littérature. Il ne se passe pas de semaine où je ne reçoive des livres qui ne racontent que cela. Et ils le racontent avec des insistances telles, qu'on se demande dans quel état une pareille concentration d'esprit sur un seul objet, et sur cet objet-là, a pu laisser les auteurs. Il est des maladies que l'on aggrave en soi et dans les autres, en les décrivant trop, en en multipliant les images. Et le pire, c'est que ces obsessions et ces « hantises » sont tout ce qu'il y a de plus propre à dissoudre en nous la volonté, alors que, plus que jamais, nous aurions besoin de *vouloir*.

Encore une fois, je ne dis pas cela pour *Rolande*. Au contraire ! Car, si nous avions l'esprit mieux fait, nous aurions pu rapporter, l'autre soir, du Théâtre-Libre, une excellente leçon. Tous nous en connaissons, à des degrés divers d'abjection ou d'abrutissement, des barons Hulot et des comtes de Montmorin. Si chacun de nous disait ce qu'il sait ! Ce serait un curieux chapitre à écrire que celui-ci : « De l'influence des femmes, des petites femmes, sur nos affaires publiques. » Le gouvernement démocratique amenant nécessairement au pouvoir (et le pouvoir, c'est aussi l'argent) beaucoup d'hommes de cinquante ans (l'âge de la débauche) qui souvent ont eu jusque-là une vie mesquine et dure et qui ont hâte de prendre leur revanche et de « jouir », il s'agirait de déterminer dans quelle mesure l'abus des plaisirs faciles et la dépression physique qui en résulte chez des hommes déjà mûrs, agit sur leur intelligence et sur leur caractère et, conséquemment, sur notre politique générale, laquelle n'est pas brillante, comme vous savez. Il est fâcheux que cette enquête ne puisse être faite sérieusement.

GYP AU THÉATRE DES MARIONNETTES

SALONS DU HELDER : Théâtre des Marionnettes françaises *Tout à l'égout,* revue en quatre tableaux, par Gyp.

14 janvier 1889.

Je crois bien que cette soirée du Helder aura été la plus originale de la saison.

Le local : une longue salle de café, un boyau large de trois mètres; d'étroites tables de marbre courant de chaque côté; des habits noirs serrés coude à coude sur les banquettes le long du mur; çà et là, une tache plus claire, chapeau, corsage ou frimousse de femme; entre les deux rangées de tables, d'autres habits noirs, pressés, entassés sur des chaises placées dans tous les sens; beaucoup moins de chaises que d'habits; une mélée grouillante, inextricable et sombre, au-dessus de laquelle oscillent des plateaux chargés de verres et de flacons et portés à bout de bras par des garçons affolés; un nuage de fumée qui va s'épaississant, de la fumée de réunion électorale, une atmosphère de salle Graffard, aussi opaque et aussi fauve que si les messieurs empilés étaient des citoyens. On était très mal. Il était impossible d'être plus mal. On s'amusait beaucoup.

Et je ne parle que de l'endroit où on pouvait être assis !

Au fond, très loin, par delà la brume dorée, un petit théâtre flanqué des masques de Dumas et de Sardou et portant à son fronton cette devise simple et profonde : « L'art est aisé, mais la critique est difficile ». Comment résister à cela? Tout de suite je me sens vendu, corrompu, suborné, et, dès avant le lever du rideau, j'appartiens pieds et poings liés à l'auteur. Je crois de mon devoir de vous en prévenir.

La toile se lève. La scène représente les Champs-Elysées ; puis ce sera la place de la Bourse, puis les égouts, puis le sommet de la tour Eiffel. Les poupées sont amusantes : il y a Moïse, barbu et cornu ; Stendhal couronné de lauriers en papier doré; Claude Larcher et son monocle ; Rochefort et son toupet, Floquet et son chapeau ; le général et son cheval noir ; un ouvrerier ; un décadent ; M. Jeman-Heff (qu'on m'affirme être l'honorable M. Andrieux); M Edouard Drumont ; enfin Vénus et la France. Ces poupées sont articulées; les mâchoires de celles qui appartiennent au vilain sexe sont mobiles comme des castagnettes et menacent à chaque instant de se décrocher. Les amateurs distingués qui récitent les rôles dans la coulisse n'ont rien qui sente le Conservatoire et vous débitent cela à la bonne franquette. Ils ajoutent parfois au texte. A un moment, la jeune femme qui prête à Vénus sa voix pure et chantante, laisse échapper, entre deux répliques, un « Fichez-moi la paix ! » très nettement accentué ; et l'on se demande dans la salle quel incident mystérieux a bien pu provoquer cette interpellation familière.

Et la pièce ? Eh bien ! mais elle est exquise, très élégamment incohérente, sans queue ni tête, va comme je te pousse, d'une verve aventureuse, d'une grâce toute spontanée, avec des enfantillages et des mots trouvés, quelque chose de gentil, de fou, de désordonné, de crâne et d'imprévu. On y sent circuler le caprice inépuisable d'une petite âme indépendante, audacieuse et vivace. Bref, c'est du Gyp. C'est mieux qu'une revue : c'est la revue de Loulou, c'est l'abrégé turbulent des goûts et des antipathies de cette délicieuse et inquiétante ponette, la préférée de Gyp. On dirait que cette revue a été improvisée par Loulou dans les marges de son cahier d'histoire ou de géologie.

Voyons donc ce qu'elle pense de la comédie et des « marionnettes » contemporaines, cette gamine râblée et garçonnière, née d'un sang illustre et chaud, aristocrate de goûts et démocrate de cœur, librement élevée, l'esprit singulièrement éveillé par l'éducation d'aujourd'hui, curieuse, irrévérente, révoltée et touche-à-tout ; mais bonne, franche, d'un naturel parfait ou, mieux, tout près de la nature encore, avec des parties de culture excessive et une expérience et une ironie de « fin de race ». Un tempérament, je vous dis !

D'abord Loulou déteste Stendhal. Elle le déteste parce que la personne de ce grand écrivain lui paraît haïssable et ridicule, mais surtout par une irrésistible protestation de la nature contre l'esprit d'analyse et la manie du dédoublement, qui est en effet ce qu'il y a au monde de moins naturel et de moins spontané. Et c'est pourquoi elle nous présente l'auteur de *Rouge et Noir* comme un pur imbécile. Elle a trouvé ceci, de lui faire commencer toutes les âneries qu'elle lui prête par cette formule : « En ma qualité de psychologue, d'observateur et d'analyste... », ce qui est vraiment assez drôle la dixième fois.

Loulou déteste Stendhal au point de ne pouvoir souffrir Bourget. Et de cela, je ne lui fais pas mon compliment. Vénus traite Claude Larcher avec une désinvolture tout à fait désobligeante. « J'ai fait une remarque, dit à peu près Claude Larcher, c'est que la femme est menteuse. — Ta parole ? » répond Vénus, en lui riant au nez. J'engage Bourget à ne pas trop s'affecter de ces libertés aristophanesques. Il peut, d'ailleurs, se consoler par d'assez bonnes raisons ; se dire que la femme est ici dans son droit de légitime défense ; qu'elle a horreur d'être observée et définie ; que surtout elle n'aime pas qu'on se vante de la connaître, quand elle se connaît si peu elle-même ; se souvenir enfin du vers de Vigny sur Dalila, étonnée et furieuse

De se voir découverte ensemble et pardonnée.

Il pardonnera à Loulou en considérant qu'elle est dans le vrai ; que c'est l'éternelle nature qui se révolte dans cette Eve coiffée à la chien ; car, d'analyser tant les femmes, cela ne porte guère aimer, cela même peut tarir la force d'aimer, et la nature a besoin qu'on aime. Il se vengera de Loulou en la définissant, en la piquant et en l'étiquetant avec soin dans ses planches d'anatomie morale. Il songera enfin qu'il y a entre Loulou et Larcher une antipathie irréductible et foncière. N'est-ce pas Loulou qui disait un jour : « Moi, quand j'essaye de penser, ça m'en dort ? » Or, c'est la seule chose qui éveille Larcher. Comment voulez-vous qu'ils s'entendent ?

Loulou n'aime pas les poètes décadents. Elle nous en montre un qui ne paye pas de mine et qui a l'air d'un noyé très avancé sous son veston à carreaux. Ce jeune homme verdâtre nous parle de ses *énervances* et de ses *froissures*. et nous chante, sur l'air de Marlborough, une petite chanson dont je n'ai pu retenir que le commencement :

> Poète symboliste,
> Que mon âm', que mon âme est donc triste !

Vous devinerez sans peine pourquoi Loulou déteste les décadents : ce n'est pas, cette fois, parce qu'ils pensent trop.

Loulou déteste aussi M. Floquet. Je ne vous en dirai pas les raisons, la politique n'étant point de mon domaine. Elles se ramèneraient toutes, je pense, à cet amour du naturel et de la simplicité qui persiste, à travers ses erreurs et ses illusions de gamine, dans l'âme très saine de la petite Loulou. M. Floquet l'a très heureusement inspirée. Lorsque cet homme d'Etat, la tête éternellement renversée pour qu'elle soit mieux vue des étoiles, s'avance sur Vénus, et, d'une voix forte, lui jette : « Vive Monsieur Vulcain, Madame ! » il est évident que c'est là une variation géniale sur le thème fameux : « Vive la Pologne, Monsieur ! » et qu'on ne sait dans lequel de ces deux cris il y a le plus de grâce, de finesse et d'à-propos.

Enfin Loulou exècre les Beni-Israël et ne le leur envoie pas dire. Elle nous fait voir un Moïse baragouinant comme un marchand de lorgnettes, et qui finit par faire un trou dans la lune (sans métaphore ; la lune est en papier). Ai-je besoin de vous dire que j'ai des sentiments moins jeunes, — ou moins vieux, — que ceux de Mlle Loulou sur cette race si originale et dont les femmes sont si belles et ont tant d'esprit ? Mais enfin, je conçois très bien les préjugés de cette adolescente. Elle hait les juifs parce qu'elle se figure sans doute qu'ils représentent exclusivement le culte du veau d'or, et sa haine n'est ainsi qu'une générosité qui s'égare. Joignez à cela, si vous voulez, un rien de mode et de « chic ». Il était d'ailleurs fatal qu'à l'heure où l'absolue suprématie de l'argent serait définitivement établie, la race qui en détient, à proportion, la plus grande quantité devînt suspecte, et que cette lutte d'intérêts réveillât les germes hérités, et depuis longtemps endormis, des haines de race. A vrai dire, j'exagère l'importance de ce mouvement : mais ce que j'indique ici peut se vérifier du moins chez quelques individus. J'en sais en qui s'est rallumé, dans cette occasion, un feu qui semble venir des croisades. Je connais un gentilhomme catholique, noble comme Bragance, qui, ne pouvant supporter cette idée que Jésus fût un Juif, est parvenu à démontrer, par des arguments tirés de l'étude des langues, que le Christ était d'origine celtique ! Ce scrupule est d'une beauté qui dépasse tout : mais les préjugés de Loulou, moins bonne catholique, je crois, ne sont déjà pas sans noblesse.

Après les haines de Loulou, voyons ses sympathies.

Loulou, naturellement, aime M. Edouard Drumont. Elle lui prête des airs de paladin et fait fuir éperdument le baron Moïse devant sa bonne rapière. Mais, si elle exalte ce justicier, ce n'est point seulement en haine de ceux qu'il pourfend. Mlle Loulou, avec toute sa blague, est fort sensible aux apparences de chevalerie et d'héroïsme. C'est ainsi qu'elle a pu prendre Drumont pour un chevalier errant. Au fait, l'aveuglement forcené de sa passion, sa conception simplifiée et apocalyptique du monde contemporain, même l'évidence de son injustice et la probabilité de sa bonne foi, tout cela donne à ce journaliste un air de Croisé et, tour à tour, de moine ligueur, éminemment propre à séduire les imaginations de quinze ans. Et si, comme il le déclare, il a réellement fait le sacrifice de sa vie pour avoir la joie de soulager son cœur et de dire entièrement ce qu'il croit être la vérité, — y eût-il dans son fait un peu de cet involontaire cabotinage qui ne manque guère chez les fanatiques et chez les hommes de foi agissante, — son cas est assez particulier et suppose une énergie assez rare dans notre temps pour que nous hésitions à le juger et pour que Loulou n'hésite point à lui donner son cœur...

Loulou aime ensuite M. Henri Rochefort. Elle l'avoue en propres termes par la bouche de Vénus : « Je le gobe, moi, cet homme-là. » Ce qui la ravit chez l'homme de la *Lanterne* et de l'*Intransigeant*, c'est sa puissance de destruction. Elle lui fait chanter sur l'air de Méphisto :

Je suis Rochefort, le tombeur fidèle
De tout c'qui r'présente un gouvernement, etc.

Il faut considérer que Loulou est encore à l'âge ignorant, tumultueux et tourmenté par la croissance, où la révolte paraît inévitablement une forme séduisante du sentiment de la justice. Elle est du reste enchantée de voir que l'indiscipline de M. Rochefort a gardé, jusque sous la neige des ans, les mêmes allures que son insubordination d'écolière, et qu'il embête les ministères par les procédés dont elle use elle-même contre sa gouvernante anglaise. Et enfin (bien qu'il n'y ait qu'un vague rapport de destinée, — oh! combien vague! — entre le pamphlétaire à calembours et l'arrière-grand-oncle de M{}^{lle} Loulou) peut-être qu'une sympathie secrète émeut son sang, — noble et révolutionnaire à la fois, — en faveur du très brillant et très funeste marquis démagogue, si expert à attiser le brasier des haines populaires, — de loin, avec des pincettes et des gants.

Loulou aime également M. Andrieux. Elle le trouve « chic ». Elle l'aime en vertu du même instinct qui lui fait haïr M. Floquet. C'est que Loulou est bien de son temps, — de ce temps où l'ironie et le « je-m'enfichisme » sont devenus endémiques, — et que M. Andrieux représente supérieurement la « blague » dans la politique, — une blague d'homme du monde parmi les croquants, froide, pincée et bien mise, avec des moments de débraillé volontaire et concerté comme le reste. Si je ne me trompe, Loulou est séduite aussi par la tenue extérieure du personnage, par ce qu'il y a en lui du bretteur et de l'aventurier élégant, lancé dans la politique à peu près comme l'étaient autrefois certains cadets de famille dans les aventures de guerre et d'amour, de la même allure, avec la même insolence et les mêmes ressour ces... M. Andrieux lui plaît, parce qu'il lui fait un peu l'effet d'un d'Artagnan très farceur. C'est ainsi qu'elle prenait tout à l'heure M. Drumont pour un Croisé. Très « ancien régime » au fond, Mlle Loulou.

Et pourtant Loulou aime le peuple. Vous vous souvenez qu'un jour (voir la *Vie Parisienne*) elle traîna son père sur la place de la Concorde, en pleine cohue, pour voir passer le général en voiture, et que là, au grand scandale du digne gentilhomme, elle entra en conversation réglée avec un pâle voyou. Cette fois elle met en scène, avec une évidente sympathie, un ouvrrier qui nous explique entre autres choses, que la manifestation Baudin l'a dégoûté, parce que « c'était rien que des bourgeois ». On sent que la sœur de Bob, opprimée dans sa famille par un tas de règles et de convenances, s'ébroue avec délices comme un poulain échappé et qu'elle prend un infini plaisir à parler l'argot des faubourgs. Elle jouit de s'encanailler, sachant qu'elle s'encanaille, et justement parce qu'elle le sait. Je reconnais, d'ailleurs, que Mlle Loulou peut fort bien aimer le peuple par simple bonté d'âme, par un sentiment de justice, par dégoût des hypocrisies ou des « facticités » de la vie mondaine et riche... Mais ce goût pour le peuple peut être aussi un sentiment fort aristocratique, car il implique aisément un certain mépris des bourgeois... O Loulou, que de complications dans vos enfantillages !

Loulou aime le général Boulanger. Elle le raille

quelque peu, mais elle l'aime. Elle a quinze ans, ne l'oubliez pas. Elle doit goûter, en politique comme ailleurs, les conceptions simples (en apparence) et théâtrales. La politique du *Journal des Débats* doit être aussi odieuse à Loulou que la psychologie de Bourget.

Elle aime le général... peut-être pour rien et tout uniment parce qu'elle l'aime ; peut-être parce que les femmes, même en politique, veulent aimer, et que c'est toujours « quelqu'un » qu'elles aiment et que notre personnel d'hommes d'Etat (je parle de ceux qui sont au premier plan) n'offre vraiment pas grand choix à l'amour ; enfin, parce que Loulou subit le prestige de son panache, de son sabre, même du cheval noir dont elle se moque ; le prestige de la Force et celui de la Chance, le plus puissant de tous, parce que cette chance, on l'augmente rien qu'en y croyant, fût-ce malgré soi et fût-ce en ennemi...

Je devrais essayer maintenant de ramener à quelque semblant d'unité les sentiments manifestés par Loulou dans sa capricieuse Revue. Mais elle me rirait au nez si, non content de m'être livré sur sa mobile personne à de présomptueuses tentatives d'analyse, je prétendais maintenant la synthétiser ! Je remarque seulement que cette moqueuse n'est point une mièvre ; que son esprit, que sa blague même est comme une fleur de santé ; qu'elle pousse jusqu'à la plus gaillarde injustice l'amour du naturel, et que, vaillante et laborieuse, ivre de mouvement, toute tortillée elle-même de la joie de vivre, toutes ses sympathies vont aux plus énergiques manifestations extérieures de la vie. Et ainsi (laissez-moi cette illusion), il m'a plu de retrouver dans cette mauviette parisienne l'âme héritée d'une famille d'hercules, et de reconnaître, à des signes inattendus et détournés, mais assez clairs pour qui sait voir, le sang toujours bouillonnant d'une forte race dans la dernière fantaisie écrite de la petite-fille de Mirabeau-Tonneau.

VICTORINE DEMAY

Elle nous manquera beaucoup, surtout au printemps prochain, à l'heure où les honnêtes gens vont s'asseoir, aux Champs-Elysées, sous les feuillages délicieusement éclairés par des guirlandes de verres lumineux, et là, dans la douceur du soir, écoutent chanter des choses qui ne forcent point à penser.

Elle apparaissait, vaste et cordiale, opulente et gaie. Et tout de suite un frisson de plaisir parcourait la foule. Toute sa copieuse personne était pétrie de joie. Vous vous rappelez ces yeux luisants, cette bouche élastique et généreuse, ce nez bon enfant, ce petit paquet de cheveux noirs frisottés si drôlement planté sur son front, et cette bonne figure ronde, toute ronde, si ronde qu'elle donnait envie de promener sa main dessus et de s'en emplir la paume. Vous vous rappelez cette voix si franche, si claire, qui vous entrait si nettement dans l'oreille, cette articulation irréprochable, cette diction, enfin, si mordante et si juste.

Et vous vous rappelez les gestes de ces gros bras courts, et ces ardeurs, et ces pudeurs, et ces façons de secouer la tête ou de se la rentrer dans les épaules, et cette parfaite tranquillité, ce *minimum* de mouvement extérieur dans la plus irrésistible bouffonnerie. Par là, par cette sobriété de moyens et à la fois cette puissance d'effet, Victorine Demay atteignait souvent au grand art, au « style. » Classique, elle l'était, dans son ordre, autant en vérité que les plus doctes sociétaires de la Comédie-Française.

Et savez-vous pourquoi nous l'aimions? C'est qu'en face de Paulus, en face de l'art américain, de l'école de la diction brutale et *sans nuances*, et de la chanson à demi-clownesque et acrobatique, elle représentait, elle, l'école et la tradition purement françaises. Et c'est ainsi que Victorine Demay était en train de devenir, comme autrefois Thérésa, une institution nationale.

Ce qu'elle chantait? Oh! n'importe quoi! Elle nous confiait qu'elle cassait des noisettes en s'asseyant dessus, que son amoureux louchait, ou bien qu'elle adorait un charcutier, ou bien encore elle blaguait Ernest, ou lui donnait des conseils... Mais, ce qu'elle exprimait partout et toujours avec un naturel et une ampleur admirables, c'était (quelles que fussent d'ailleurs les paroles de la chanson) l'esprit et la gaieté des rues, l'ironie et plus encore la cordialité et la belle humeur du peuple de Paris.

Elle-même était une très bonne femme, très simple et très peuple. Permettez-moi ici l'innocente vanité d'un « souvenir personnel ». C'était un dimanche, et j'avais absolument besoin de lui parler (vous saurez pourquoi tout à l'heure). Mais je ne la trouvai pas chez elle et ne pus la voir que dans la soirée, au café-concert, entre deux chansons. Elle déplora, avec beaucoup de bonne grâce, que je me fusse dérangé inutilement, et elle ajouta :

— C'est que, voyez-vous, tous les dimanches, quand il fait beau, je vais manger une friture quelque part avec mon époux.

Mon Dieu ! je ne vous donne pas cela pour un propos d'une haute originalité. Mais, ce mot qui sent si bien le Paris populaire : « mon époux », elle le dit avec un naturel et un comique merveilleux, avec un accent où il y avait de la malice, de la blague, de la bonté d'âme aussi — et une grande joie d'être au monde... Ce mot, dans cette bouche, devenait impayable. Elle avait un don.

*
* *

Ne dites point que ce sont là bien des mystères, et ne croyez pas qu'il y ait de l'excès ou de l'affectation et de la gageure dans mon admiration pour cette grosse et aimable créature qui chantait si drôlement. Ne vous scandalisez point non plus qu'une simple diseuse de chansons souvent ineptes ait été célébrée par plus d'articles nécrologiques que n'en obtiennent des hommes d'Etat même éminents et des littérateurs même distingués. Ne tombez point dans ce travers de vous indigner que des comédiens et des histrions soient plus glorieux de leur vivant, — et vingt-quatre heures après leur mort, — que la plupart des grands écrivains, des grands artistes ou des grands philosophes. Et n'ayez pas l'enfantillage de trouver de l'injustice dans cette différence de traitement.

Le talent de faire de beaux vers, de belle prose, de belles statues, et même le talent de gouverner les hommes est, dans son principe, un don tout aussi gratuit que la souplesse du gosier, le charme de la voix, la force ou l'agilité du corps. En bonne logique, M. Renan ou M. Pasteur n'ont pas plus de mérite à avoir du génie qu'une femme à avoir de la beauté ou qu'un ténor à avoir un certain timbre de voix et un certain *ut* de poitrine. Tous ces dons étant pareillement involontaires chez ceux qui les possèdent, nous avons parfaitement le droit de les honorer dans la mesure où nous en jouissons, sans nous soucier du reste.

Que si peut-être nous sommes tentés de rendre aux talents tout extérieurs et physiques un hommage démesuré, rien de plus légitime encore. Nous sentons obscurément qu'une sorte de compensation leur est due. Il est absolument juste que la gloire soit plus bruyante et plus sensible lorsqu'elle n'est que viagère...

Oui, c'est vrai, la pauvre Demay n'était qu'une humble femme. Elle avait une voix, une tête et, comme on dit, un tempérament, voilà tout. C'est peu de chose, si vous voulez, et même ce n'est rien. Mais ce rien nous ravissait, ce rien était inestimable — et ce rien n'est plus... Et précisément parce qu'il n'est plus, parce que cette créatrice de gaieté est morte tout entière et que nul ne se souviendra d'elle dans quelques années, il me plaît de la déclarer aujourd'hui géniale. N'ai-je pas raison, puisqu'elle l'a été (ou presque), et puisque nous ne la verrons plus ?

***

M. Renan serait de mon avis. Ce grand sage pense assurément que rien de ce qui nous donne une impression d'art accomplie dans son genre, et rien de ce qui nous communique une honnête gaieté et nous fait un moment trouver la vie plus divertissante sans qu'il en coûte à notre vertu, ne saurait être dédaigné par un bon esprit. L'approbation de M. Renan a été une des grandes joies et un des grands orgueils de Victorine Demay. C'est pour préparer la rencontre de ces deux gloires inégales ou, pour mieux dire, différentes, que je m'étais mis en quête de la chanteuse, le dimanche où elle mangeait des goujons à Bougival. Si je vous raconte cette petite histoire, c'est qu'un journal l'a déjà divulguée il y a quelques mois. L'entrevue eut lieu chez une personne qui aime M. Renan de tout son cœur et qui voulait amuser un peu, ce soir-là, son vénérable ami. L'auteur de la *Vie de Jésus*, avec la politesse attentive et la bonhomie charmante que l'on connaît, se leva, vint à la chanteuse et lui dit :

— Madame, je fréquente peu les cafés-concerts, mais je serai heureux de vous entendre, car j'ai beaucoup entendu parler de vous.

Demay, très émue et voulant être aussi aimable que possible, fit cette réponse d'une simplicité grandiose :

— Et moi aussi, Monsieur, je vous connais bien !

Cela est très beau, quand on essaye de se figurer ce que Demay pouvait connaître de M. Renan et quelle idée elle pouvait bien s'en faire.

Ainsi conversèrent ces deux « artistes lyriques ». Si l'on voulait méditer sur cette rencontre, il pourrait jaillir de cette méditation un joli cliquetis d'antithèses. Et, comme on verrait dans les deux personnages de cette petite comédie les deux représentants extrêmes de la pensée et de l'art, venus des deux pôles de la littérature (excusez cette langue déplorable) pour se saluer avec un peu d'étonnement, la chose tournerait vite au symbole.

★
★ ★

Et l'on peut méditer aussi sur les conséquences politiques de la mort de Victorine Demay. Tandis que M. Paulus personnifie le boulangisme dans les cafés-concerts, Demay y représentait vaillamment l'anti-boulangisme. Vous n'avez pas oublié ces refrains : *Il reviendra ! Le voir et mourir ! Ne parle pas, Ernest, je t'en supplie !* Demay avait eu l'honneur d'inquiéter la Ligue des Patriotes. Des gymnastes de M. Paul Déroulède étaient venus la siffler un soir à l'Alcazar. Cette voix ne les troublera plus.

A moins qu'au contraire il ne soit dangereux pour lui que cette voix ironique cesse de lui conseiller le silence. Si maintenant « Ernest » allait parler, l'imprudent ?...

Tranchez vous-même la question ; et ne me reprochez point d'avoir parlé légèrement de la mort. Au moment où disparaissent les masques humains qui avaient pour emploi de nous divertir, le chagrin de leur perte nous ramène forcément au souvenir des joyeuses minutes que nous leur devons ; et ce souvenir, où il y a du regret et de la reconnaissance, ne saurait les offenser. *Saltavit et placuit,* dit l'épitaphe ancienne.

TABLE DES MATIÈRES

ESCHYLE.

Pages.

Matinées classiques de l'Odéon : L'*Orestie* d'Eschyle, conférence à propos des *Erynnies*.. . . . . .

MOLIÈRE.

Matinées classiques de l'Odéon : Conférence de M. Ferdinand Brunetière sur l'*Ecole des femmes* et le *Malade imaginaire*. — Mort de Gondinet. . . 19

Odéon : Conférence de M. Henri Chantavoine sur *Georges Dandin*. — La boulangerie parisienne à l'Ambigu. 29

Comédie-Française : Représentation de retraite de M. Coquelin aîné. — *Tartuffe* 37

RACINE.

Matinées classiques de l'Odéon : Conférence de M. Francisque Sarcey sur *Athalie*. 49

MARIVAUX.

Matinées classiques de l'Odéon : L'*Epreuve*, comédie en un acte de Marivaux. 65

TABLE DES MATIÈRES.

THÉATRE LIBRE ANCIEN.

	Pages
Théatre libre ancien : *Isabelle grosse par vertu*, farce en un acte, attribuée à Fagan. — *Le divorce*, farce en trois actes, de Renard. — *Arlequin poli par l'Amour*, féerie en un acte, de Marivaux. — *Le marchand de m.....* farce en un acte, de Thomas Gueullette	71

ALEXANDRE DUMAS.

Comédie-française : *Henri III et sa cour*, drame en cinq actes, en prose, d'Alexandre Dumas.	83
Réponse à M. Francisque Sarcey.	95

JULES LEMAITRE.

Odéon : *Révoltée*, comédie en quatre actes, de M. Jules Lemaître.	111

GEORGE SAND.

Comédie-française : *François le Champi*, comédie en trois actes, de George Sand.	125

THÉODORE BARRIÈRE.

Variétés : *Les Jocrisses de l'Amour*, comédie en trois actes, de Théodore Barrière et Lambert Thiboust.	137
Menus-plaisirs : *Les filles de marbre*, drame en cinq actes, de Théodore Barrière et Lambert Thiboust.	145
Vaudeville : *Les faux Bonshommes*, reprise, comédie en quatre actes, de Barrière et Capendu.	165

EMILE AUGIER.

Comédie-française : *Maître Guérin*, comédie en cinq actes, de M. Emile Augier (reprise).	179

ALEXANDRE DUMAS FILS.

Pages.

GYMNASE : *Monsieur Alphonse*, reprise, pièce en trois actes, de M. Alexandre Dumas fils. 191

AUGUSTE VACQUERIE.

GYMNASE : *Jalousie*, drame en quatre actes, de M. Auguste Vacquerie. 205

EDMOND DE GONCOURT.

ODÉON : *Germinie Lacerteux*, pièce en dix tableaux, de M. Edmond de Goncourt. 219

EDMOND ET JULES DE GONCOURT.

THÉATRE LIBRE : *La Patrie en danger*, drame en cinq actes, d'Edmond et Jules de Goncourt. 233

DOSTOIEWSKY.

ODÉON : *Crime et châtiment*, drame en sept tableaux, tiré du roman de Dostoiewsky, par MM. Hugues Le Roux et Paul Ginisty. 247

OSTROWSKY.

THÉATRE-BEAUMARCHAIS : *L'Orage*, drame en cinq actes et six tableaux, d'Ostrowsky, traduit du russe par MM. Isaac Pavlosky et Oscar Méténier. 261

MEILHAC ET HALÉVY.

VARIÉTÉS : *Barbe-Bleue*, reprise, opéra-bouffe en trois actes, de MM. Henri Meilhac et Ludovic Halévy, musique de Jacques Offenbach. 275

MEILHAC ET GANDERAX.

Pages.

Comédie-Française : *Pepa*, comédie en trois actes, de MM. Henri Meilhac et Louis Ganderax. 289

MEILHAC ET HALÉVY.

Variétés : *L'Ingénue*, comédie en un acte, de MM. Henri Meilhac et Ludovic Halévy 303

THÉATRE LIBRE.

Théatre libre : L'*Amante du Christ*, scène évangélique, par Rodolphe Darzens. 313
Rolande, drame en quatre actes, en prose, de M. Louis de Gramont. 321

GYP AU THÉATRE DES MARIONNETTES.

Salons du Helder : *Tout à l'égout*, revue en quatre tableaux, par Gyp. Théâtre des Marionnettes françaises. 323
Victorine Demay. 345

FIN DE LA TABLE DES MATIÈRES.

Poitiers. — Société française d'Imprimerie.

www.ingramcontent.com/pod-product-compliance
Lightning Source LLC
Chambersburg PA
CBHW052238220526
45471CB00001B/95

www.ingramcontent.com/pod-product-compliance
Lightning Source LLC
Chambersburg PA
CBHW070153230526
45471CB00002B/647

TABLE II.

Base du système $2^{\frac{1}{12}} = 1,05946\ 30943\ 59295$. Le $\frac{1}{12}$ d'octave est pris pour l'unité de mesure des intervalles musicaux.

NOMBRES.	LOGARITHMES acoustiques.	NOMBRES.	LOGARITHMES acoustiques.	NOMBRES.	LOGARITHMES acoustiques.	NOMBRES.	LOGARITHMES acoustiques.
1	8,0000000	41	64,2906241	81	76,0782000	121	83,0263588
2	12,0000000	42	64,7078091	82	76,2906241	122	83,1688481
3	19,0195500	43	65,1151771	83	76,5004732	123	83,3101741
4	24,0000000	44	65,5131794	84	76,7078091	124	83,4503557
5	27,8631371	45	65,9022372	85	76,9126912	125	83,5894114
6	31,0195500	46	66,2827435	86	77,1151771	126	83,7273591
7	33,6882591	47	66,6550662	87	77,3153220	127	83,8642162
8	36,0000000	48	67,0195500	88	77,5131794	128	84,0000000
9	38,0391000	49	67,3765181	89	77,7087912	129	84,1347271
10	39,8631371	50	67,7262743	90	77,9022372	130	84,2684138
11	41,5131794	51	68,0691041	91	78,0935357	131	84,4010760
12	43,0195500	52	68,4052766	92	78,2827435	132	84,5327294
13	44,4052766	53	68,7350455	93	78,4699057	133	84,6633892
14	45,6882591	54	69,0586500	94	78,6550662	134	84,7930703
15	46,8826871	55	69,3763166	95	78,8382673	135	84,9217872
16	48,0000000	56	69,6882591	96	79,0195500	136	85,0495541
17	49,0495541	57	69,9946802	97	79,1989541	137	85,1763850
18	50,0391000	58	70,2957719	98	79,3765181	138	85,3022935
19	50,9751302	59	70,5917166	99	79,5522794	139	85,4272929
20	51,8631371	60	70,8826871	100	79,7262743	140	85,5513962
21	52,7078091	61	71,1688481	101	79,8985378	141	85,6746162
22	53,5131794	62	71,4503557	102	80,0691041	142	85,7969654
23	54,2827435	63	71,7273591	103	80,2380063	143	85,9184560
24	55,0195500	64	72,0000000	104	80,4052766	144	86,0391000
25	55,7262743	65	72,2684138	105	80,5709462	145	86,1589091
26	56,4052766	66	72,5327294	106	80,7350455	146	86,2778947
27	57,0586500	67	72,7930703	107	80,8976038	147	86,3960681
28	57,6882591	68	73,0495541	108	81,0586500	148	86,5134404
29	58,2957719	69	73,3022935	109	81,2182119	149	86,6300222
30	58,8826871	70	73,5513962	110	81,3763166	150	86,7458243
31	59,4503557	71	73,7969654	111	81,5329904	151	86,8608568
32	60,0000000	72	74,0391000	112	81,6882591	152	86,9751302
33	60,5327294	73	74,2778947	113	81,8421475	153	87,0886541
34	61,0495541	74	74,5134404	114	81,9946802	154	87,2014385
35	61,5513962	75	74,7458243	115	82,1458806	155	87,3134929
36	62,0391000	76	74,9751302	116	82,2957719	156	87,4248266
37	62,5134404	77	75,2014385	117	82,4443766	157	87,5354490
38	62,9751302	78	75,4248266	118	82,5917166	158	87,6453690
39	63,4248266	79	75,6453690	119	82,7378132	159	87,7545955
40	63,8631371	80	75,8631371	120	82,8826871	160	87,8631371

TABLE I.

Base du système = 2. L'octave est prise pour unité de mesure des intervalles musicaux.

NOMBRES.	LOGARITHMES acoustiques.	NOMBRES.	LOGARITHMES acoustiques.	NOMBRES.	LOGARITHMES acoustiques.	NOMBRES.	LOGARITHMES acoustiques.
1	0,0000000	41	5,3575520	81	6,3398500	121	6,9188632
2	1,0000000	42	5,3923174	82	6,3575520	122	6,9307373
3	1,5849625	43	5,4262648	83	6,3750394	123	6,9425145
4	2,0000000	44	5,4594316	84	6,3923174	124	6,9541963
5	2,3219281	45	5,4918531	85	6,4093909	125	6,9657843
6	2,5849625	46	5,5235620	86	6,4262648	126	6,9772799
7	2,8073549	47	5,5545889	87	6,4429435	127	6,9886847
8	3,0000000	48	5,5849625	88	6,4594316	128	7,0000000
9	3,1699250	49	5,6147098	89	6,4757334	129	7,0112273
10	3,3219281	50	5,6438562	90	6,4918531	130	7,0223678
11	3,4594316	51	5,6724253	91	6,5077946	131	7,0334230
12	3,5849625	52	5,7004397	92	6,5235620	132	7,0443941
13	3,7004397	53	5,7279205	93	6,5391588	133	7,0552824
14	3,8073549	54	5,7548875	94	6,5545889	134	7,0660892
15	3,9068906	55	5,7813597	95	6,5698556	135	7,0768156
16	4,0000000	56	5,8073549	96	6,5849625	136	7,0874628
17	4,0874628	57	5,8328900	97	6,5999128	137	7,0980321
18	4,1699250	58	5,8579810	98	6,6147098	138	7,1085245
19	4,2479275	59	5,8826430	99	6,6293566	139	7,1189411
20	4,3219281	60	5,9068906	100	6,6438562	140	7,1292830
21	4,3923174	61	5,9307373	101	6,6582115	141	7,1395514
22	4,4594316	62	5,9541963	102	6,6724253	142	7,1497471
23	4,5235620	63	5,9772799	103	6,6865005	143	7,1598713
24	4,5849625	64	6,0000000	104	6,7004397	144	7,1699250
25	4,6438562	65	6,0223678	105	6,7142455	145	7,1799091
26	4,7004397	66	6,0443941	106	6,7279205	146	7,1898246
27	4,7548875	67	6,0660892	107	6,7414670	147	7,1996723
28	4,8073549	68	6,0874628	108	6,7548875	148	7,2094534
29	4,8579810	69	6,1085245	109	6,7681843	149	7,2191685
30	4,9068906	70	6,1292830	110	6,7813597	150	7,2288187
31	4,9541963	71	6,1497471	111	6,7944159	151	7,2384047
32	5,0000000	72	6,1699250	112	6,8073549	152	7,2479275
33	5,0443941	73	6,1898246	113	6,8201790	153	7,2573878
34	5,0874628	74	6,2094534	114	6,8328900	154	7,2667865
35	5,1292830	75	6,2288187	115	6,8454901	155	7,2761244
36	5,1699250	76	6,2479275	116	6,8579810	156	7,2854022
37	5,2094534	77	6,2667865	117	6,8703647	157	7,2946207
38	5,2479275	78	6,2854022	118	6,8826430	158	7,3037807
39	5,2854022	79	6,3037807	119	6,8948178	159	7,3128830
40	5,3219281	80	6,3219281	120	6,9068906	160	7,3219281

TABLE DES MATIÈRES.

tuyaux d'orgue ouverts; moyen proposé pour avoir, sur le forte-piano, l'étendue entière des sons admissibles en musique; orgue expressif de Sébastien Erard.................................. 82

Tables de logarithmes acoustiques.
- Table 1, dont la base est 2................ 1
- Table 2, dont la base est $2^{\frac{1}{12}}$............ 11

TABLE DES MATIÈRES.

Pages.

INTRODUCTION 5

§ Ier.

Inconvénients du mode ordinaire de représentation des intervalles musicaux; avantages de celui qui est l'objet de la présente instruction. 11

§ II.

Description et usage des tables (1) et (2) de logarithmes acoustiques. 24

§ III.

Diverses applications des règles de calcul données dans le § précédent; analyses et comparaisons des échelles chromatiques et enharmoniques; détails sur celle qui est engendrée par une suite de quintes justes; harpe enharmonique de Sébastien Erard............... 37

§ IV.

Formules analytiques donnant les rapports entre les nombres synchrones de vibrations des cordes sonores et les intervalles musicaux correspondants à ces nombres; applications de ces formules au calcul des tables de logarithmes acoustiques; progressions harmoniques 58

§ V.

Formules analytiques relatives à l'acoustique musicale; application aux instruments de musique, à la détermination du son fixe, aux

DEUX TABLES

DE

LOGARITHMES ACOUSTIQUES

AYANT POUR BASES,

LA PREMIÈRE..... 2,

LA SECONDE $2^{\frac{1}{12}} = 1,05946\ 30943\ 59295.$

Combien il serait à désirer que le vœu de Grétry se trouvât réalisé! Je pense même, qu'au lieu d'un seul grand orgue qu'il demandait, il en faudrait trois dans la capitale, l'un pour la cathédrale, l'autre pour le grand-opéra, et le troisième pour le conservatoire de musique. L'inventeur n'existe plus, bien malheureusement, mais il a laissé un neveu, héritier de ses établissements, conservateur de ses traditions manufacturières, et ayant fait preuve de science et de talent. M. Pierre Erard est parfaitement en état de diriger l'exécution de tout ce que son oncle a conçu.

FIN.

tière du clavier, par le moyen soit d'une pédale, soit d'un mécanisme que le genou fait mouvoir. A la supériorité d'invention se réunit l'antériorité de date. Notre célèbre compositeur Grétry a cité l'orgue d'Erard dans ses *Essais sur la Musique*, imprimés en pluviôse an V (janvier 1797); il regarde sa conception comme la découverte de la *pierre philosophale* en musique. Je crois faire une chose agréable au lecteur en citant le texte même de Grétry : « J'ai touché, dit-il, « cinq ou six notes d'un buffet d'orgue qu'Erard avait rendu « susceptible de nuances; et, sans doute, le secret est décou- « vert par un tuyau comme par mille. Plus on enfonçait la « touche, plus le son augmentait; il diminuait en relevant « doucement le doigt. *C'est la pierre philosophale en musique* « *que cette trouvaille ; la nation devrait faire établir un grand* « *orgue de ce genre*, et récompenser Erard, l'homme du « monde le moins intéressé. » (*Mémoires* ou *Essais sur la Musique*, par Grétry, t. III, pag. 425.)

Erard s'était particulièrement occupé de la construction de son orgue pendant les deux ou trois dernières années de sa vie (*); il était parvenu à le compléter. J'ai entendu cet instrument enchanteur dans sa maison de Passy; il était touché par M. Simon, organiste d'un rare mérite, et plusieurs grands musiciens et compositeurs de Paris se plaisaient à lui confier leurs inspirations, reproduites avec une vérité d'expression, de sentiment, qui ravissait également et les exécutants et les auditeurs.

(*) Voyez une intéressante notice sur la vie et les travaux de Sébastien Erard dans la *Revue Musicale*, publiée par M. Fétis, cinquième année, n° 27.

facile, et une plus belle qualité de son. Si on objectait que les pédales nécessaires pour faire résonner ces cordes, s'arrangeraient difficilement avec les pédales qui font lever les étouffoirs, je répondrais que la suppression même de ces dernières me paraîtrait plutôt désirable que regrettable, vu l'usage désordonné qu'en font un grand nombre de pianistes; les exécutants et les auditeurs dont la fréquence de cet usage n'a pas encore vicié les oreilles, préféreront, sans doute, de belles tenues de sons de contre-basse (*) faisant ressortir une mélodie et une harmonie régulières et pures, à l'horrible cacophonie de 60 ou 70 cordes (doubles ou triples) résonnant ensemble à un demi-ton d'intervalle l'une de l'autre; car tel est le résultat d'un trait chromatique rapide embrassant (les étouffoirs levés) l'étendue du clavier. Les amateurs qui fréquentent les concerts n'ont que trop d'occasions de reconnaître que la cacophonie dont je parle n'est pas une fiction.

(62) Après avoir parlé de la harpe et du forte-piano de Sébastien Erard, je ne puis pas terminer cet écrit sans mentionner celle de ses inventions que je regarde comme le plus beau fruit de son génie, *l'orgue expressif,* sur lequel chaque touche, en particulier, peut donner, par l'action plus ou moins forte du doigt, toutes les nuances de sons du fort au doux, sans que le mécanisme auquel est dû un pareil effet, influe sur l'intensité de son des autres touches. Cette admirable propriété met l'instrument de Sébastien Erard tout-à-fait hors de ligne, relativement à un autre orgue sur lequel le *forte* et le *piano* sont opérés, en même temps, dans l'étendue en-

---

(*) Le moins grave de ces sons serait l'*ut* à une quinte au-dessous du *sol* à vide ou du son le plus grave de la contre-basse d'orchestre.

situation verticale et chargée du poids de 20246 grammes, a sonné l'octave grave de l'*ut* à vide de la corde de mon appareil acoustique, chargée de 3000 kilogrammes, et qui, dans cet état, doit (art. 54) donner 256 vibrations par seconde. La demi-longueur de l'*ut* du piano en donnait par conséquent 128, dont la moitié est 64 pour la longueur entière vibrante sur la table d'harmonie.

(61) Il est à regretter qu'on n'ait pas, sur le forte-piano, l'octave grave qui compléterait les 8 octaves de sons musicaux. On doit présumer que Sébastien Erard l'aurait ajoutée aux autres, si cette addition eût été praticable; mais l'emploi des cordes de cuivre exigerait une trop forte augmentation des dimensions de l'instrument; et dans l'hypothèse même d'une table d'harmonie assez grande pour les recevoir, il serait peut-être difficile de bien les faire sonner avec un clavier à marteaux.

Je me rappelle que le célèbre harpiste Krumpholz renforçait les effets harmoniques de la harpe par un moyen fort heureusement conçu; l'instrument posait sur une table d'harmonie munie de cordes donnant des sons de contre-basse, qu'on faisait résonner avec des pédales disposées de manière que les pieds pussent les atteindre facilement, sans que le jeu des pédales de la harpe éprouvât de l'embarras. Ne pourrait-on pas employer un expédient analogue pour compléter le système harmonique du forte-piano? Une table d'harmonie serait placée au-dessous de la caisse, et pour en réduire les dimensions on la garnirait de cordes d'argent, filées avec des fils de platine, qui réuniraient, peut-être, à l'avantage d'être plus courtes que les cordes de cuivre, ceux d'avoir une vibration plus

Ainsi 2 pouces ou $0^{mètr},054$ d'élévation du baromètre font varier le ton du tuyau de $\frac{62}{100}$ de demi-ton.

(60) J'ai parlé du tuyau d'orgue nommé par les facteurs le 32 *pieds*, et qui donne l'*ut*, limite, au grave, des sons musicaux ; le son le plus bas des forte-pianos est assez ordinairement le *fa* de la 2e octave au-dessus de cet *ut* 32 *pieds*, à 2 octaves au-dessous du *fa* de la clef de *fa* ; je me rappelle d'avoir vu et entendu, à l'exposition des produits de l'industrie française, un forte-piano du célèbre Sébastien Erard, qui partant, au grave, de l'*ut* à l'unisson de celui que les organistes appellent le 16 *pieds ouvert*, s'élevait jusqu'à l'*ut* 7e octave au-dessus, et limite à l'aigu de l'échelle musicale ; le nombre des vibrations par seconde de cet *ut* aigu est de $32 \times 2^8 = 8192$. L'*ut* de départ, au grave, en donne 64 ; il ne manquait à cet instrument qu'une octave en dessous pour atteindre les deux limites, inférieure et supérieure, des sons musicaux.

J'ai eu la curiosité de soumettre à quelques épreuves la corde qui donnait cet *ut* grave. 2 mètres de longueur de cette corde pèsent $29^{grammes},50$, et la distance entre ses points fixes, sur la table d'harmonie, est de $1^{mètre},813$. Ainsi le poids de l'unité de longueur $= 14^{grammes},75$, et le poids de la partie vibrante $= 26^{grammes},742$. Calculant, d'après ces données, au moyen de la 1re ou de la 2e équation (2) de l'art. 47, la tension que la corde doit avoir pour sonner l'*ut* de 64 vibrations par seconde, on trouve cette tension équivalente à un poids de 20246 grammes. L'expérience s'est trouvée conforme à ce résultat de calcul ; une moitié de la longueur vibrante sur la table d'harmonie, mise entre deux points fixes, dans une

d'où
$$n = \frac{286,5}{a}, \text{ et } a = \frac{286,5}{n}.$$

Si on fait $n = 32$ vibrations, on aura en nombres ronds, 9 mètres ou 28 pieds pour la valeur de a. La colonne d'air réellement vibrante dans le tuyau d'orgue dit 32 *pieds*, est tout au plus les $\frac{15}{16}$ de la longueur totale extérieure de ce tuyau; supposant donc cette colonne vibrante de 30 pieds, l'intervalle entre les sons dus aux longueurs de 28 et 30 pieds sera, table 2, égal à *log. ac.* 30 — *log. ac.* 28 $= 1^d,19$ environ $\frac{6}{5}$ de demi-ton, ce qui peut s'expliquer par la différence entre le ton actuel d'orchestre et l'ancien ton d'église.

(59) Si on veut avoir une idée de l'influence que l'état de l'atmosphère peut exercer sur l'intonation d'un tuyau d'orgue, on se rappellera qu'il n'est pas extraordinaire de voir des baromètres, dont l'échelle est divisée en pouces, donner, à diverses époques, un pouce de plus ou un pouce de moins que la hauteur moyenne 28 pouces. n' et n'' étant les nombres de vibrations respectivement correspondants à 29 et à 27 pouces, on déduit de la formule (6) ci-dessus, pour une même longueur a de tuyau, $\frac{n'}{n''} = \sqrt{\frac{29}{27}}$; faisant le calcul de l'intervalle correspondant, on a (table 2)

$$\begin{aligned}
\text{Log. ac. } 29 &= 58,2957719 \\
\text{Log. ac. } 27 &= 57,0586500 \\
\hline
\text{Différence} &= 1,2371219 \\
\tfrac{1}{2}\text{différence} &= 0,6185609
\end{aligned}$$

m = pesanteur d'un mètre cube d'air,
M = pesanteur d'un mètre cube de mercure,
k = hauteur du baromètre.

Le poids p de la corde sonore et le poids tendant P auront ici, pour valeurs respectives, $mabb$ et $Mkbb$, d'où on conclura, en remplaçant p et P par ces dernières expressions dans l'équation $n=\sqrt{\frac{gP}{ap}}$,

$$n=\frac{1}{a}\sqrt{\frac{M}{m}gk} \ldots (6)$$

Si on désigne par ζ la longueur du pendule qui bat les secondes, et par π la demi-circonférence dont le rayon $= 1$, on a $g=\zeta\pi^2$, et l'équation précédente devient

$$n=\frac{\pi}{a}\sqrt{\frac{M}{a}\zeta k} \ldots (7)$$

On peut remarquer que la section transversale bb du tuyau a disparu de la valeur n, et qu'ainsi le grave ou l'aigu du son rendu par ce tuyau ne dépend que de sa longueur, ce qui est conforme à l'expérience ; mais ce son doit hausser ou baisser sensiblement, lorsque l'atmosphère subit des changements qui font varier les valeurs de m et de k, et en cela l'expérience est encore d'accord avec la théorie.

(58) On peut, dans l'état moyen de l'atmosphère, supposer $\frac{M}{m}=\frac{949777}{86,263}=11010$, ou $\sqrt{\frac{M}{m}}=104,93$, et $k=0^{\text{mèt.}},76$, on a, à la latitude de Paris, $g=9^{\text{mèt.}},8088$, et on conclut de ces valeurs $\sqrt{\frac{M}{m}gk}=286,5$,

(57) J'ai parlé, dans quelques articles, des tuyaux d'orgues *à bouche*, il ne sera pas inutile de donner pour ces tuyaux la formule qui correspond à l'équation $n = \sqrt{\frac{gP}{ap}}$ de l'art. 47. Le prisme d'air, que renferme un des ces tuyaux, mis en mouvement par un courant d'air extérieur à qui on donne la direction convenable, fait l'effet de la corde vibrante, la pression de l'atmosphère remplaçant le poids tendant. Je me borne à cette indication générale, me réservant de donner ailleurs une explication plus détaillée des conformités et des différences existantes entre les phénomènes que présentent les corps solides et l'air mis en vibration; des géomètres et des physiciens d'un haut mérite ont, depuis quelques années, publié de bien belles recherches sur cette matière. Soient

a = longueur du tuyau,
bb = aire de sa section transversale,

―――――――――――――――――――――――

« rendent des sons ayant entre eux des *intervalles déterminés*; ainsi, sa-
« chant que la lyre en *trépied* de Pythagore sonnait les modes *doriens*,
« *lydiens* et *phrygiens*, et consultant d'ailleurs les détails qu'Athénée nous
« a transmis sur cet instrument, on a les moyens d'obtenir une série de
« sons dans les mêmes rapports entre eux que ceux de cette lyre antique;
« mais s'il s'agissait de réunir à la condition de l'égalité des rapports, celle
« de l'identité des sons, la solution du problème serait impossible, les
« anciens ne nous ayant laissé aucun moyen de retrouver l'unisson d'une
« des cordes de leur système musical. Peut-être avaient-ils comme nous
« de ces instruments métalliques, connus sous le nom de *diapasons*, qui
« gardent et transmettent un son fixe; mais ces instruments sont altérables
« et périssables, et le problème de la réhabilitation de l'unisson doit pou-
« voir se résoudre sans égard à la conservation d'aucun monument ma-
« tériel; c'est ce que *Sauveur* a fait le premier, etc.

$$Log.\ vulgaire \left(\frac{(512)^1}{9,8088}\right) = 4,4269242530.$$

L'unité de longueur est le mètre.
L'unité de poids est le gramme.

Si on veut avoir le son que les musiciens appellent *la-mi-la*, le *la* à vide du violon, on fera résonner cette corde sur les $\frac{3}{5}$ de sa longueur a en lui conservant la tension P. Ce *la* est la tierce-majeure juste, ou *naturelle*, du *la* quarte juste ou *naturelle* de l'*ut son fixe*. L'intervalle *ut, la* a pour valeur *log. ac.* 5 — *log. ac.* 3 $= 8^d,84$; si on voulait lui substituer le *la* octave grave de la 3e quinte juste ou *naturelle* de l'*ut son fixe*, ce second intervalle *ut, la* aurait pour valeur *log. ac.* 27 — *log. ac.* 16 $= 9^d,06$, surpassant le premier de $\frac{22}{100}$ de demi-ton ou 12es d'octave. (*Voyez*, art. 24, les échelles n°s 2 et 3 du tableau K.)

On pourra ainsi retrouver, à volonté, le *son fixe*, dans tous les temps et dans tous les lieux, sans avoir besoin de recourir à aucun type ou *diapason* conservateur de ce son: c'est une donnée qui nous manque sur la musique des anciens; nous connaissons les *intervalles* entre les sons de leurs échelles, mais ils ne nous ont transmis aucun moyen d'en reproduire les unissons; nos successeurs n'auront pas le même reproche à nous faire, grâces à *Sauveur*, créateur de l'*acoustique musicale* (*).

(*) Voici un passage de la notice biographique de *Sauveur*, que j'ai rédigée pour le *Dictionnaire de Biographie universelle* de M. *Michaud*. « On peut, dans tous les temps et dans tous les lieux, disposer, *sans le « secours de l'oreille*, un système de cordes sonores, de manière qu'elles

ment égal à $\frac{1}{62}$ de demi-ton; on ne doit pas s'étonner qu'il ait été inaperçu même à des oreilles exercées.

(55) Dans les diverses expériences que j'ai rapportées pour montrer leur accord avec la théorie, les cordes étaient suspendues verticalement pour éviter l'emploi des poulies de renvoi, et les erreurs provenant des incertitudes sur l'évaluation du frottement; il résulte de cette position une inégalité de tension aux différents points de la corde, vu que chaque point supporte, outre le poids tendant, celui de la partie de la corde qui lui est inférieure; mais cette inégalité est absolument négligeable dans les cas pareils à ceux dont il est question aux articles précédents, et qui permettent de considérer le poids de la corde comme infiniment petit par rapport au poids tendant.

(56) En définitive, pour obtenir le *son fixe ut* de la clef d'*ut*, donné par une corde qui vibre 512 fois par seconde, et émet un son à la 4e octave au-dessus de celui du tuyau d'orgue dit le 32 *pieds,* il faut prendre une corde en fer du poids d'environ $\frac{5}{4}$ de gramme par mètre courant, et la faire vibrer entre deux points fixes placés à la distance l'un de l'autre de 6 à 7 décimètres, sous une tension P ayant pour valeur

$$P = \frac{(512)^2}{9,8088} \cdot a\, p = \frac{(512)^2}{9,8088} \cdot a^2\, \Pi.$$

$a =$ la longueur de la corde entre les points fixes.
$p =$ son poids entre les mêmes points.
$\Pi =$ son poids sur l'unité de longueur.

corde, de longueur donnée, dont on fait varier la tension, sont entre eux comme les racines carrées des points tendants, le rapport $\sqrt{\frac{12000}{11978}}$ par lequel, suivant l'usage ordinaire, on représenterait cet intervalle, est bien loin d'offrir même un aperçu de sa valeur musicale *effective*; c'est une nouvelle occasion de faire apprécier l'utilité et la commodité de la table de *logarithmes acoustiques*, et je vais, par ce motif, donner le calcul en détail.

Il faut d'abord, par la décomposition en facteurs, opérer sur des nombres qui ne surpassent pas 160; or on a

$$12000 = 120 \times 100; \quad 11978 = 2 \times 53 \times 113.$$

Prenant les logarithmes acoustiques, dans la table 2,

$$
\begin{aligned}
\text{Log. } 120 &= 82,8826871 \\
\text{Log. } 100 &= 79,7262743 \\
\text{S}^\text{oe} &= 162,6089614 = \text{log. } 12000 = 162,6089614 \\
\\
\text{Log. } 2 &= 12,0000000 \\
\text{Log. } 53 &= 68,7350455 \\
\text{Log. } 113 &= 81,8421475 \\
\text{S}^\text{oe} &= 162,5771930 = \text{log. } 11978 = 162,5771930 \\
\text{Différence} &= 0,0317684 \\
\tfrac{1}{2}\text{différence} &= 0,0158842
\end{aligned}
$$

Ainsi l'intervalle cherché est moindre que $\frac{16}{1000}$ et sensible-

tement l'octave grave de celui que j'avais obtenu par l'expérience précédente, c'est-à-dire l'*ut* de 256 vibrations par seconde.

(54) La corde de mon appareil acoustique mentionné ci-dessus, art. 3, *note* et art. 48, avait d'abord entre ses points fixes, lorsqu'elle sonnait à vide, une longueur de $0^m,602$; et son poids, sur cette longueur, était de $0^{gramme},7445$: dans cet état, le poids capable de la faire vibrer 512 fois par seconde avait pour valeur

$$P = \frac{0,602 \times 0,7445 \times (512)^2}{9,8088} = 11978 \text{ grammes.}$$

J'ai voulu substituer, à ce nombre de grammes, le nombre rond de 12000, afin d'avoir, pour celle de mes échelles qui donne le *tempérament égal*, 6000 à la demi-octave au grave (*fa* ♯ ou *sol* ♭), et 3000 à l'*ut* octave entière au grave. Ce léger changement de poids correspondait à une augmentation de longueur de la corde d'environ $\frac{1}{2}$ millimètre ($0^{mill.},55$), ou de $\frac{1}{1100}$ de la longueur primitive; mais avant que cet allongement fût opéré, la variation de tension de 22 grammes sur 12000 $\left(\text{à très-peu près } \frac{1}{545}\right)$ ne produisait pas sur l'intonation un effet perceptible même aux oreilles les plus exercées et les plus sensibles. On pourrait être curieux de connaître la valeur exacte de l'intervalle entre les sons respectivement dus à ces tensions de 12000 et 11978 grammes de la corde à vide de mon appareil; mais quoiqu'on sache, par les formules de l'article 47, que les nombres synchrones de vibrations d'une même

que doit avoir une corde métallique donnée. La première équation (2) de l'art. 47 donne la valeur de cette tension, savoir :

$$P = \frac{ap}{g} n^2$$

Le poids p et la longueur absolue a de la corde entre les points fixes étant donnés par des pesées et des mesures exactes, posez $n = 512$, et tous les éléments du calcul de P seront connus.

Ayant pris une corde de fer du n° 1, celle qu'on emploie ordinairement vers le milieu du clavier, je lui ai donné, entre les points fixes, une longueur de $0^{\text{mètre}},5825$, une longueur de cette corde de $3^{\text{mètres}},400$ pesait $5^{\text{grammes}},385$; ainsi le poids de $0^{\text{mètre}},5825$ était de $0^{\text{gramme}},92259$. Calculant la valeur $P = \frac{0,5825 \times 0,92259 \times (512)^2}{9,8088}$, on trouve $P = 14363$ grammes; c'est le poids représentant la tension de la corde lorsque le son qu'elle produit résulte de 512 vibrations par seconde; un *diapason* d'acier taillé à l'unisson de cette corde ainsi tendue, a donné l'*ut* de l'orchestre italien à une différence près si petite qu'elle était à peine perceptible.

J'ai pris une autre corde blanche du numéro immédiatement plus gros que celui de la précédente, une longueur de $3^{\text{m}},400$ de cette corde pesait $7^{\text{grammes}},215$, ce qui donne $1^{\text{gr}},2361$ pour le poids d'une longueur de cette corde de $0^{\text{m}},5825$; le poids tendant qui ferait rendre à ces $0^{\text{m}},5825$ de corde l'*ut* de 512 vibrations par seconde, aurait pour valeur $P = \frac{0,5825 \times 1,2361 \times (512)^2}{9,8188} = 19243$ grammes; mais la corde n'a pas été capable de supporter ce poids : en le réduisant au quart, c'est-à-dire à $4810^{\text{grammes}},75$, le son produit a été exac-

ce système n'occasionnerait pas de changement sensible dans le ton d'orchestre actuel, car en prenant le nombre 32 pour celui des vibrations de l'*ut* à l'unisson du 32 *pieds* de l'orgue, on ne ferait que changer la série

$$31, 62, 124, 248, 496, \text{etc.},$$

en celle-ci

$$32, 64, 128, 256, 512, \text{etc.}$$

Pour connaître exactement la différence d'intonation qui en résulte pour l'*ut* de la *clef*, on a, table 2,

Log. acoustique $512 = 9 \times \log. 2 = 108,0000000$
Log. acoustique $496 = \log. (4 \times 124) = 107,4503557$

$$\text{Diff.} = 0,5496443$$

L'*ut* de la série des puissances de 2 est plus haut de $\frac{55}{100}$ de demi-ton, et je ne dois pas omettre de dire que cette évaluation de l'intervalle entre les deux *ut* est bien plus *musicale*, ou plus intelligible pour les musiciens, que si on l'énonçait, suivant l'usage, par la fraction $\frac{512}{496}$; on a de plus, dans le calcul qui précède, un exemple du parti qu'on peut tirer dans une infinité de cas, des tables 1 et 2, lorsque les nombres de vibrations excédant 150 peuvent se décomposer en facteurs.

(53) L'*ut* de la *clef*, ou le son de 512 vibrations par seconde étant pris pour son fixe, il ne s'agit plus que d'avoir un moyen immédiat d'obtenir ce son sans être obligé de recourir à un type préexistant, et par le simple calcul de la tension

calculs précédents à celui que donnerait la corde montée au ton de l'*ut*, 2ᵉ octave au-dessous de l'*ut* de la *clef*, on a

Par le 1ᵉʳ résultat, $n = 132,29$;
Par le 2ᵐᵉ résultat, $n = 130,36$.

Observant ensuite que l'*ut* dont il s'agit ici est celui du ton d'orchestre actuel, plus haut d'un demi-ton, ou environ $\frac{1}{12}$ d'octave que l'*ut* de l'ancien ton d'église, employé par Sauveur, on a ultérieurement, en ramenant le ton d'orchestre au ton d'église, le nombre de vibrations donné par l'*ut* double octave au-dessous de l'*ut* de la *clef*, à l'unisson duquel se trouve le tuyau d'orgue à *bouche*, de 8 pieds, *ouvert*, savoir :

Détermination de *Sauveur* . . . . . . 122,00.
Premier résultat ci-dessus 124
Deuxième résultat 123

(51) Ces diverses déterminations ont entre elles un accord aussi satisfaisant que la nature de ce genre de recherches peut le permettre ; on en conclut que le son formant la limite, au grave, des sons musicalement appréciables, celui que fournit le tuyau d'orgue dit *le 32 pieds*, donne 31 vibrations par seconde, l'*ut* qui se trouve vers l'autre limite, à 8 octaves au-dessus, donnant $31 \times 2^8 = 7936$ vibrations dans le même temps.

(52) Il est aisé, d'après ce qui précède, de résoudre physiquement le problème du *son fixe*, son dont la détermination est fort importante en musique. Il serait convenable et désirable que ce son fût établi sous la condition de comprendre les nombres de vibrations donnés par les *ut* des différentes octaves, dans la série des puissances de 2, et l'adoption de

pulsations par seconde. Treize ans après, des recherches sur la corde vibrante, dont il conclut des formules équivalentes aux formules (1) et (2) de l'art. 47 ci-dessus, le conduisirent à des résultats qui donnaient, dans les mêmes circonstances, des nombres doubles de ceux qu'il avait trouvés d'abord; il expliqua ces différences en disant que dans ses expériences sur les tuyaux les battements observés n'avaient été sensibles à l'oreille, et, par conséquent, comptés que de deux en deux, au lieu que dans les calculs relatifs aux cordes sonores, l'*allée* et le *retour* sont comptés chacun pour une vibration.

La corde sonore qui est à l'unisson de l'*ut* à deux octaves au-dessous de l'*ut* de la *clef*, fait donc, d'après les déterminations de *Sauveur*, 122 vibrations par seconde. Pour vérifier ce résultat, j'ai pesé une corde de laiton, de celles que les facteurs désignent par le n° 7, et qui, longue de 1^m 48, sonnait, sous une tension de 15000 grammes, l'unisson du *fa* à deux octaves au-dessous du *fa* de la *clef*. Le poids de cette corde était de 12^{grammes},783; ainsi on a (1re équation (2) de l'art. 47.)

$$n = \sqrt{\frac{9,8088 \times 15000}{1,48 \times 12,7830}} = 88,196.$$

Par une autre expérience j'ai trouvé qu'une corde de fer de 0^{mètre},5825 de longueur, du poids de 0^{gramme},615 et sous une tension de 11134 grammes, donnait un son plus haut que l'*ut* de la *clef* de $\frac{1}{12}$ d'octave; la formule ci-dessus citée donne, dans ce cas,

$$n = \sqrt{\frac{9,8088 \times 11134}{0,5835 \times 0,615}} = 552,14.$$

En ramenant les nombres de vibrations donnés par les deux

de 1700 de l'Académie royale des Sciences de Paris), crut avoir trouvé que le tuyau d'orgue *à bouche*, sonnant l'*ut* à la double octave au-dessous de l'*ut* de la clef d'*ut*, tuyau ouvert dont la longueur est d'environ 2ᵐ 6 ou 8 pieds, donnait 61

On se procurera, par l'un des moyens indiqués dans le texte et dans la présente note, des échelles qui assureront la justesse des divisions chromatiques; il serait à désirer que pour chaque espèce particulière d'instrument, mandoline, cistre, guitare, etc., il y eût une distance bien déterminée et généralement convenue entre le chevalet et le sillet; on pourrait alors faire les tracés des divisions sur des règles de métal, qui deviendraient des étalons fixes et communs.

A propos de mesures communes, il est à remarquer que sur les claviers des forte-pianos français, anglais, allemands, italiens, etc., sept touches blanches, ou diatoniques, donnent une somme de largeurs égale à six pouces de pied-de-roi; cette uniformité ne tient certainement ni à une convention entre les facteurs des différents pays, ni au goût des étrangers pour les mesures françaises; elle a son application naturelle dans les dimensions moyennes de la main.

La harpe exige des espacements de cordes bien différents de ceux des touches du forte-piano, d'abord parce qu'elle n'emploie que les quatre premiers doigts de la main, et, ensuite, eu égard à la position du corps et des bras de l'exécutant par rapport au système des cordes; les bras sont sujets à s'allonger et à se raccourcir dans toute l'étendue de ce système.

Sur les harpes des premiers facteurs, telles que la harpe d'Erard, dont j'ai parlé art. 29 du texte, la distance entre deux cordes, à l'octave l'une de l'autre, est de 110 millimètres pour l'octave la plus grave, réduite graduellement à 95 millimètres, étendue de l'octave la plus aiguë.

On voit que les moyens mécaniques d'exécution musicale ont, comme les systèmes métriques anciens et modernes, des types de mesures déduits des dimensions du corps humain, auxquelles *la coudée*, *la brasse*, *le pas*, *le pied*, *le pouce*, etc., doivent leurs origines. Le nouveau système métrique français a une origine différente; il est établi d'après les dimensions du sphéroïde terrestre.

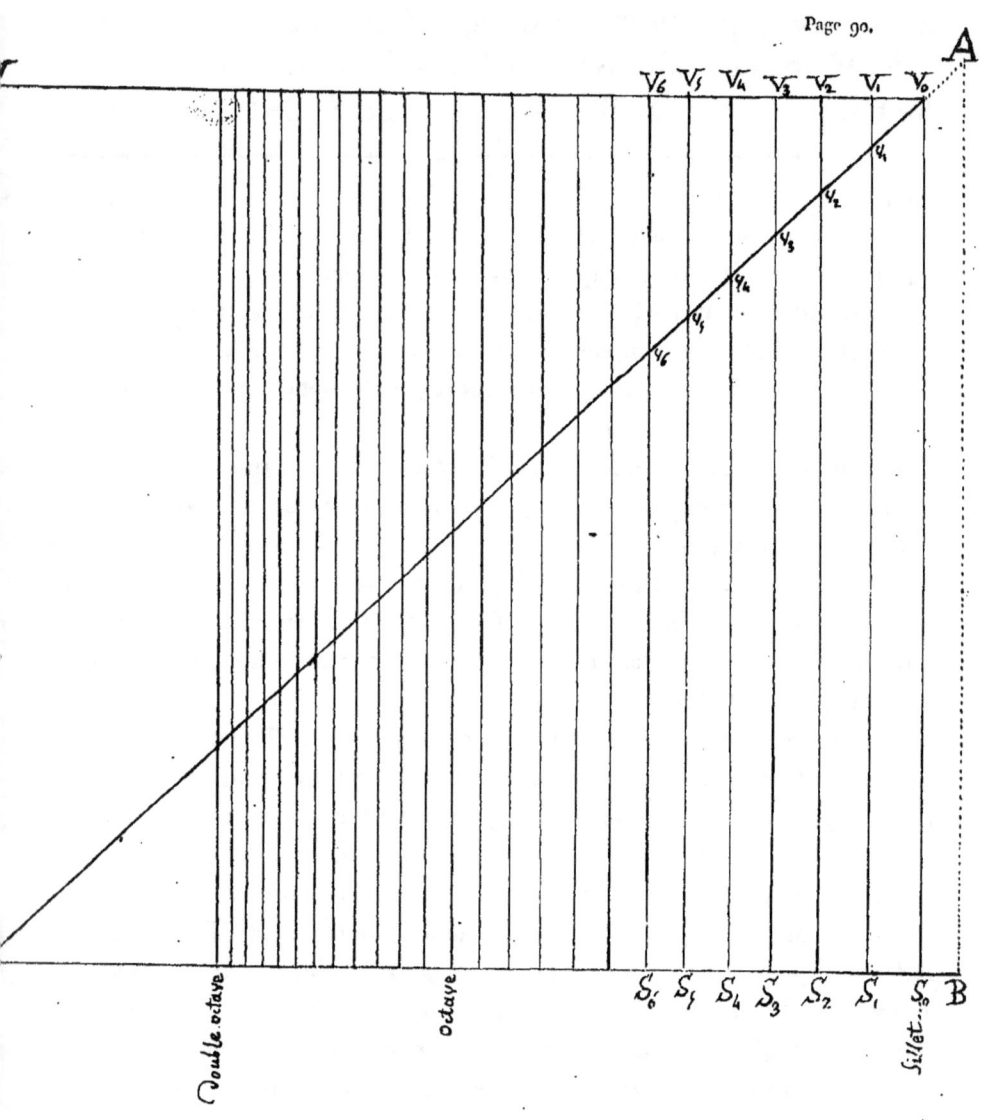

fixe. *Sauveur* s'étant occupé de cette question en l'année 1700, et ayant employé un moyen fort ingénieux (*voyez* le volume

tique pour un instrument donné, une guitare par exemple : ayant tracé une droite C B (planche ci-contre) sur une surface bien plane, on procédera ainsi qu'il suit, savoir : 1° on ouvrira les grandes branches du compas, que j'appellerai *branches* G, de manière que la distance entre leurs pointes soit égale à la longueur de la corde à vide, ou à la distance du chevalet au sillet, et on portera cette distance de C en S_0, le chevalet étant censé en C, et le sillet en S_0; 2° sans rien changer au compas, on le retournera, et plaçant une pointe des petites branches, que j'appellerai *branches* P, au point C, on marquera, avec l'autre pointe, le point S_1, qui sera la première division chromatique; 3° on prendra avec les *branches* G la distance $C S_1$, et on portera avec les *branches* P la distance $C S_2$ pour avoir la deuxième division chromatique S_2; 4° on prendra avec les *branches* G la distance $C S_2$, et on portera avec les *branches* P la distance $C S_3$ pour avoir la troisième division chromatique S_3, etc., etc.

En continuant d'opérer de cette manière, on arrivera à la douzième division chromatique, qui doit se trouver au milieu de la distance $C S_0$; c'est la vérification dont je parlais tout à l'heure, qui, suivant le sens de l'écart, s'il y en a, indique quelles sont les pointes qu'on doit retoucher, en supposant néanmoins que cet écart ne tient pas à une inexactitude d'opération.

Si on divise une seconde octave, on arrive à une vingt-quatrième division chromatique, qui doit se trouver au quart de la longueur $C S_0$, à partir du point C, etc.

Le second procédé n'exige que l'emploi d'un compas à deux branches ordinaire : sur un plan bien dressé et suffisamment grand, on trace deux droites C B et B A perpendiculaires l'une à l'autre; la longueur C B est assujétie à la seule condition de n'être pas moindre que celle de la corde pour laquelle on veut construire une échelle chromatique, et la longueur de B A doit être à celle de C B dans le rapport assigné ci-dessus de $1000 : 943\frac{87}{100}$, ou de $650 : 614\frac{1}{2}$.

Les conditions remplies, on mènera l'hypoténuse C A, on portera sur C B une distance $C S_0$ égale à la longueur de la corde à vide, ou à la distance entre le chevalet et le sillet; on tracera la parallèle $S_0 V_0$ à B A, le point V_0 étant sur l'hypoténuse C A; enfin on achèvera le parallélogramme $C S_0 V_0 U$, et on opérera ainsi qu'il suit :

1° Portez $S_0 V_0$ de C en S_1, et de U en V_1, vous aurez une première division chromatique S_1; 2° tracez la ligne $S_1 V_1$, qui coupe la diagonale $C V_0$ en v_1, et portez $S_1 v_1$ de C en S_2 et de U en V_2, vous aurez une deuxième division chromatique S_2; 3° tracez la ligne $S_2 V_2$ qui coupe la diagonale $C V_0$ en v_2, et portez $S_2 v_2$ de C en S_3, et vous aurez une troisième division chromatique S_3, etc., etc.

Cette table comprend deux octaves complètes, et on peut, sans avoir recours à la formule, lui donner une étendue arbitraire, attendu que les différences entre les nombres de la deuxième octave sont moitié des différences entre les nombres correspondants de la première octave ; qu'il en serait de même des nombres de la troisième octave par rapport à ceux de la deuxième, et ainsi de suite. (Cette égalité de différence peut être en défaut d'une unité de la troisième décimale, ce qui tient à la suppression des décimales des ordres supérieurs, et n'est d'aucune conséquence pour les applications pratiques (*)).

(50) J'ai à parler maintenant de la détermination du *son*

(*) Les instruments à manches et à divisions fixes n'ont pas toujours la justesse désirable; je vais ajouter au moyen de division chromatique que fournit la table donnée dans le texte, deux procédés qu'on m'a engagé à faire connaître.

Le premier de ces procédés exige qu'on soit muni d'un compas à quatre pointes, appelé *compas de réduction*, bien connu de ceux qui s'occupent des diverses espèces de tracés linéaires; mais celui dont il s'agit ici est d'une construction beaucoup plus simple et plus économique que les *compas de réduction* ordinaires. Comme il n'est destiné qu'à donner un seul rapport de longueur, l'axe de rotation des deux branches est fixe, et doit être placé de manière que le rapport constant entre les distances des pointes de part et d'autre de l'axe fixe soit celui de $1000 : 943\frac{87}{100}$; les grandes branches devront mesurer, sans faire entre elles un angle trop obtus, au moins 650 millimètres (c'est la longueur assez ordinaire des cordes de guitare à vide), et si en établissant cette distance entre leurs pointes, les deux branches opposées mesurent une longueur de $614^{\text{mill.}}\frac{1}{7}$, l'instrument sera sensiblement réglé $\left(\text{à } \frac{15}{100} \text{ de millimètre près}\right)$; et dans le cas où la vérification dont je parlerai tout à l'heure rendrait une petite correction nécessaire, on la fera aisément en usant tant soit peu les deux pointes dont la distance pécherait par excès.

Voici maintenant la manière de former un étalon de division chroma-

à vide par *ut* (*), on trouve dans la table qui suit, en unités et 1000" d'unité, les divisions correspondantes aux intervalles chromatiques, soit à partir du chevalet, soit à partir du sillet, les seconds étant les compléments à 100 des premiers.

| | PREMIÈRE OCTAVE. || DEUXIÈME OCTAVE. ||
| | DIVISIONS AYANT LEUR ORIGINE || DIVISIONS AYANT LEUR ORIGINE ||
	AU CHEVALET.	AU SILLET.	AU CHEVALET.	AU SILLET.
ut	100,000	00,000	50,000	50,000
ut #	94,387	5,613	47,194	52,806
re	89,090	10,910	44,545	55,455
re #	84,090	15,910	42,045	57,955
mi	79,370	20,630	39,685	60,315
fa	74,916	25,084	37,458	62,542
fa #	70,711	29,289	35,355	64,645
sol	66,742	33,258	33,371	66,629
sol #	62,996	37,004	31,498	68,502
la	59,460	40,540	29,730	70,270
la #	56,123	43,877	28,062	71,938
si	52,974	47,026	26,487	73,513
ut	50,000	50,000	25,000	75,000

(*) L'égalité des intervalles chromatiques de ce système d'échelle rend la table applicable aux cordes à vide de dénominations quelconques, en considérant chacune d'elles comme un *ut* de départ.

les uns aux autres et aux 3000 grammes, font rendre à la corde des séries de sons assujétis à différentes lois. D'une autre part, diverses échelles donnant à vue, sans verniers, la précision de $\frac{1}{10}$ de demi-ton, ou $\frac{1}{120}$ d'octave, peuvent, la tension demeurant constante, être parcourues par un curseur, qui, serrant la corde à différents points de sa hauteur, lui fait émettre les sons indiqués par les divisions des échelles.

(49) Les instruments tels que la mandoline, la guitare, etc., dont les manches portent des divisions fixes, doivent avoir, généralement, ces divisions espacées de manière à donner les demi-tons égaux entre eux et au 12e d'octave; la formule log. $z =$ log. $a - \omega j$ fournit le moyen de dresser une table qui peut être fort utile aux luthiers. a étant la distance entre le chevalet et le sillet, si on donne à j les valeurs successives 0, 1, 2, 3, etc., les valeurs de z formeront une progression géométrique, ou par quotient, et chacune de ces valeurs sera la longueur de la corde, à partir du chevalet, qui doit sonner une des notes de la gamme chromatique à demi-tons égaux. Je vais donner, pour l'utilité des constructeurs d'instruments, un extrait de la table de 120 divisions que j'ai calculée autrefois pour la construction de l'appareil acoustique ci-dessus mentionné. Je suppose la distance entre le chevalet et le sillet exprimée par le nombre 100; cette distance, sur la guitare, est de 640 à 650 millimètres; une échelle de cette longueur peut aisément se diviser en 1000 parties très-perceptibles; d'ailleurs, après avoir fait la division des 100 parties considérées comme unités, on peut se borner à sous-diviser 10 ou 20 de ces parties pour avoir des 10es d'unité; désignant la corde

un poids de 8485 grammes, et le *la*, 9ᵈ, o5865 de l'échelle enharmonique (L), art. 27, en exigerait un de 8543 grammes.

DEUXIÈME EXEMPLE; *application de la formule* (5).

La longueur initiale de la corde est de 602 millimèt. $= a$; quelle est la portion de cette corde qui donnera le son *mi* ♯ de l'échelle enharmonique (L), art. 27 ? Le *mi* ♯ est coté $5^d,215 = j$, et l'équation (5) devient

$$\text{Log.}\ z = \log.\ 602 - 0{,}025086 \times 5{,}215,$$

et, effectuant le calcul,

$$\text{Log. } 602 = 2{,}7795965$$
$$0{,}025086 \times 5{,}215 = 0{,}1308235$$
$$\text{Différence} = \log.\ z = 2{,}6487730;\quad z = 445{,}42^{\text{mill.}}$$

Il faut raccourcir la corde de $602^{\text{mill.}} - z = 156^{\text{mill.}},58$, et les $445^{\text{mill.}},42$ restants sonneront le *mi* ♯ à l'intervalle de $5^d,215$ avec *l'ut son fixe*.

On peut ainsi, en donnant au facteur j, dans les termes Ωj et ωj, la suite des valeurs qui constituent une échelle diatonique, chromatique ou enharmonique, calculer fort aisément la table, soit d'une série de poids, soit d'une série de longueurs propres à faire rendre à une corde, dont la tension et la longueur initiale sont données, tous les sons dont ces échelles se composent. Mon appareil acoustique, ci-dessus mentionné (note de l'art. 3), réunit ces deux moyens de faire varier les intervalles; une corde métallique verticale, chargée de 3000 grammes, sonne *l'ut* de la *clef d'ut*, dont il sera parlé ci-après, et un assortiment de poids ajoutés successivement

(48) Les équations (4) et (5) de l'article précédent peuvent avoir des applications utiles pour des déterminations relatives à l'acoustique musicale. Par la première, étant donnée, la tension initiale $P_,$ d'une corde qui conserve une longueur constante, on détermine les poids P, ou $P_, \pm m$, dont il faut successivement composer la charge *totale* de la corde sous les tensions variables P, pour obtenir des intervalles donnés entre les sons de la corde, sous ces tensions variables, et le son initial sous la tension $P_,$. Par la seconde, la tension restant constante, on détermine les longueurs successives, correspondantes à des intervalles donnés entre le son de la corde raccourcie et le son de la corde sous la longueur initiale.

PREMIER EXEMPLE; *application de la formule* (4).

La corde, sous une tension initiale de 3000 grammes $= P_,$ donnant le son *ut,* on veut connaître le poids P qui lui fera donner le son *la* de l'échelle (G), n° 2, art. 20, ou (K), n° 2, art. 24. Ce son *la* est coté sur les deux tableaux (G) et (K), $8,84 = j$, ou, si on veut deux décimales de plus, en calculant j immédiatement d'après le tableau (F), art. 20, on aura $j = 8^d,8436$, et l'équation (4) deviendra

$$\text{Log. } P = \log. 3000 + 8{,}8436 \times 0{,}05017\,2,$$

et, effectuant le calcul,

$$8{,}8437 \times 0{,}05017\,2 = 0{,}44370$$
$$\text{Log. } 3000 \ldots\ldots = 3{,}47712$$
$$\text{Somme} = \log. P \ldots\ldots = 3{,}92082 \qquad P = 833{,}4 \text{ grammes.}$$

Le *la*, $9^d,0000$ de l'échelle du tempérament égal, exigerait

Les signes + et — du terme $j\,\Omega$ s'appliquent, respectivement, aux cas où le son dû à la tension P est plus aigu ou plus grave que le son dû à la tension P, (*).

a étant la longueur initiale d'une corde sonore, qui sous une tension déterminée donne un son pareillement déterminé, quand elle vibre sur toute cette longueur a; si la corde, conservant sa tension, est raccourcie par un chevalet mobile, ou autre moyen analogue, de manière à vibrer successivement sur différentes longueurs désignées par la variable z; il y aura, pour chaque valeur de z, un intervalle j entre le son rendu sous cette longueur et le son rendu sous la longueur a: prenant le 12e d'octave pour unité d'intervalle, on a la relation suivante entre z et j:

$$\mathrm{Log}\,z = \log.a - \tfrac{1}{12}j\log.2 = \log.a - \omega j \ldots\ldots (5)$$
$$\omega = 0{,}02508\ 58329\ 71998 = \tfrac{1}{2}\Omega.$$

(*) J'ai lieu de penser que les équations (3) et (4) sont données ici pour la première fois.

Voici une formule que je n'ai point insérée dans le texte, parce qu'elle est de pure curiosité : ξ étant la longueur du pendule dont les oscillations sont synchrones aux vibrations de la corde sonore, on a

$$\xi = \frac{g}{\pi^2 n^2} = \frac{a\,p}{\pi^2\,P}$$

La construction d'un semblable pendule n'est pas praticable, sa plus grande longueur n'atteignant pas un millimètre; en effet, si on applique la formule précédente au son le plus grave de notre échelle musicale, celui que rend le tuyau d'orgue appelé par les facteurs le 32 *pieds*, qui donne 32 vibrations par seconde, on trouve $\xi = 0^{\mathrm{mill.}},97$; et tout autre cas, pris dans notre échelle musicale, donnerait une longueur plus petite.

$P =$ le poids mesurant la tension de la corde.

$n =$ nombre de vibrations de la corde pendant une seconde, prise pour unité de temps.

$\tau =$ durée d'une vibration de la corde.

$j =$ intervalle musical exprimé en 12es d'octave, entre les sons de deux cordes à l'une desquelles se rapporteraient les quantités a, p, et P, ci-dessus définies; les quantités analogues, relatives à l'autre corde, étant $a_{,}$, $p_{,}$ et $P_{,}$.

$g =$ force accélératrice due à la pesanteur $= 9^{\text{mèt.}}, 8088$, à la latitude de Paris. Log. $g = 0{,}9916157$.

$\pi =$ demi-circonférence qui a l'unité pour rayon $= 3{,}14159$; Log. $\pi = 0{,}4971499$.

On a les relations qui suivent entre les quantités ci-dessus définies.

$$\Pi = \pi k r^2; \tau = \sqrt{\frac{ap}{gP}} = a\sqrt{\frac{\Pi}{gP}} = ar\sqrt{\frac{\pi k}{gP}} \ldots \ldots (1)$$

$$n = \frac{1''}{\tau} = \sqrt{\frac{gP}{ap}} = \frac{\sqrt{gP}}{a\sqrt{\Pi}} = \frac{\sqrt{gP}}{ar\sqrt{\pi k}} \ldots \ldots (2)$$

$$\text{Log. } P = \log.\left(\frac{ap}{a_{,}p_{,}}P_{,}\right) \pm j\log.\left(2^{\frac{1}{6}}\right) = \log.\left(\frac{ap}{a_{,}p_{,}}P_{,}\right) \pm j\Omega \ldots (3)$$

(Le signe log. indique des logarithmes vulgaires).

$$\Omega = 0{,}05017\ 16659\ 43997.$$

Dans le cas où une même corde de longueur donnée est successivement tendue par les poids P et $P_{,}$, l'équation (3) devient

$$\text{Log. } P = \log. P_{,} \pm j\Omega \ldots \ldots (4)$$

(82)

§ V.

Formules analytiques relatives à l'acoustique musicale ; applications aux instruments de musique, à la détermination du son fixe, aux tuyaux d'orgues ouverts ; moyen proposé pour avoir, sur le forte-piano, l'étendue entière des sons admissibles en musique ; orgue expressif de Sébastien Erard.

(47) Les détails qui suivent sont extraits de la section IV de la IIe partie de ma *Mécanique analytique;* j'ai donné, dans cet ouvrage, depuis l'art. 1236 jusqu'à l'art. 1261, une solution analytique générale du problème de la corde vibrante, et les applications de cette solution à plusieurs questions d'acoustique musicale, parmi lesquelles se trouve celle de la détermination du *son fixe*.

Voici la signification des lettres qui entrent dans les formules :

$a =$ longueur de la corde entre les points fixes.

$p =$ poids de la corde entre les mêmes points fixes.

$\Pi =$ poids de la corde sous l'unité de longueur.

$k =$ poids de la matière de la corde sous l'unité de volume.

$r =$ rayon de la corde.

---

instruments de calcul paraît, pour la première fois, dans les quatre § que termine la présente note.

Je m'estimerais heureux si la tâche que j'ai essayé de remplir pouvait, en introduisant quelques améliorations dans les études et les discussions musicales, profiter à l'art enchanteur auquel j'ai dû, dans le cours de ma longue vie, tant de jouissances et de consolations.

L'esprit de système, et, à ce qu'il paraît, une imagination exaltée, ont égaré M. l'abbé Jamard ; mais ses rêveries sont agréables à lire (*).

(*) Les lecteurs qui auront accordé quelque attention aux quatre premiers § de mon *instruction élémentaire*, pourront juger si j'ai bien réalisé la promesse de mettre les procédés, par lesquels on obtient les *mesures vraies* des intervalles musicaux et la théorie de ces procédés, à la portée, soit de ceux qui ne savent que les premières règles de l'arithmétique, soit de ceux qui n'ont étudié que les éléments du calcul algébrique. Le seul genre de mérite que je me permettrai de réclamer d'avance, en faveur de cet opuscule, est celui d'être le premier où la matière qui en fait l'objet soit mise en corps de doctrine régulier et complet, présentée avec tous les développements qu'exigent les applications musicales. D'après la connaissance que j'ai de ce qui a été publié jusqu'à présent en musique, je ne découvrirais pas sans étonnement l'existence d'un traité ou mémoire qui pût remplacer le mien.

Cependant les logarithmes, que j'ai appelés *acoustiques*, ont été signalés, depuis long-temps, par de célèbres théoriciens ; il y a près d'un siècle que le grand géomètre *Léonard Euler* en a fait quelque usage dans son *Tentamen novæ Theoriæ musicæ*, etc., *Petropoli*, 1739, où il a donné, page 103, les huit premiers logarithmes de la table 1. On trouve, dans le volume de 1774 (imprimé en 1776) de l'Académie de Berlin, un mémoire de *Lambert*, intitulé *Remarques sur le tempérament en musique*, où des *mesures vraies* d'intervalles, en 12es d'octave, sont employées. Les logarithmes se trouvent aussi mentionnés dans quelques autres publications sur les théories musicales ; mais on chercherait vainement, dans tout ce qui a été mis au jour sur ces théories, même l'intention d'une exposition raisonnée qu'on puisse assimiler aux traités que nous avons sur l'arithmétique, la géométrie, etc. Les tables qui sont les *instruments d'évaluation* (les tables 1 et 2), sont indiquées dans *Euler* et *Lambert*, mais n'y sont pas données ; ce qui est relatif tant à l'emploi qu'à la composition de ces tables 1 et 2. Les premiers de ces termes étant manifestement compris dans la résonnance du corps sonore, on en concluait qu'ils étaient tous donnés par la nature, et que le nombre et la variété de leurs échelles offraient des ressources sans bornes au génie musical; ainsi la petitesse des intervalles *partiels* admissibles n'était point limitée. On a vu, à l'article précédent, que ces intervalles, dans les derniers sons de l'échelle comprise entre 64 et 128, se réduisaient à 0^d, 14, un peu moins de $\frac{1}{7}$ de demi-ton.

Le système dont je parle a été présenté avec détail par M. l'abbé *Jamard*, chanoine de Sainte-Geneviève, dans un ouvrage publié en 1769, et ayant pour titre : *Recherches sur la théorie de la musique*. On lit dans cet ouvrage, pages 222 et 223, les phrases suivantes : « Nous ne craignons pas de
« dire que toute suite de sons, dont les expressions seront
« une progression harmonique, telle que le premier terme
« sera double du dernier, formera l'échelle d'un mode parti-
« culier, qui prendra son nom de la note qui répondra au
« premier terme de la progression : or, comme tous les nom-
« bres possibles peuvent chacun devenir le premier terme
« d'une progression harmonique, il s'ensuit qu'il peut y
« avoir une *infinité de modes* dans le sens où nous prenons
« le mode majeur et le mode mineur; ce que l'on peut déduire
« légitimement de la formation de ces deux modes. Si la na-
« ture offre au peintre une infinité de couleurs différentes,
« pour qu'il puisse traiter tous les tableaux qui existent dans
« son imagination, elle offre de même au musicien une *infi-
« nité de modes différents* pour qu'il puisse exprimer les diffé-
« rents sentiments dont il peut être affecté. »

quantité qui diminue lorsque ε augmente; si, prenant pour exemple l'échelle comprise entre les nombres synchrones 64 et 128, ce qui suppose $n = 6$, et $2^n = 64$, on fait, dans la formule précédente, $\varepsilon = 0$, et $\varepsilon = 63$, la première valeur de ε donnera

$$q' \log. v. \left(1 + \frac{1}{64}\right) = 0^d, 2684138,$$

et la deuxième valeur de ε donnera

$$q' \log. v. \left(1 + \frac{1}{63+64}\right) = 0^d, 1357838;$$

résultats conformes à ce que donnent, dans la table 2, les différences entre les logarithmes acoustiques de 65 et 64, de 128 et 127.

(46) On a fait quelques tentatives pour former un système musical des échelles successives données par la série des logarithmes acoustiques; ces logarithmes n'ont pas été mentionnés, et cependant ils auraient pu être d'une grande ressource pour l'examen du système proposé; mais on représentait les sons par les termes de la progression harmonique, $\frac{1}{1}, \frac{1}{2}, \frac{1}{3}, \frac{1}{4},$ etc., dont les dénominateurs sont les nombres synchrones des

---

$$\lambda'' - \lambda' = \frac{k}{\log. v. a} \log. v. \left(\frac{\rho''}{\rho'}\right) = q' \log. v. \left(\frac{\rho''}{\rho'}\right);$$

faisant $\rho' = 2^n + \varepsilon$, $\rho'' = 2^n + \varepsilon + 1$, on a

$$\lambda'' - \lambda' = q' \log. v. \left(\frac{2^n + \varepsilon + 1}{2^n + \varepsilon}\right) = q' \log. v. \left(1 + \frac{1}{2^n + \varepsilon}\right)$$

çant chacune par o, l'une quelconque de ces octaves renfermera tous les termes de celles qui la précèdent: j'ai dit que cette propriété du système logarithmique *binaire* avait son analogue dans un système logarithmique quelconque; ainsi, par exemple, la série des logarithmes vulgaires de 10000 à 100000 renferme (abstraction faite des caractéristiques) tous les logarithmes de 1000 à 10000, de 100 à 1000, de 10 à 100, de 1 à 10. Si on voulait former une table de logarithmes acoustiques très-étendue, il suffirait de calculer la dernière octave, qui donnerait toutes les autres au moyen de modifications des caractéristiques qui se feraient à vue.

(45) Ces suites d'octaves, successivement divisées en 8, 16, 32, 64, etc., parties, qu'offre la table de logarithmes acoustiques, rendraient cette table fort utile pour préciser les examens relatifs aux échelles musicales anciennes et à des échelles de peuples modernes qui renferment des intervalles plus petits que le demi-ton; les intervalles *partiels* varient dans chacune de ces octaves et diminuent graduellement depuis le premier jusqu'au dernier. Pour avoir la valeur générale de ces variations, considérons l'échelle comprise entre les nombres synchrones 2^n et 2^{n+1}; et soient ε et $\varepsilon+1$, les numéros de deux intervalles consécutifs, numéros comptés à partir du son correspondant à 2^n; l'excès du 2e intervalle sur le 1er, ou l'intervalle *partiel*, aura pour valeur (table 2),

$$q' \log. v. \left(1 + \frac{1}{\varepsilon + 2^n}\right) (*),$$

(*) L'équation (5) de l'art. 34, appliquée au cas de la table 2, donne

Nombres.	1	$\frac{1}{2^n}+1$	$\frac{2}{2^n}+1$	$\frac{3}{2^n}+1$	......
log. ac.	0	$q'\log.\text{v.}\left(\frac{1}{2^n}+1\right)$	$q'\log.\text{v.}\left(\frac{2}{2^n}+1\right)$	$q'\log.\text{v.}\left(\frac{3}{2^n}+1\right)$	......

Nombres.	$\frac{h}{2^n}+1$	......	2.
log. ac.	$q'\log.\text{v.}\left(\frac{h}{2^n}+1\right)$	......	$q'\log.\text{v.}\,2$

Qu'on fasse maintenant les mêmes opérations dans l'étendue de l'octave comprise entre 2^{n+1} et 2^{n+2}, laquelle est sous-divisée en un nombre d'intervalles double du nombre de ceux qui partagent l'octave 2^n et 2^{n+1}, un terme quelconque de numéro pair de la nouvelle série logarithmique pourra être représenté par

$$q'\log.\text{v.}\left(\frac{2h}{2^{n+1}}+1\right) = q'\log.\text{v.}\left(\frac{h}{2^n}+1\right),$$

correspondant au nombre synchrone

$$\frac{2h}{2^{n+1}}+1 = \frac{h}{2^n}+1;$$

on voit que les termes pris de deux en deux dans les séries formées entre 2^{n+1} et 2^{n+2} seront identiques avec les termes consécutifs des séries (P). Des séries analogues, formées entre 2^{n+2} et 2^{n+3}, donneraient les identités de 4 en 4, et ainsi de suite.

Il suit de ce qui précède que si la série des logarithmes acoustiques est distribuée en une suite d'octaves, commen-

rendu par $\frac{1}{32}$ de la corde, en retranchant 60 de tous les logarithmes acoustiques, depuis celui de 32 jusqu'à celui de 64.

(44) On peut remarquer que les sons de l'échelle (M) se retrouvent tous parmi ceux de l'échelle (N) aux 1re, 3e, 5e, 7e, 9e, etc., cases. Il en serait de même de l'échelle (N) par rapport à l'échelle dite *enharmonique*, qu'on formerait entre les sons rendus par le $\frac{1}{32}$ et le $\frac{1}{64}$ de la corde. Il est aisé de vérifier, d'une manière générale, cette propriété du système logarithmique *binaire*, qui a son analogue dans un système logarithmique quelconque.

Soit 2^n un des nombres de la colonne *Nombres* d'une des tables 1 ou 2; on aura, en commençant par ce terme 2^n, la suite de nombres et de logarithmes acoustiques correspondants qui complètent l'étendue d'une octave; et en prenant la table 2 pour exemple,

(O)...

Nombres.	$0+2^n$	$1+2^n$	$2+2^n$	$3+2^n$	...
log. ac.	$q'\log.\mathrm{v}.2^n$	$q'\log.\mathrm{v}.(1+2^n)$	$q'\log.\mathrm{v}.(2+2^n)$	$q'\log.\mathrm{v}.(3+2^n)$	...
Nombres.	$h+2^n$	....	2^{n+1}		
log. ac.	$q'\log.\mathrm{v}.(h+2^n)$	....	$q'\log.\mathrm{v}.2^{n+1}$		

si on veut compter les intervalles, à partir des premiers termes de ces deux suites, il faudra diviser tous les termes de la première suite par 2^n, et retrancher $q'\log.\mathrm{v}.2^n$ de tous les termes de la 2e suite, et ces deux suites deviendront

(75)

ut, 0,00	ré, 2,04	mi, 3,86	φα, 5,51	sol, 7,02	λα, 8,41	σι, 9,69	si, 10,88	ut, 12,00

qui est une espèce d'échelle diatonique où l'on retrouve les notes *ré, mi, sol, si,* de l'échelle n° 2 du tableau (K), art. 24. Les notes désignées par φα, λα et σι, sont, respectivement, à 0^d,53 au-dessus, 0^d,43 au-dessous, et 0^d,27 au-dessous, du *fa*, du *la* et du *si* ♭ de la même échelle du tableau (K).

Continuant encore la série des *harmoniques*, depuis $\frac{1}{16}$ jusqu'à $\frac{1}{32}$, on a une nouvelle octave divisée en 16 parties, dont les intervalles, à compter du son rendu par le $\frac{1}{16}$ de la corde, sont, table 2,

ut, 0,00	1,05	ré, 2,04	2,98	mi, 3,86	4,71	φα, 5,51	6,28	sol, 7,02
sol, 7,02	7,73	λα, 8,41	9,06	σι, 9,69	10,30	si, 10,88	11,45	ut, 12,00

Cette échelle peut être assimilée à une échelle chromatique, quoique les intervalles partiels y soient très-sensiblement différents de ceux qui existent entre les notes des échelles du tableau (K).

L'octave qui suit l'échelle (N) est comprise entre les *harmoniques* $\frac{1}{32}$ et $\frac{1}{64}$; cette octave est divisée en trente-deux parties, et constitue ainsi une espèce d'échelle enharmonique ; on aura les intervalles entre les sons de cette échelle et le son

10.

ception la plus générale; chacun de ses termes est donné par les deux termes qui le précèdent, ce qui la met dans la classe de celles qu'on appelle *récurrentes*.

Désignant les deux premiers termes par a_1 et a_2, le terme général a_x sera une fonction de ces deux premiers termes, et du numéro x on aura :

$$a_x = \frac{a_1 a_2}{(x-1)(a_1 - a_2) + a_2} \ \ldots\ldots (6)$$

La série $\frac{1}{1}, \frac{1}{2}, \frac{1}{3}, \frac{1}{4}$, etc., satisfait aux équations (α) et (6); car, prenant trois termes consécutifs, $\frac{1}{x}, \frac{1}{x+1}, \frac{1}{x+2}$, si on forme l'équation

$$\frac{1}{x+2} = \frac{\frac{1}{x} \cdot \frac{1}{x+1}}{\frac{2}{x} - \frac{1}{x+1}},$$

correspondante à (α), on la trouvera identique; la même identité aura lieu pour l'équation

$$\frac{1}{x} = \frac{\frac{1}{1} \cdot \frac{1}{2}}{(x-1)\left(\frac{1}{1} - \frac{1}{2}\right) + \frac{1}{2}}$$

correspondante à (6).

Si on continue la série des *harmoniques* depuis $\frac{1}{8}$ jusqu'à $\frac{1}{16}$, et qu'on prenne, table 2, les logarithmes acoustiques des intervalles entre les sons consécutifs et celui qui est rendu par $\frac{1}{8}$ de longueur, on aura l'échelle

qués, on substitue les rapports de longueurs des sous-divisions de la corde vibrante avec sa longueur totale, on aura la série $\frac{1}{1}, \frac{1}{2}, \frac{1}{3}, \frac{1}{4}, \frac{1}{5}, \frac{1}{6}, \frac{1}{8}$, etc., que ses propriétés relatives à l'acoustique ont fait nommer *progression harmonique;* tous les nombres compris dans la colonne *Nombres* de chacune des tables 1 et 2, sont les dénominateurs de fractions ayant 1 pour numérateur commun, et désignant les fractions de la corde totale qui rendent les sons dont les intervalles, avec le premier son de la table, sont représentés par les logarithmes acoustiques respectivement correspondants. Je vais donner quelques détails analytiques sur ce qui concerne cette *progression harmonique.*

La suite des fractions $\frac{1}{1}, \frac{1}{2}, \frac{1}{3}$, etc., est un cas particulier d'une espèce de série dont voici la propriété caractéristique : soit une suite de nombres

$$a_1, a_2, a_3, a_4, \ldots a_x, a_{x+1}, a_{x+2}, \text{etc.},$$

liés entre eux de telle manière que partout où l'on prendra trois termes consécutifs, comme seraient a_x, a_{x+1}, a_{x+2}, ces nombres donnent la proportion

$$a_x : a_{x+2} :: (a_x - a_{x+1}) : (a_{x+1} - a_{x+2}),$$

d'où l'on tire,

$$a_{x+2} = \frac{a_x a_{x+1}}{2 a_x - a_{x+1}} \ldots \ldots (\alpha)$$

Cette série sera la *progression harmonique* prise dans l'ac-

c'est la valeur du logarithme acoustique qu'on trouve, table II, à côté du nombre 7.

(42.) Cet intervalle 33^d,69 est digne de remarque; une corde d'une tension déterminée étant supposée donner le *son fixe ut*, le son rendu par la 7e partie de cette corde formera, avec le premier, ce même intervalle 33^d,69, qui, ramené dans l'octave de l'*ut* de départ, devient 9^d,69, supérieur de 0^d,69, et inférieur de 0^d,31, respectivement au *la* et au *si* ♭ du *tempérament égal*. La plus grande différence entre les sons de même dénomination, dans les échelles ci-devant analysées, a été trouvée de 0^d,22, et la trop forte anomalie du son à l'intervalle 9^d,69, son que je désignerai par сɪ, l'a fait exclure de notre diapason musical.

Cependant ce сɪ, ou *si* ♭ *déprimé*, que nos oreilles trouvent faux, est compris dans les *harmoniques* du corps sonore; le cor *libre*, en *ut*, le sonne naturellement. On sait que la corde aérienne donne d'abord les deux sons extrêmes *ut, ut* de l'octave, au grave; puis, les trois sons *ut, sol, ut*, de la 2e octave; les cinq sons *ut, mi, sol,* сɪ*, ut*, de la 3e octave, etc., c'est-à-dire la série *ut, ut, sol, ut, mi, sol,* сɪ*, ut*, etc. Or ces huit premiers sons se trouvent être précisément ceux dont les intervalles avec l'*ut* grave de départ ont pour valeurs les huit premiers logarithmes acoustiques des tables 1 et 2; et une continuation de la série des *harmoniques* en aurait une correspondante dans la série des logarithmes: ces rapprochements fournissent matière à quelques développements qui pourront intéresser le lecteur.

(43) Si, aux nombres synchrones de vibrations correspondants à chacun des logarithmes acoustiques ci-dessus indi-

celle qu'on trouve table 1, en retranchant du logarithme acoustique de 137 celui de 111.

(41) *Exemples de l'emploi des formules relatives à la table II.*

1° On demande le rapport des nombres synchrones de vibrations, qui donne un intervalle de $2^d,0391$.

Formule $\log. v.\rho = q.\lambda$; $\lambda = 2,0391$.

$$\text{Log. v.}\lambda = 0,3094385$$
$$\text{Log. v.}q = \bar{2},3994285$$
$$\text{Somme } = \bar{2},7088670 = \log. v. 0,0511525.$$

$\text{Log. v.}\rho = 0,0511525$, d'où $\rho = 1,125 = 1\frac{1}{8} = \frac{9}{8}$; 9 et 8 sont les nombres synchrones des vibrations donnant le *ré* et l'*ut*, le *si* et le *la*, de l'échelle du tableau (A), art. 3; et l'intervalle $\lambda = 2^d,0391$ se trouve en retranchant, table II, du logarithme acoustique de 9 celui de 8; cet intervalle est inscrit $2^d,04$ dans les tableaux (C), n° 1, art. 6, et (D), art. 7.

2° Les nombres synchrones de vibrations de deux cordes étant dans le rapport de 7:1, trouver la valeur de l'intervalle entre les sons rendus par ces cordes.

Formule $\lambda = q' \log. v.\rho$; $\rho = 7$.

$$\text{Log. v.}\rho = 0,8450980$$

$$\text{Log. v. } 0,845098 = \bar{1},9269072$$
$$\text{Log. v. }q' = 1,6005715$$

$$\text{Log. v.}\lambda = 1,5274787$$
Intervalle cherché $\lambda = 33^d,68826$

(70)

brations, qui donne un intervalle musical de $4^{\text{octav.}},9542$.

Formule $\log.\text{v}.\rho = p.\mu$; $\mu = 4,9542$.

$$\text{Log. v. } \mu. = 0,6949735$$
$$\text{Log. v. } p. = \overline{1},4786098$$

Somme $= 0,1735833. = \log.\text{v}. 1,49136$.

On a log. v. ρ. $= 1,49136$, d'où $\rho = 31$; c'est le nombre écrit dans la colonne *Nombres* de la table 1, vis-à-vis le logarithme acoustique $4,9542$. Ainsi lorsque l'intervalle entre deux sons est de $4^{\text{octav.}},9542$, la corde sonore, émettant le son aigu, fait 31 vibrations synchrones avec une vibration de l'autre corde.

2° Les nombres synchrones de vibrations de deux cordes étant dans le rapport de $137:111$, trouver la valeur de l'intervalle entre les sons rendus par ces deux cordes.

Formule $\mu = p' \log.\text{v}. \rho$; $\rho = \dfrac{137}{111}$.

$$\text{Log. v. } 137 = 2,1367206$$
$$\text{Log. v. } 111 = 2,0453230$$

Différence $=\log.\text{v}. \rho \quad 0,0913976$

$$\text{Log. v. } 0,0913976. = \overline{2},9609348$$
$$\text{Log. v. } p' = 0,5213902$$

$$\text{Log. v. } \mu = \overline{1},4823250$$

Intervalle cherché $= \mu = 0,3036162$ octave

Cette valeur de μ, calculée immédiatement, est précisément

2° TABLE II.

$$\rho = 2^{\frac{\lambda}{12}}; \log.v.\rho = \lambda\left(\frac{1}{12}\cdot\log.v.2\right); \lambda = \frac{1}{\frac{1}{12}\log.v.2}\cdot\log.v.\rho,$$

$$\frac{1}{12}\log.v.2 = 0{,}02508\ 58329\ 71998 = q,$$

$$\frac{1}{\frac{1}{12}\cdot\log.v.2} = 39{,}86313\ 71386\ 48348 = q',$$

$$\text{Log.v.}\,q = \overline{2}{,}39942\ 85262\ 98050,$$

$$\text{Log.v.}\,q' = 1{,}60057\ 14737\ 01950,$$

J'ai donné, en faveur de quelques amateurs de chiffres, ces coefficients et leurs logarithmes, avec un nombre de décimales surpassant de beaucoup celui qui, en général, sera nécessaire pour les usages ordinaires. Chacun pourra s'arrêter à l'ordre de décimale convenable, d'après le degré d'exactitude qu'il voudra obtenir.

(39) En définitive, on a, pour transformer les logarithmes tabulaires usuels en logarithmes acoustiques, et réciproquement,

TABLE I..... $\text{Log.v.}\rho = p\mu$... $\mu = p'\log.v.\rho$.... (10)
TABLE II.... $\text{Log.v.}\rho = q\lambda$... $\lambda = q'\log.v.\rho$.... (11)

Les valeurs de p, p', q, q' et celles de leurs logarithmes usuels sont données dans l'article précédent.

(40) *Exemples de l'emploi des formules relatives à la table I.*

1° On demande le rapport des nombres synchrones de vi-

J'avais employé, pour tous ces calculs, la méthode *manufacturière* des différences, et 150 ou 200 calculateurs, à qui il suffisait de savoir les deux premières règles de l'arithmétique, remplissaient les pages de mes in-folio (*). Cette méthode des différences n'est pas nécessaire dans le cas dont il s'agit ici, parce qu'on n'aura jamais à calculer des tables de logarithmes acoustiques d'une grande étendue; mais si on se trouve dans le cas de faire quelques calculs isolés, on emploiera les valeurs numériques qui suivent.

1° TABLE I.

Nota. Les caractéristiques au-dessus desquelles on voit le signe — sont négatives, mais la partie décimale, à droite de la virgule, est positive.

$$\rho = 2^\mu; \; \log. v. \, \rho = \mu \log. v. \, 2; \; \mu = \frac{1}{\log. v. \, 2} \cdot \log. v. \, \rho.$$

$$\text{Log. v. } 2 = 0{,}30102\;99956\;63981 = p,$$
$$\frac{1}{\text{Log. v. } 2} = 3{,}32192\;80948\;87362 = p',$$
$$\text{Log. v. } p = \overline{1}{,}47860\;97723\;45675,$$
$$\text{Log. v. } p' = 0{,}52139\;02276\;54325,$$

(*) Voyez, sur mes grandes Tables logarithmiques et trigonométriques, le rapport fait par Lagrange, Laplace et Delambre, et inséré dans le tome V des Mémoires de l'Institut de France. J'ai publié diverses notices sur ces tables; l'une desquelles a été lue à la séance publique de l'Académie royale des Sciences du 7 juin 1824.

prenant la forme

$$\rho = 2^{\frac{\lambda}{12}} \ldots \ldots (9)$$

Cette seconde forme est mieux adaptée aux habitudes musicales que la précédente; un intervalle est plus aisément conçu, exprimé en demi-tons qu'en octaves et fractions d'octave, soit ordinaires, soit décimales; on se procure encore, en prenant le 12ᵉ d'octave pour unité d'intervalle, un second avantage, celui d'avoir, dans les instruments à touche, accordés suivant le *tempérament égal*, des *étalons* de mesures musicales.

La table 2 est calculée d'après la formule (9); la colonne *Nombres* contient, comme dans la table 1, les valeurs successives de ρ, et la colonne *Logarithmes acoustiques* contient les valeurs correspondantes de λ.

Il existe entre les systèmes logarithmiques donnés par les formules (8) et (9) une relation qui rend le calcul d'une des tables 1 ou 2 fort aisé, lorsque celui de l'autre est exécuté. Les logarithmes acoustiques de la table 2 sont duo-décuples des logarithmes de la table 1, correspondants aux mêmes nombres; on voit, en effet, que, pour une même valeur de ρ, dans les équations $\rho = 2^{\mu}$ et $\rho = 2^{\frac{\lambda}{12}}$, on a $2^{\mu} = 2^{\frac{\lambda}{12}}$, d'où $\lambda = 12\mu$.

(38) Les tables originales, desquelles les tables de logarithmes acoustiques 1 et 2 sont extraites, ont été calculées à 15 et 20 décimales, à l'époque où j'étais occupé de la confection des grandes Tables logarithmiques et trigonométriques, formant 18 vol. grand in-fol., déposés à l'Observatoire royal de Paris.

même rang que l'unisson, avec lequel elle est quelquefois confondue, même par des oreilles exercées (*), et on a deux partis à prendre remplissant l'un et l'autre les conditions demandées, savoir :

1° Celui de prendre, pour unité d'intervalle, l'octave elle-même, auquel cas on a $a=2$ et $k=1$, l'équation $\rho=a^{\frac{\mu}{k}}$ devenant

$$\rho=2^{\mu}\ldots\ldots (8)$$

La table N° 1 est calculée d'après cette formule; la colonne *Nombres* contient les valeurs successives de ρ, et la colonne *Logarithmes acoustiques* contient les valeurs correspondantes de μ.

2° Celui de prendre, pour unité d'intervalle, le demi-ton du *tempérament égal*, ou le 12° d'octave, auquel cas on a $a=2$, et $k=12$, l'équation $\rho=a^{\frac{\mu}{k}}$, dans laquelle on a

$$a^{\frac{1}{k}}=2^{\frac{1}{12}}=1,05946\ 30943\ 59,$$

(*) La confusion a lieu particulièrement pour les voix ; j'ai été consulté sur cette matière, il y a quelques années, à propos d'une dissidence d'opinions entre quelques membres du Conservatoire de Musique de Paris ; j'adressai à un de MM. les professeurs une note contenant diverses observations, et dans laquelle je me plaignais de la substitution qu'on fait fréquemment de la clef de *sol* à la clef d'*ut*, pour écrire les chants de voix d'hommes ; ces chants se trouvent, ainsi notés, une octave plus haut qu'ils ne sont réellement chantés.

fixe, l'autre plus grave, respectivement produits par les nombres synchrones ρ' et $\rho_{,}$ de vibrations, qui donnent les intervalles μ' et $\mu_{,}$ avec le son fixe; on aura

$$\rho' = a^{\frac{\mu'}{k}}, \quad \rho_{,} = a^{\frac{-\mu_{,}}{k}},$$

d'où

$$\frac{\rho'}{\rho_{,}} = a^{\frac{\mu'+\mu_{,}}{k}} \ldots \ldots (7).$$

L'intervalle $\mu'+\mu_{,}$ entre les deux sons est la somme des intervalles respectifs entre chacun d'eux et le son fixe.

(37) Je passe à la formation des tables des *logarithmes acoustiques*.

Cette formation s'effectue au moyen de l'équation $\rho = a^{\frac{\mu}{k}}$, donnée article 33, dans laquelle, attribuant à ρ les valeurs successives 1, 2, 3, 4, etc., on place ces valeurs en regard avec les valeurs correspondantes de μ; les secondes sont les *logarithmes acoustiques* des premières.

Une détermination préalable, fort importante, est celle de la quantité constante $a^{\frac{1}{k}}$, ou de la *base* du système logarithmique; $a^{\frac{1}{k}}$ est la valeur de ρ correspondant à $\mu = 1$, celle qui donne le nombre de vibrations d'où résulte le son à l'unité d'intervalle du *son fixe;* il est convenable et même nécessaire que cette unité d'intervalle ait, avec l'intervalle d'octave, un rapport très-simple et adapté aux habitudes musicales. L'octave peut, dans le classement des intervalles, être mise au

le rapport par quotient de chacun de ces termes avec le terme immédiatement suivant sera $a^{\frac{1}{k}}$; donc, si ces termes, y compris le premier $n a^{\frac{0}{k}}$, sont les valeurs de nombres synchrones de vibrations de cordes sonores, on pourra faire sur les intervalles musicaux des sons rendus par ces cordes au grave du *son fixe*, les mêmes raisonnements appliqués aux sons rendus à l'aigu de ce *son fixe*, et la formule $\rho = a^{\frac{\mu}{k}}$ énoncera une loi générale du système de ces sons, en donnant à l'indice μ le signe convenable dans chaque cas particulier.

(36) Représentant par $\rho_,$ et $\rho_{,,}$ des nombres de vibrations synchrones entre eux et avec celles de la corde *son fixe*, supposant $\rho_, > \rho_{,,}$, et désignant par $\mu_,$ et $\mu_{,,}$ les intervalles correspondants, on aura

$$\rho_, = a^{\frac{-\mu_,}{k}} \; ; \; \rho_{,,} = a^{\frac{-\mu_{,,}}{k}},$$

d'où

$$\frac{\rho_,}{\rho_{,,}} = a^{\frac{\mu_{,,} - \mu_,}{k}} \ldots \ldots (6)$$

L'exposant $\frac{\mu_{,,} - \mu_,}{k}$ est positif, parce que l'hypothèse $\rho_, > \rho_{,,}$ suppose que le son de la corde qui vibre $\rho_{,,}$ est plus grave, et conséquemment séparé du *son fixe* par un plus grand intervalle que le son qui vibre $\rho_,$. L'équation (6) est à l'égard des sons plus graves que le *son fixe*, ce qu'est l'équation (4) à l'égard des sons plus aigus que ce *son fixe*.

S'il s'agit de comparer deux sons, l'un plus aigu que le *son*

correspondants rapportés au *son fixe*, on aura (équation (2)),

$$\rho' = a^{\frac{\mu'}{k}}, \rho'' = a^{\frac{\mu''}{k}};$$

d'où

$$\frac{\rho''}{\rho'} = a^{\frac{\mu''-\mu'}{k}} \ldots \ldots (4),$$

et par suite,

$$(\mu'' - \mu') \log. v. a = k \log. v. \left(\frac{\rho''}{\rho'}\right) \ldots (5)$$

On pourra ainsi calculer immédiatement l'intervalle $\mu'' - \mu'$ entre les sons correspondants aux nombres synchrones donnés de vibrations ρ' et ρ'', sans avoir besoin de connaître les valeurs particulières de μ' et μ''; et réciproquement, si l'intervalle musical entre les deux sons est donné, on en déduira le rapport $\frac{\rho''}{\rho'}$ des nombres synchrones de vibrations.

(35) J'ai considéré particulièrement, dans l'établissement de l'équation $\rho = a^{\frac{\mu}{k}}$, le cas des intervalles ascendants à partir du *son fixe*, c'est-à-dire le cas des valeurs positives de μ; mais cette formule, qui établit la loi de continuité entre les termes de la série (1), art. 31, est applicable aux valeurs de μ, tant positives que négatives, et il faut seulement savoir ce que désignent ces dernières valeurs.

Si on suppose la série (1), art. 31, prolongée à gauche et à partir de $n a^{\frac{0}{k}}$ par la suite des termes

$$n a^{\frac{0}{k}}; n a^{\frac{-1}{k}}; n a^{\frac{-2}{k}}; n a^{\frac{-3}{k}}; n a^{\frac{-4}{k}}, \text{etc.},$$

tera à un son dont l'intervalle avec le son fixe se composera de l'intervalle m, en nombre entier d'unités d'intervalle, plus la fraction ω d'unité d'intervalle.

Soit l'indice général d'intervalle $m + \omega = \mu =$ un nombre quelconque entier ou fractionnaire, que je suppose d'abord positif; le terme $n a^{\frac{\mu}{k}}$ appartiendra à un son, formant avec le *son fixe* un intervalle composé d'un nombre d'unités d'intervalle et de fractions de cette unité égal à la valeur de μ.

(34) La série (1) de l'art. 31 se trouve ainsi assujettie à la loi de continuité; on peut, sans limiter la généralité de cette série, supposer $n = 1$, et $a^{\frac{\mu}{k}}$ sera le nombre de vibrations faites par la corde à laquelle ce terme général de la série appartient, pendant que la corde rendant le *son fixe* fait une vibration.

Désignant par ρ ce nombre synchrone de vibrations, sa relation avec l'intervalle musical correspondant sera donnée par l'équation

$$\rho = a^{\frac{\mu}{k}} \ldots (2),$$

de laquelle on déduit, pour faciliter les applications numériques, et en désignant par log. v les logarithmes tabulaires usuels ou vulgaires,

$$\mu \log. \text{v}. a. = k. \log. \text{v}. \rho \ldots (3).$$

Cette équation ne donne pas seulement l'intervalle entre un son donné et le *son fixe*, on en déduit aussi l'intervalle entre deux sons quelconques produits par des nombres synchrones de vibrations. Soient ρ' et ρ'' ces nombres, μ' et μ'' les intervalles

termes consécutifs de la série précédente étant celui de $1 : a^{\frac{1}{k}}$.

(32) Je nommerai *unité d'intervalle*, cet intervalle commun, et *son fixe*, le son rendu par la corde n° 0, celle qui fait un nombre de vibrations $= n a^{\frac{0}{k}} = n$, synchrone avec $n a^{\frac{1}{k}}$, $n a^{\frac{2}{k}}$, $n a^{\frac{3}{k}}$, etc.

Je remarque ensuite que cette unité d'intervalle résulte de la sous-division en un nombre k de parties égales de l'intervalle entre le *son fixe* et le son de la corde n° k, celle qui fait le nombre de vibrations $n a^{\frac{k}{k}}$, ou $n a$, synchrone avec le nombre n de vibrations de la corde *son fixe* : cette remarque aura bientôt une application importante.

(33) L'intervalle entre le *son fixe* et le son de la corde d'un numéro quelconque m, sera donc égal à l'unité d'intervalle répétée autant de fois qu'il y a d'unités numériques dans m, ce qui revient à dire qu'on aura, pour mesure *vraie* de cet intervalle, le numérateur de l'exposant fractionnaire de a, dans le terme de la série (1) de l'art. 31, qui donne le nombre synchrone de vibrations faites par cette corde numéro m.

De plus, ce mode de mesure n'est pas applicable seulement aux valeurs de m en nombres entiers ; on peut concevoir des nombres fractionnaires intercalés entre m et $m + 1$, et croissant par différences égales, ou finies ou infiniment petites. Soit $m + \omega$ un de ces nombres (on a $\omega < 1$), le terme $n a^{\frac{m+\omega}{k}}$, dont le rapport par quotient avec $n a^{\frac{m}{k}}$ est $a^{\frac{\omega}{k}}$, se rappor-

quarte et quinte, les instrumentistes de la plus basse classe perçoivent et effectuent leurs successions entre plusieurs cordes, dans l'accord de leurs guitares, mandolines, violons, etc. En général, un musicien à qui on fera entendre deux sons à un certain intervalle musical l'un de l'autre, pourra aisément, en partant d'un 3ᵉ son donné, entonner, soit avec la voix, soit avec un instrument *libre*, un 4ᵉ son formant avec le 3ᵉ le même intervalle qui existe entre les deux premiers.

Le phénomène acoustique, duquel résulte cette égalité d'intervalles, est l'égalité des rapports entre les nombres synchrones des vibrations des cordes numérotées 1, 2, 3 et 4. Supposons que les cordes nᵒ 1 et nᵒ 2 fassent pendant un temps t des nombres respectifs n' et n'' de vibrations, et que les cordes nᵒ 3 et nᵒ 4 fassent pendant un même temps T des nombres respectifs de vibrations N' et N''; l'intervalle entre les sons des cordes nᵒˢ 1 et 2 sera égal à l'intervalle entre les sons des cordes nᵒˢ 3 et 4, si on a $\frac{n'}{n''} = \frac{N'}{N''}$.

(31) Il suit de là que si plusieurs cordes numérotées 0, 1, 2, 3, 4, 5, etc., sont tendues de manière à faire les nombres synchrones respectifs de vibrations,

$$na^{\frac{0}{k}}; na^{\frac{1}{k}}; na^{\frac{2}{k}}; na^{\frac{3}{k}}; na^{\frac{4}{k}}; \ldots na^{\frac{k}{k}}; \ldots na^{\frac{m}{k}}; na^{\frac{m+1}{k}}; \text{etc}\ldots\ldots (1),$$

un même intervalle musical existera entre les sons de deux quelconques de ces cordes, dont les numéros ne différeront que d'une unité, le rapport constant par quotient entre deux

tie de l'analyse algébrique relative aux fonctions exponentielles et logarithmiques; ils y trouveront des formules générales pour déterminer immédiatement et sans le secours des tables (1) et (2), les intervalles correspondants à des nombres synchrones de vibrations, ou réciproquement, et suppléer, au besoin, ces mêmes tables, si leur étendue ne suffisait pas à certains calculs qu'on aurait à faire.

Une des premières qualités que l'éducation musicale donne à l'oreille, est celle de la perception de l'égalité entre des intervalles musicaux. Cette éducation n'est même pas nécessaire pour l'unisson et l'octave; l'oreille ne peut les méconnaître qu'à raison d'un vice d'organisation. Quant aux intervalles de

---

l'expression musicale, en voyant les harpistes d'aujourd'hui dénaturer un instrument enchanteur, lui faire perdre le charme qui lui est propre en l'assujétissant à rendre des difficultés auxquelles son *organe naturel* se refuse; j'ai entendu un très-beau concerto de Hummel, exécuté sur la harpe par un artiste d'un talent distingué, et écouté par une assemblée choisie avec une désolante froideur. Il est affligeant de voir la harpe, transformée en forte-piano insignifiant, neutraliser ainsi le génie musical par le défaut de discernement du musicien exécutant. J'ajouterai qu'une des qualités bien précieuses de cet instrument, celle d'être éminemment propre à accompagner la voix, se trouve totalement négligée depuis 30 ou 40 ans; il est vrai que, par des spéculations mercantiles, les graveurs mettent ordinairement, sur les titres des accompagnements, les mots *forte-piano* et *harpe* à la suite l'un de l'autre; mais il est aisé de voir que les auteurs de ces accompagnements ne connaissent, en général, que le forte-piano, et ne savent pas comment on pourrait tirer parti des ressources instrumentales qu'offre la harpe. Les recueils d'accompagnements de harpe, pour le chant, étaient très-multipliés vers la fin du siècle dernier, trop sans doute; leur totale disparition n'en est pas moins une lacune dans les jouissances musicales.

8.

§ IV.

Formules analytiques donnant les rapports entre les nombres synchrones de vibrations des cordes sonores et les intervalles musicaux correspondants à ces nombres ; application de ces formules au calcul des tables de logarithmes acoustiques; progressions harmoniques.

(30) Ce 4ᵉ § est rédigé en faveur de ceux des lecteurs qui ont fait quelques études, simplement élémentaires, de la par-

---

musique, une note sur ses avantages relatifs et à l'exécution musicale et à l'étude de l'harmonie : après avoir, dès l'origine de l'invention, examiné très-soigneusement le mécanisme adapté à l'instrument, j'ai pu par une longue expérience reconnaître que ce mécanisme remplissait également bien et les conditions musicales et celles de la solidité. Une harpe, à double *accrochement* ou *mouvement*, que je possède depuis un grand nombre d'années, est encore dans le même état de jeu qu'à l'époque de sa construction ; j'ajouterai que les hommes sujets à éprouver des fatigues de tête, par l'exercice journalier de la pensée, s'ils ont quelque connaissance, quelque habitude de l'harmonie et de l'exécution musicale, trouvent dans la harpe une ressource de délassement qu'un autre instrument ne leur procurerait pas; de simples accords, quelques sons *ossianiques*, que le silence de la nuit rend si expressifs, amènent le calme, préparent le repos, assurent un sommeil doux et tranquille : ces effets tiennent au timbre de la fibre animale dont l'action sur nos organes ne peut pas être remplacée par le son de la corde métallique : d'antiques traditions attestent des prodiges physiologiques opérés avec des harpes qui, certainement, ne valaient pas celles d'Erard, et des faits, à ma parfaite connaissance, me donnent lieu de penser que ces traditions ne sont pas mensongères.

A propos de sons *ossianiques*, je ne puis m'empêcher de dire un mot du regret que j'éprouve, et qui est partagé par beaucoup d'amateurs de

clavier enharmonique, autre que celui dont je viens de parler ; les difficultés du *toucher* en rendaient l'usage impraticable ; mais cette lacune dans les moyens d'exécution, par claviers, a été remplie, avec tout le succès désirable, dans les instruments à cordes *pincées*, par un homme de génie dont les amis des arts regrettent vivement la perte récente, M. le chevalier Sébastien Érard. Sa harpe à *double accrochement*, ordinairement désignée par le nom de harpe à *double mouvement*, satisfait aux conditions exigées pour une échelle enharmonique, au moyen de deux crans ou arrêts sur lesquels chaque pédale peut être successivement fixée ; ce *double accrochement* est rendu praticable par un mécanisme aussi simple qu'ingénieux ; chaque corde, représentative de trois sons, donne ainsi le bémol à vide, le bécarre au *premier accrochement* et le dièze au *second accrochement ;* les détails du mécanisme sont arrangés de manière qu'on peut disposer l'instrument soit pour l'accord à *tempérament égal*, soit pour tout autre système de tempérament, et dans aucun cas (sauf celui des doubles dièzes ou doubles bémols) on ne se trouve obligé d'employer le dièze de la corde inférieure pour remplacer le bémol de la supérieure, et réciproquement ; le doigté d'un trait donné est, ainsi, absolument indépendant de l'armature de la clef, qui peut porter depuis 7 dièzes jusqu'à 7 bémols sans que cette armature ait la moindre influence sur la difficulté de l'exécution, etc., etc. (*).

(*) J'ai fait, au mois d'avril 1815, un rapport très-circonstancié, sur cette harpe, aux sections de l'Institut royal de France des *Sciences mathématiques et physiques* et des *Beaux-Arts ;* et j'ai publié postérieurement, à l'occasion de la création d'un professorat de harpe au Conservatoire de

détail, que chacun pourra multiplier à volonté avec le secours des tableaux précédemment donnés, je vais, en terminant ce 3ᵉ §, entretenir le lecteur d'une propriété caractéristique de l'échelle du tableau (L) digne d'attention.

(28) On est frappé, à l'aspect de ce tableau, des dispositions respectives, entre deux notes distantes d'un ton, du dièze de l'inférieure, et du bémol de la supérieure. Le dièze est plus haut que le bémol d'environ $\frac{1}{4}$ de demi-ton (o^d,2346). Cette répartition d'intervalles est incompatible avec l'emploi des claviers ordinaires, sur lesquels la même touche sonne le dièze de la touche à gauche et le bémol de la touche à droite. J'ai vu et entendu autrefois un clavecin que La Borde avait fait construire d'après les instructions de Roussier, et sur lequel chacune des notes du tableau (L) avait sa touche particulière; l'instrument accordé à quintes parfaitement justes, rendait très-sensibles les intervalles du *ré*♭ à l'*ut*♯, du *mi*♭ au *ré*♯, etc. Quand on ne faisait entendre, avec ce système, que de la mélodie sans harmonie, les *appels* et les *solutions* procédant par demi-tons, dans les sens convenables, étaient énergiques; mais dès qu'on y joignait de l'harmonie, la dureté des tierces blessait l'oreille; ce sentiment pénible était surtout produit par les accords parfaits que les harmoniques de la corde sonore donnent immédiatement; l'oreille s'accommodait mieux des accords plus complexes, tels que la septième diminuée, la sixte superflue, qui même bien préparés, n'étaient pas sans effet; ce qui tient à l'énergie des *appels* et des *solutions* dont j'ai parlé plus haut.

(29) Je ne crois pas qu'il ait été construit un instrument à

(55)

INDICATIONS des NOTES.	INTERVALLES A COMPTER DE l'*ut* son fixe.	DIFFÉRENCES ou intervalles PARTIELS.	INDICATIONS des NOTES.	INTERVALLES A COMPTER DE l'*ut* son fixe.	DIFFÉRENCES ou intervalles PARTIELS.
ut.....	d. 0,00000		fa ♯....	d. 6,11730	
ré ♭....	0,90225	d. 0,90225	sol.....	7,01955	d. 0,90225
ut ♯....	1,13685	0,23460	la ♭....	7,92180	0,90225
ré.....	2,03910	0,90225	sol ♯...	8,15640	0,23460
mi ♭...	2,94135	0,90225	la.....	9,05865	0,90225
ré ♯...	3,17595	0,23460	si ♭....	9,96090	0,90225
fa ♭....	3,84360	0,66765	la ♯....	10,19550	0,23460
mi.....	4,07820	0,23460	ut ♭....	10,86315	0,66765
fa.....	4,98045	0,90225	si......	11,09775	0,23460
mi ♯...	5,21505	0,23460	ut.....	12,00000	0,90225
sol ♭...	5,88270	0,66765	si ♯....	12,23460	0,23460
fa ♯....	6,11730	0,23460	ré ♭....	12,90225	0,66765

Les intervalles de tons entiers, comme *ut ré, ré mi,* etc., sont de $2^d,0391$; les distances d'une note, soit au dièze de l'inférieure, soit au bémol de la supérieure, sont de $0^d,90225$; ces derniers intervalles partiels sont plus contractés que ceux qu'on pourrait leur assimiler dans le tableau (H), art. 22, et dont la valeur est $1^d,12$; la différence est de $0^d,22$. D'une autre part, ce tableau (H) donne $0^d,70$ entre *ré♯* et *mi*, *sol♯* et *la*, tandis que le tableau (L) conserve son intervalle régulier de $0^d,90$ entre les mêmes notes, plus fort que l'intervalle $0^d,70$ de $\frac{20}{100}$ de demi-ton. Mais laissant ces observations de

départ qu'on les rapporte ; cette propriété résulte nécessairement de ce que, en partant d'un son quelconque, tous les intervalles entre ce son et chacun de ceux qui entrent dans la composition de l'échelle, se dérivent généralement d'une suite de quintes justes. Ainsi, tous les intervalles de seconde comme *ut*, *ré* ; *ré*, *mi*, *mi*, *fa♯*, etc., sont donnés par deux quintes justes ascendantes ; les intervalles de tierces mineures par trois quintes justes descendantes, ou trois quartes ascendantes ; entre une note et la même note *diézée*, on trouve sept quintes ascendantes, le même nombre de quintes descendantes ou de quartes ascendantes existe entre une note et la même note *bémolisée*, la note bécarre étant, bien entendu, prise pour point de départ, etc., etc. Il est presque superflu de dire que tous les intervalles donnés par les répliques de quintes sont censés (art. 18) ramenés dans les limites de l'octave du son de départ.

(27) L'analyse détaillée de l'échelle n° 3 du tableau (K) pouvant être de quelque intérêt pour ceux qui réunissent le goût de l'art à celui de la science, je vais donner un tableau de cette échelle, où se trouveront les différences offrant la succession des intervalles partiels chromatiques et enharmoniques entre chaque note et celle qui la précède, et mettant en évidence des propriétés caractéristiques de cette échelle. Les tableaux (D) art. 7, et (H) art. 22, avaient une destination semblable : le premier, pour les intervalles diatoniques, le deuxième, pour les intervalles chromatiques. L'unité d'intervalle est toujours le 12e d'octave ; le logarithme acoustique de $\frac{3}{2}$, sur les multiples duquel la table est formée, n'ayant que cinq décimales significatives, j'ai jugé convenable de les laisser, mais on pourra n'en lire que deux.

les sons par les nombres synchrones de vibration des cordes sonores, ce qui, dans les cas analogues à celui du tableau (K) n° 3, exige des élévations aux puissances, et il a couvert le papier d'une quantité énorme de chiffres, qui ne font pas ressortir, à beaucoup près, les conséquences qu'il a voulu en tirer, aussi nettement, aussi rigoureusement que la seule ligne n° 3 du tableau (K).

Un des intervalles inscrit sur cette ligne n° 3, celui de tierce majeure, comparé à l'intervalle correspondant inscrit sur la ligne n° 2, offre un exemple bien connu du vice de l'énonciation des intervalles par les rapports des nombres synchrones de vibrations; le rapport de vibration qui donne cette tierce majeure est $\frac{3^4}{2^6} = \frac{81}{64}$; et celui qui donne la tierce naturelle est $\frac{5}{4}$, ou $\frac{80}{64}$; on désigne, d'après ce résultat, la différence entre les deux tierces par celle des nombres 80 et 81, ce qui est tout-à-fait insignifiant, et induit en erreur, quand il s'agit *d'intervalles musicaux*; la mesure *vraie* et *musicale* de la différence entre la tierce résultante d'une série de quintes justes et la tierce naturelle est donnée par la différence des logarithmes acoustiques de $\frac{81}{64}$ et de $\frac{80}{64}$, c'est-à-dire qu'elle a, table 2, pour valeur $4,0782 - 3,8631 = 0,2151$ ou $\frac{22}{100}$ de demi-ton en se bornant aux deux décimales inscrites dans les lignes 2 et 3 du tableau (K), qui donnent, pour la différence dont il s'agit, $4,08 - 3,86 = 0^{d},22$.

(26) J'ai parlé, par anticipation, à l'art. 23, de l'uniformité de composition de l'échelle n° 3 du tableau (K); les intervalles de même espèce y sont tous égaux à quelque son ou point de

le nombre des touches étant augmenté en conséquence; Roussier représentait, suivant l'usage des auteurs de traités de musique,

---

excès, on prendra, dans la table 2, les logarithmes acoustiques des facteurs, et on aura

$12 \log. \text{ac.} \left(\dfrac{25}{24}\right) = 8^d,480691$

$3 \log. \text{ac.} \left(\dfrac{625}{576}\right) = 4,240345$

$4 \log. \text{ac.} \left(\dfrac{128}{125}\right) = 1,642354$

somme $= 14^d,363390$

Les nombres du deuxième facteur rentreront dans les limites de la table 2, en observant que $\dfrac{625}{576} = \left(\dfrac{25}{24}\right)^2$; ainsi le produit des deux premiers facteurs $= \left(\dfrac{25}{24}\right)^{18}$.

L'octave se trouve dépassée, par la somme des intervalles partiels, de $2^d,36$; si Jean-Jacques avait connu les logarithmes acoustiques, il se serait bientôt aperçu de son erreur et aurait vu qu'elle tenait au rapport $\dfrac{625}{576}$ par lequel il représente les intervalles *ut* # *re* ♭, *fa* # *sol* ♭ et *la* # *si* ♭; en voyant le logarithme acoustique de ce rapport $\dfrac{625}{576}$, égal à $1^d,4134484$ (ou $1^d,41$), intervalle inadmissible entre les notes ci-dessus désignées, il aurait facilement trouvé le rapport à lui substituer; ce rapport est $\dfrac{648}{625}$ $= \dfrac{2^3 \times 3^4}{5^4}$, et correspondant à un intervalle $= 0^d,62$ qui se trouve dans les limites convenables, et n'est pas la moitié de celui du Dictionnaire: faisant la preuve, on a $3 \log. \text{ac.}\left(\dfrac{648}{625}\right) = 1^d,876955$, logarithme qui, mis à la place de $4^d,240345$, entre le 1er et le 3e de ceux qu'on a additionnés ci-dessus, rend la nouvelle somme exactement égale à 12^d; la correction à faire à l'échelle de J.-J. consiste, ainsi, dans la substitution de $\dfrac{625}{648}$ à $\dfrac{576}{625}$ (rapports de longueurs) dans chacune des trois places où se trouve le rapport erroné.

(51)

(25) Voilà l'examen, l'analyse de l'échelle enharmonique donnée par une suite de quintes justes, rendus bien faciles par l'emploi des logarithmes acoustiques. Le bon abbé Roussier regardait cette génération par quintes justes, comme ayant servi de base à la formation des échelles musicales, égyptienne, grecque, chinoise, etc., et comme devant être adoptée par les modernes, exclusivement à toute autre ; je parlerai, ci-après, art. 28, d'un clavecin dont il avait dirigé la construction et qui était accordé suivant la partition du tableau (K) n° 3,

---

J.-J. Rousseau dit avoir calculée, et que j'ai citée comme exemple d'une erreur due vraisemblablement à l'embarras et à l'obscurité du mode ordinaire de représentation des intervalles ; la planche L de son Dictionnaire de musique contient deux échelles chromatiques de M. Malcolm, sur chacune desquelles sont inscrits les 12 intervalles partiels, représentés par des rapports de longueur ; prenant les rapports inverses pour calculer d'après les nombres synchrones de vibrations, composant les rapports et opérant d'après les règles données art. 19, on trouve pour valeur des nombres synchrones de vibrations entre les deux *ut* extrêmes de la première échelle, $\left(\frac{16}{15}\right)^7 \times \left(\frac{135}{128}\right)^3 \times \left(\frac{25}{24}\right)^2 = 2$. Les facteurs de la deuxième échelle sont $\left(\frac{17}{16}\right)^3 \times \left(\frac{18}{17}\right)^3 \times \left(\frac{19}{18}\right)^2 \times \left(\frac{20}{19}\right)^2 \times \left(\frac{16}{15}\right)^2 = 2$; et on a log. *acoustique* $2 = 12^n$. Ces deux échelles donnent exactement l'octave entre les sons extrêmes ; on peut voir à l'article *Échelle* du Dictionnaire de musique, les observations de J. J. Rousseau sur leur composition. Passant à son échelle enharmonique, fig. 3 de la planche L, et inversant les 19 rapports partiels de longueur, on trouve le rapport entre les nombres synchrones de vibrations des sons extrêmes, exprimé par le produit composé des facteurs $\left(\frac{25}{24}\right)^{12} \times \left(\frac{625}{576}\right)^3 \times \left(\frac{128}{125}\right)^4 = \left(\frac{25}{24}\right)^{18} \times \left(\frac{128}{125}\right)^4 =$ 2,292544 : on voit déjà que la somme des intervalles partiels entre les *ut* extrêmes excède sensiblement l'octave ; pour avoir la valeur *vraie* de cet

7.

(50)

une échelle diatonique, chromatique et enharmonique, composée de 22 sons, y compris le *son fixe* de départ, sa réplique à l'octave, et le *si♯*, qui dépasse l'octave, ce qui donne 21 intervalles. Ce serait abuser de la patience du lecteur que de placer ici les détails du calcul arithmétique; chacun pourra le faire avec la plus grande facilité, au moyen des explications précédemment données; et je vais présenter, de suite, le tableau de la nouvelle échelle, en plaçant les sons qu'elle renferme au-dessous des sons de même dénomination des échelles chromatiques n°ˢ 1 et 2 du tableau (G), art. 20.

(K)....

	ut	ré♭	ut♯	ré	mi♭	ré♯	fa♭	mi	fa	mi♯	sol♭	fa♯
	d.	d.	d.	d.	d.	d.	d.	d.	d.	d.	d.	d.
n° 1...	0,00	1,00	1,00	2,00	3,00	3,00	4,00	4,00	5,00	5,00	6,00	6,00
n° 2...	0,00	1,12	1,12	2,04	3,16	3,16	3,86	3,86	4,98	4,98	6,00	6,00
n° 3...	0,00	0,90	1,14	2,04	2,94	3,18	3,84	4,08	4,98	5,22	5,88	6,12

	fa♯	sol	la♭	sol♯	la	si♭	la♯	ut♭	si	ut	si♯
	d.	d.	d.	d.	d.	d.	d.	d.	d.	d.	d.
n° 1...	6,00	7,00	8,00	8,00	9,00	10,00	11,00	11,00	11,00	12,00	12,00
n° 2...	6,00	7,02	8,14	8,14	8,84	9,96	9,96	10,88	10,88	12,00	12,00
n° 3...	6,12	7,02	7,92	8,16	9,06	9,96	10,20	10,86	11,10	12,00	12,23

(*Nota*. La ligne n° 1 donne l'échelle du *tempérament égal*; la ligne n° 2 donne l'échelle (G) n° 1, art. 20, et la ligne n° 3 donne l'échelle enharmonique engendrée par une série de quintes justes) (*).

(*) J'ai parlé dans le § (1), art. 1, d'une échelle enharmonique que

$19^d,01955 - 12^{d.},00000 = 7^d,01955 =$ l'intervalle *vrai* entre le *son fixe* de départ *ut* et le *sol* donnant sa 1ère quinte (*) et les mesures *vraies* des intervalles entre le son de départ et les sons donnant les quintes successives 2e, 3e, 4e..... 12e, seront les produits de l'intervalle premier $7^d,01955$ par les nombres 2, 3, 4..... 12, conformément aux règles données § (2) art. 17; la table de ces produits se construit aisément par des additions successives.

2° *Quartes ascendantes.* Le rapport *par quotient* du son qui donne la première quarte ascendante, à partir du son fixe, considéré quant aux nombres synchrones de vibrations des cordes sonores, est $\frac{4}{3}$; on trouve (table 2) le logarithme acoustique de ce rapport $= 24,00000 - 19,01955 = 4^d,98045$; faisant, sur ce logarithme, les mêmes opérations qui ont été ci-dessus prescrites pour le logarithme de $\frac{3}{2}$, mais qui, dans ce second cas, ne s'étendent que jusqu'à log. $\left(\frac{4}{3}\right)^8$, on a les mesures vraies, en demi-tons ou 12es d'octave de tous les intervalles successifs formés par la série des quartes ascendantes.

Lorsque les deux séries d'intervalles de quintes et quartes ascendantes sont ainsi calculées, il faut ramener ces intervalles dans les limites de l'octave du *son fixe ut*, de départ, en se conformant à ce qui est prescrit, § II, art. 18, et on a

---

(*) La valeur $7^d,02$, donnée à l'intervalle juste de quinte, dans les tableaux (C) n° 1, art. 6, et (G) n° 1, art. 20, quoique réduite à 2 décimales, ne diffère pas de la valeur rigoureuse de $\frac{1}{2000}$ de demi-ton.

exposés dans la présente instruction pour des examens quelconques relatifs aux intervalles musicaux.

Un de ces examens les plus curieux est celui de l'échelle enharmonique dont il va être question, et qui est engendrée par une série de quintes justes.

Il faut d'abord avoir, par rapport au *son fixe* de départ, que je suppose être l'*ut* de la clef d'*ut*, les mesures *vraies* de tous les intervalles, soit ascendants, soit descendants, formés par les sons donnant les quintes successives. Les quintes ascendantes correspondent aux notes *sol, ré, la, mi, si, fa♯, ut♯, sol♯, ré♯, la♯, mi♯, si♯*; et les quintes descendantes correspondent aux notes *fa, si♭, mi♭, la♭, ré♭, sol♭, ut♭, fa♭*. Je m'arrête dans chaque série à l'intervalle au-delà duquel il faudrait employer les doubles dièzes ou les doubles bémols. Les notes de cette seconde série peuvent être obtenues par une série de quartes ascendantes; et c'est ce mode de calcul que je vais indiquer.

1° *Quintes ascendantes.* Le rapport, *par quotient*, des sons *sol* et *ut*, considéré quant aux nombres synchrones de vibrations des cordes qui les font entendre, est $\frac{3}{2}$; conséquemment le *ré* donnera $\left(\frac{3}{2}\right)^2$, le *la* donnera $\left(\frac{3}{2}\right)^3$, et ainsi de suite jusqu'au *si♯* qui donnera $\left(\frac{3}{2}\right)^{12}$. Il faut donc, pour avoir les valeurs *vraies* des intervalles correspondants à ces puissances successives de $\frac{3}{2}$, calculer d'abord par la table 2 (je suppose qu'on prend le demi-ton ou 12ᵉ d'octave pour unité d'intervalle), le logarithme acoustique de $\frac{3}{2}$, qui (art 12) est égal à

Comparant les accords parfaits majeurs et mineurs de ce tableau avec ceux de la fondamentale *ut*, qui occupent la ligne supérieure, et qui émanent de la résonnance du corps sonore, on voit que les plus grandes dissidences de quinte sont données en moins par les accords sur *ré* et *mi*♭ et égales à $\frac{22}{100}$ de demi-ton. Les quintes sur *fa*♯ et *si* pèchent par excès de $\frac{10}{100}$ de demi-ton : toutes les autres quintes sont justes. Les tierces offrent des anomalies beaucoup plus fortes, quoique, pour les exigences de l'oreille, elles aient besoin, *en harmonie*, d'être plus justes que les quintes. Plusieurs tierces majeures de $4^d.28$ excèdent la tierce majeure naturelle de $\frac{42}{100}$ de demi-ton. La même dissidence se trouve, mais en sens contraire, dans quatre tierces mineures, qui donnent $2^d,74$, au lieu de $3^d,16$.

Le *tempérament égal* donne toutes ses tierces majeures de $4^d,00$, ses tierces mineures de $3^d,00$, et ses quintes de $7^d,00$, différant des intervalles naturels, respectivement, de $+\frac{14}{100}$, $-\frac{16}{100}$ et $-\frac{2}{100}$ de demi-ton, ou 12e d'octave. Les quintes sont sensiblement justes ; malheureusement la forte altération porte, en général, sur les tierces, et aucune modulation n'y échappe.

(24) Les rapprochements qui précèdent n'ont pas du tout, pour objet, de motiver des préférences entre les différents systèmes d'échelles chromatiques. Mon intention unique, en les donnant, est, ainsi que j'en ai prévenu, de bien faire sentir les avantages et la commodité des procédés de calculs

NOTES FONDAMENTALES.	ACCORDS PARFAITS MAJEURS.		QUINTES COMMUNES.	ACCORDS PARFAITS MINEURS.	
	TIERCES MAJEURES.	TIERCES MINEURES.		TIERCES MINEURES.	TIERCES MAJEURES.
ut............	3,86 d.	3,16 d.	7,02 d.	3,16 d.	3,86 d
ut #, ré b.......	3,86	3,16	7,02	2,74	4,28
re............	3,96	2,84	6,80	2,94	3,86
ré #, mi b......	3,86	2,94	6,80	2,84	3,96
mi............	4,28	2,74	7,02	3,16	3,86
fa............	3,86	3,16	7,02	3,16	3,86
fa #, sol b......	3,96	3,16	7,12	2,84	4,28
sol...........	3,86	3,16	7,02	2,94	4,08
sol #, la b......	3,86	3,16	7,02	2,74	4,28
la............	4,28	2,74	7,02	3,16	3,86
la #, si b.......	4,08	2,94	7,02	3,16	3,86
si............	4,28	2,84	7,12	3,16	3,96

(I) (*)

(*) On déduit les nombres du tableau (I) de ceux du tableau (G) n° 1, art. 20, par de simples soustractions; ainsi, pour avoir les intervalles qui constituent l'accord parfait majeur $mi, sol\#, si$, on dit $sol\#, 8^d,14 — mi, 3^d,86 = 4^d,28 =$ 1re tierce $mi, sol\#$; ensuite $si, 10^d,88 — sol\#, 8^d,14 = 2^d,74 =$ 2e tierce $sol\#, si$; la quinte $mi, si =$ somme des deux tierces $= 7^d,02$. Il pourra arriver qu'une ou deux notes de l'accord se trouvent en dehors du tableau; dans ce cas, on emploiera les nombres de ces notes, dans le tableau, augmentés de 12. Soit l'accord $si, ré\#, fa\#$, on aura les 3 nombres $si, 10^d,88; ré\#, (12^d + 3^d,16 = 15^d,16); fa\# (12^d + 6^d,00 = 18^d,00)$, et on opérera sur $10^d,88; 15^d,16;$ et $18^d,90$, comme on a fait sur $3^d,86; 8^d,14$ et $10^d,88$.

du corps sonore que l'octave; la seconde n'a que l'octave et la quinte.

Divers systèmes d'échelles peuvent offrir, dans une partie plus ou moins considérable, des combinaisons de sons qui les composent, des intervalles, des accords fournis par la résonnance du corps sonore; mais cette précieuse propriété ne peut pas s'étendre à toutes les combinaisons des sons, d'une même échelle diatonique, et à plus forte raison de ceux d'une échelle chromatique.

Les intervalles *naturels* de tierce mineure, tierce majeure, et quinte, sont, respectivement, en demi-ton, ou 12es d'octave $3^d,16$; $3^d,86$ et $7^d,02$. (Voyez l'art. 7.) Notre système *métrique* des intervalles fournit un moyen bien commode de connaître et de comparer l'altération que subissent ces intervalles *naturels* dans les divers accords parfaits majeurs et mineurs fournis par les notes de l'échelle du tableau (G) n° 1, art. 20. Voici le tableau de ces accords:

(44)

ton majeur, les valeurs respectives $2^d,04$ et $1^d,82$, aux intervalles appelés *ton mineur* et *demi-ton mineur* les valeurs respectives $1^d,12$ et $0^d,70$; mais ces valeurs non-seulement varient avec les divers systèmes de génération des échelles musicales, mais varient aussi dans une échelle donnée. L'échelle (H) art. 21, offre des demi-tons $1^d,02$ et $0^d,92$, *moyens* entre ceux ci-dessus désignés par les épithètes de *majeur* et *mineur*. L'échelle du *tempérament égal* (art. 20, tableau (E)), et une autre échelle dont il sera question ci-après, ont plus d'uniformité dans leur composition ; mais la première (celle de l'art. 20) n'a d'autre intervalle donné par la résonnance

---

de comparer cette échelle avec l'échelle (G) n° 1 ; on a, en effectuant les calculs,

1° Intervalles à partir du son fixe *ut*:

	ut	ut # ré ♭	ré	ré # mi ♭	mi	fa	fa # sol ♭	sol	sol # la ♭	la	la # si ♭	si	u
Échelle (G) n° 1...	d. 0,00	d. 1,12	d. 2,04	d. 3,16	d. 3,86	d. 4,98	d. 6,00	d. 7,02	d. 8,14	d. 8,84	d. 9,96	d. 10,88	12
Ancienne échelle..	0,00	0,76	1,93	2,79	3,86	4,93	5,79	6,97	7,73	8,90	9,86	10,83	12

2° Intervalles partiels :

	ut	ut # ré ♭	ré	ré # mi ♭	mi	fa	fa # sol ♭	sol	sol # la ♭	la	la # si ♭	si
Tableau (H)......		d. 1,12	d. 0,92	d. 1,12	d. 0,70	d. 1,12	d. 1,02	d. 1,02	d. 1,12	d. 0,70	d. 1,12	d. 0,92	1,
Ancienne échelle...		0,76	1,17	0,86	1,07	1,07	0,86	1,17	0,76	1,17	0,97	0,97	1,

nuée par la distance d'environ $\frac{9}{8}$ de demi-ton qui affaiblit l'appel réciproque des deux notes.

Un appel analogue entre la note sensible et la tonique doit avoir un caractère différent dans le ton de *la* et dans celui de *mi*♭, l'intervalle *sol*♯, *la* étant sensiblement moindre que l'intervalle *re*, *mi*♭, etc. (1).

(23) On voit par ces rapprochements, et par d'autres qu'il serait aisé de faire, que les épithètes *majeur, mineur, superflu, diminué*, données à certains intervalles, ne leur supposent pas des valeurs fixes, invariables. Les tableaux (D) art. 7 et (H) art. 21, donnent aux intervalles appelés *ton majeur* et *demi-*

---

(1) Avant que les compositions musicales eussent perdu leur simplicité des xvie et xviie siècles, les facteurs employaient pour l'orgue et le clavecin, un mode d'accord particulièrement favorable à quelques modulations le plus en usage. A partir de *l'ut*, une suite de 4 quintes ascendantes affaiblies, dont la valeur moyenne était de $6^d,9657843$ (ou $6^d,97$), conduisaient à un *mi*, qui, ramené dans les limites de l'octave du son fixe, donnait, sur ce son, l'intervalle $3^d,8631371$ (ou $3,86$) de tierce juste. A partir de ce *mi*, 4 autres quintes ascendantes de même valeur moyenne que les précédentes, conduisaient à un *sol*♯ tierce juste du *mi*, et qui, ramené dans l'octave du son fixe, donnait l'intervalle $7^d,7262742$ (ou $7^d,73$); on avait ainsi les notes *ré*, *mi*, *fa*♯ ou *sol*♭, *sol*, *sol*♯ ou *la*♭, *la*, *si*, données par la suite des 8 quintes ascendantes. Revenant ensuite à *l'ut* son fixe, on descendait de 4 quintes fortes, dont chacune avait pour valeur moyenne $7^d,0684314$ (ou $7^d,07$), et on arrivait à un *la*♭ qui, ramené dans l'octave du son fixe, donnait, sur ce son, l'intervalle $7^d,7262742$ (ou $7^d,73$), c'est-à-dire se trouvait à l'unisson du *sol*♯, obtenu par les quintes ascendantes. Ces quintes descendantes fournissaient les notes *fa*, *si*♭ ou *la*♯, *mi*♭ ou *ré*♯, *la*♭ ou *sol*♯, et l'échelle chromatique se trouvait ainsi complétée. Je crois faire une chose agréable au lecteur, en lui fournissant les moyens

	ut	ut♯ / ré♭	ré	ré♯ / mi♭	mi	fa	fa♯ / sol♭	sol	sol♯ / la♭	la	la♯ / si♭	si	ut
(H)......		d. 1,12	d. 0,92	d. 1,12	d. 0,70	d. 1,12	d. 1,02	d. 1,02	d. 1,12	d. 0,70	d. 1,12	d. 0,92	d. 1,12

On remarquera qu'à partir du *fa*♯ qui forme le point de partage de deux divisions égales de l'échelle, la série des intervalles partiels est la même, soit en descendant de droite à gauche depuis ce *fa*♯ jusqu'au premier *ut*, soit en montant de gauche à droite depuis le même *fa*♯ jusqu'au second *ut* à l'octave du premier.

Une symétrie analogue de différences de part et d'autre de *fa*♯ existe entre les échelles n°ˢ 1 et 2 du tableau (G). Si on prend le n° 2 pour terme de comparaison, les différences entre les nombres superposés à droite du *fa*♯ jusqu'au *si* inclusivement, sont — 0^{d},02; — 0^{d},14; + 0^{d},16; + 0^{d},04; + 0^{d},12; et on trouve les mêmes différences, à gauche du *fa*♯ jusqu'au *ré* exclusivement, mais avec des signes contraires, les deux premières étant positives et les trois dernières négatives.

(22) Il faut aussi faire attention à la forte inégalité qui existe dans le tableau (H) entre les plus petits et les plus grands intervalles chromatiques; les premiers sont mesurés par $\frac{70}{100}$ de demi-ton, et les autres par 1 demi-ton et $\frac{12}{100}$, la différence est de $\frac{42}{100}$ de demi-ton, elle est appréciable même aux oreilles peu exercées. Cette différence doit influer sur l'expression musicale; ainsi, par exemple, dans l'accord de sixte superflue *la*♭, *fa*♯, l'énergie de la résolution du *la*♭ sur le *sol* est atté-

	ut	ut # ré ♭	ré	ré # mi ♭	mi fa ♭	fa mi #	fa # sol ♭	sol.	sol # la ♭	la	la # si ♭	si ut ♭	ut si #
n° 1	d. 0	d. 1,12	d. 2,04	d. 3,16	d. 3,86	d. 4,98	d. 6,00	d. 7,02	d. 8,14	d. 8,84	d. 9,96	d. 10,88	d. 12,00
n° 2	0	1,00	2,00	3,00	4,00	5,00	6,00	7,00	8,00	9,00	10,00	11,00	12,00

On reconnaît ici non seulement l'existence des différences ci-dessus indiquées, mais les valeurs *vraies* et exactes de ces différences ; le tableau (G) les donne à la précision des 100ᵉˢ de demi-ton, ce qui est plus que suffisant, et on peut, si on veut, avec la table (2), les obtenir à la précision des dix millionièmes de demi-ton.

(21) J'ai observé, à l'art. 6, que les différences de 12, 14 et 16 centièmes de demi-ton, que présentent les deux partitions du tableau (G) entre les notes de même dénomination, blesseraient des oreilles délicates si deux instruments, respectivement accordés sur chacune de ces deux partitions, jouaient ensemble. Une pareille dissidence entre l'échelle établie de fait sur les instruments généralement employés pour l'accompagnement, et le système d'échelles musicales fournissant, dans les traités de musique, les données pour la discussion des accords, peut donner lieu à quelques observations qui trouveront leur place dans un autre écrit.

(22) Voici un tableau des intervalles partiels successifs entre les sons du tableau (G) n° 1, qui fera connaître les détails de sa constitution.

mais n'apercevra même pas s'il existe une différence entre ces notes. L'aspect des nombres $\frac{16}{15}$, $\frac{9}{8}$, $\sqrt{2}$, etc., ne lui fera certainement pas deviner que, sur un second instrument, accordé suivant la partition (F), et qui aurait les *ut* à l'unisson du sien l'*ut*♯, le *ré*, le *ré*♯, le *sol* et le *sol*♯, seraient plus hauts que les notes correspondantes de son clavier, le contraire ayant lieu pour les *mi*, *fa*, *la*, *si*♭, et *si*♮, et le seul *fa*♯ étant (avec les *ut*) à l'unisson sur les deux instruments.

Les incertitudes seront promptement et bien facilement levées par l'emploi de la table (2) et des règles de calcul données dans le § précédent pour transformer en mesures *vraies* les notations symboliques établies sur des rapports de nombres de vibrations.

Je ne donnerai pas les détails des calculs que chacun pourra faire très-aisément d'après les explications données depuis l'art. (11) jusqu'à l'art. (17), et je vais reproduire le tableau (F) en substituant aux nombres symboliques placés au-dessous des notes les intervalles *vrais* entre chacune de ces notes et le *son fixe ut*, intervalles exprimés en demi-tons ou 12es d'octave; au-dessous de ces intervalles seront ceux qui existent dans le *tempérament égal*, et on pourra vérifier, à vue, l'exactitude de ce qui vient d'être dit sur les dissidences des deux partitions. J'ai écrit, au-dessus des nombres indicatifs des intervalles, les noms des deux notes qu'un instrument à clavier ordinaire, accordé suivant l'une ou l'autre des partitions 1 ou 2, est obligé de frapper sur la même touche; il sera question ci-après d'une échelle qui ne permet pas ce double emploi de touches.

Ainsi voilà l'échelle chromatique du *tempérament égal*, ou l'*étalon* des mesures musicales *vraies*, lié aux phénomènes acoustiques; j'ai donné, article 3, un tableau (B) des rapports par *quotients* de la partie diatonique de cette échelle dont voici la transformation en intervalles *vrais*, avec l'intercalation des sons chromatiques :

(E)....	ut	ut # ré b	ré	ré # mi b	mi	fa	fa # sol b	sol	sol # la b	la	la # si b	si	ut
	d. 0	d. 1	d. 2	d. 3	d. 4	d. 5	d. 6	d. 7	d. 8	d. 9	d. 10	d. 11	d. 12

(21) Je passe à la transformation de l'échelle chromatique dont j'ai donné la partie diatonique dans les tableaux des articles 3, 6 et 7, et qui est assez ordinairement celle qu'on donne pour type dans les traités de musique; voici comment les auteurs de ces traités en représentent les sons.

(F)....	ut	ut # ré b	ré	ré # mi b	mi	fa	fa # sol b	sol	sol # la b	la	la # si b	si	ut
	1	$\frac{16}{15}$	$\frac{9}{8}$	$\frac{6}{5}$	$\frac{5}{4}$	$\frac{4}{3}$	$\sqrt{2}$	$\frac{3}{2}$	$\frac{8}{5}$	$\frac{5}{3}$	$\frac{16}{9}$	$\frac{15}{8}$	2

Un musicien, ayant ce tableau sur le pupitre de son fortepiano, accordé, suivant l'usage, d'après le *tempérament égal*, et constituant un *étalon* de mesure *musicale*, conforme à la partition (E) ci-dessus, non-seulement sera bien embarrassé de reconnaître dans quel sens une note de l'échelle (F) diffère (à l'aigu et au grave) de la note correspondante de son *étalon*,

gles, en rapports par différences, donnent l'échelle chromatique du *tempérament égal*, qui, procédant par 12ᵉˢ parties d'octave, fournit un *étalon* très-commode de mesures *musicales*.

Il faut partir des faits bien constatés, 1° que deux cordes désignées par *ut* (1) et *ut* (2) sonnant l'octave l'une de l'autre, la corde *ut* (2), qui est supposée sonner l'octave aiguë, fait, pendant un même temps, deux fois autant de vibrations que la corde *ut* (1); 2° que si une 3ᵉ corde émet un son formant avec celui qui est rendu par la corde *ut* (1), un intervalle de n demi-tons, ou 12ᵉˢ d'octave, cette 3ᵉ corde fera un nombre $2^{\frac{n}{12}}$ de vibrations pendant que la corde *ut* (1) en fera une (le principe de la formation des tables de logarithmes acoustiques est, ainsi qu'on le verra, dans le § 4, lié à cette propriété).

Il suit de là que pendant la durée d'une vibration de la corde *ut* (1), les nombres de vibrations faites par les cordes émettant des sons qui forment, avec celui de cette corde *ut* (1), à l'aigu, les intervalles 0, 1, 2, 3, 4, etc., demi-tons (ou 12ᵉˢ d'octave) sont respectivement $2^{\frac{0}{12}}$, $2^{\frac{1}{12}}$, $2^{\frac{2}{12}}$, $2^{\frac{3}{12}}$, $2^{\frac{4}{12}}$, etc.; or, appliquant à ces nombres la règle de calcul de l'art. 17, et prenant les logarithmes dans la table (2), on trouve que les mesures vraies en demi-tons (ou 12ᵉˢ d'octave) des intervalles correspondants sont $\frac{0}{12}$ log. 2, $\frac{1}{12}$ log. 2, $\frac{2}{12}$ log. 2, $\frac{3}{12}$ log. 2, $\frac{4}{12}$ log. 2, etc., c'est-à-dire, d'après la valeur log. $2 = 12$, la suite des nombres naturels 0, 1, 2, 3, 4, etc., commençant à zéro, ou à la comparaison du son de la corde *ut* (1) avec lui-même, qui donne zéro d'intervalle *musical* (*).

(*) Voyez la 2ᵉ note de l'art. 3.

D'après l'intention de former un tableau de tous les intervalles successifs de l'échelle diatonique, j'ai mis de suite les rapports particuliers relatifs à chaque couple de sons successifs; mais s'il ne s'était agi que d'avoir l'intervalle entre les sons n°ˢ 1 et 8, j'aurais pu abréger l'énonciation des produits complexes au moyen des puissances des rapports qui sont répétés ; ainsi le rapport entre les nombres synchrones de vibrations des cordes n°ˢ 1 et 8 peut s'écrire de la manière suivante

$$\frac{1}{1} \times \left(\frac{9}{8}\right)^3 \times \left(\frac{10}{9}\right)^2 \times \left(\frac{16}{15}\right)^2 \ldots \ldots (b),$$

et en appliquant à ce produit complexe les règles de l'art. 17, on trouvera qu'il représente, comme le produit (a), un intervalle de 12 demi-tons.

La somme des logarithmes vulgaires des facteurs de l'un ou de l'autre des produits complexes (a) et (b) est égale à 0,3010300 = log. 2, correspondant au logarithme du système acoustique dont la valeur est 12.

§ III.

Diverses applications des règles de calcul données dans le § précédent.

(20) J'ai lieu de penser que le lecteur ne verra pas sans quelque intérêt l'usage que je vais faire des règles de calcul données dans le § précédent, pour analyser et comparer différents systèmes d'échelles musicales diatoniques, chromatiques et enharmoniques.

Je vais d'abord faire voir comment les rapports par *quotients* des nombres de vibrations, transformés, au moyen de ces rè-

calcul qui fournit un exemple digne de remarque de la grande utilité de l'emploi du système logarithmique,

INTERVALLES PARTIELS.	SOMMES DES INTERVALLES PARTIELS.
$\log. \frac{1}{1} = 0,0000000$ d.	0,0000000 d.
$\log. \frac{9}{8} = 2,0391000$	2,0391000
$\log. \frac{10}{9} = 1,8240371$	3,8631371
$\log. \frac{16}{15} = 1,1173129$	4,9804500
$\log. \frac{9}{8} = 2,0391000$	7,0195500
$\log. \frac{10}{9} = 1,8240371$	8,8435871
$\log. \frac{9}{8} = 2,0391000$	10,8826871
$\log. \frac{16}{15} = 1,1173129$	12,0000000

Les logarithmes des rapports $\frac{1}{1}$, $\frac{9}{8}$, $\frac{10}{9}$, etc. se calculent, d'après la règle de l'art. 12, en prenant la différence entre les logarithmes du numérateur et du dénominateur de chaque fraction.

On voit que l'intervalle entre les sons n°s 1 et 8 est de 12 demi-tons, ou une octave; le logarithme acoustique 12 correspond au rapport $\frac{2}{1}$ des nombres synchrones de vibrations donnés par l'octave.

Les intervalles partiels et leurs sommes réduits à 2 décimales, ou aux 100es de demi-tons, redonnent les nombres dont se composent les tableaux (D) et (C) n° 1; ainsi en désignant le son n° 1 par *ut*, les sons suivants se trouvent être ceux de l'échelle diatonique, et c'est ce rapprochement qui a déterminé le choix de l'exemple.

La règle générale se conclura aisément d'un seul exemple :

Soient les rapports des nombres synchrones successifs de vibrations,

$$\frac{1}{1}, \frac{9}{8}, \frac{10}{9}, \frac{16}{15}, \frac{9}{8}, \frac{10}{9}, \frac{9}{8}, \frac{16}{15}.$$

Ce qui signifie 1° que les deux premières cordes donnent le même nombre de vibrations pendant le même temps, et qu'étant ainsi à l'unisson, on peut les ranger toutes deux sous le n° 1 ; 2° que la corde n° 2 fait 9 vibrations synchrones avec 8 vibrations de chacune des cordes n° 1 ; 3° que le synchronisme des cordes n°° 3 et 2 est 10 pour 9 ; 4° que celui des cordes n°° 4 et 3 est 16 pour 15 ; et ainsi de suite, jusqu'aux cordes n°° 8 et 7 dont le synchronisme est 16 pour 15.

Pour trouver l'intervalle musical entre le son de la corde n° 1 et le son de la corde d'un n° quelconque après ce n° 1 que je désignerai par n° n, il suffit de savoir que le rapport entre les nombres synchrones de vibrations des cordes n°° 1 et n se trouve en faisant le produit de tous les rapports partiels depuis et y compris le n° 1 jusques et y compris le n° n. D'après cette règle, on a, pour valeur du rapport entre les nombres synchrones de vibrations des cordes n°° 1 et 8,

$$\frac{1}{1} \times \frac{9}{8} \times \frac{10}{9} \times \frac{16}{15} \times \frac{9}{8} \times \frac{10}{9} \times \frac{9}{8} \times \frac{16}{15} \Big\} \ldots (a)$$

Il ne s'agit plus que de prendre dans une des tables 1 et 2 (je me servirai de la table 2) les logarithmes acoustiques de ces rapports, et on pourra former une table donnant 1° les intervalles partiels entre deux sons consécutifs, 2° l'intervalle entre le 1er son et l'un quelconque des suivants ; voici le

limites tant à l'aigu qu'au grave, et dont le *son fixe* est un des termes extrêmes.

Dans le 1er cas on retranchera de l'intervalle, que je suppose énoncé en demi-tons ou 12es d'octave, le plus grand multiple de 12 contenu dans le nombre qui donne la mesure de cet intervalle. Ainsi étant donné l'intervalle 58^d,88, cet intervalle contient 4 × 12 ou 48 plus 10,88 ; ce dernier nombre est donc la valeur de l'intervalle rabaissé de 4 octaves, et ramené dans les limites de l'octave du son fixe ; c'est art. 6, tableau (C) N° 1, le *si* septième note de la gamme d'*ut*, qui en forme le terme supérieur.

Dans le 2e cas ce sera le nombre donnant la mesure de l'intervalle au grave du *son fixe* qu'il faudra retrancher du multiple de 12 immédiatement supérieur à ce nombre. Soit l'intervalle, au grave du son fixe, mesuré par 31^{d}02. Le multiple de 12, immédiatement supérieur à ce nombre, est 3 × 12, ou 36 ; l'intervalle ramené dans les limites de l'octave sera donc 36 — 31,02 ou 4^d,98 ; c'est, article et tableau ci-dessus cités, l'intervalle de l'*ut* à un *fa* qu'on a haussé de 3 octaves, lequel *fa* devait être le plus grave du clavier du forte-piano, l'*ut son fixe* étant l'*ut* de la clef d'*ut*.

(19) Voici un dernier cas qui pourrait se déduire de ce qui précède, mais le lecteur trouvera plus commode d'en avoir la solution immédiate.

On a un nombre quelconque de cordes sonores numérotées 1ère, 2e, 3e, 4e, etc. ; on connaît les nombres synchrones de vibrations de la 1ère et de la 2e, de la 2e et de la 3e, de la 3e et de la 4e, etc., et on veut avoir les mesures vraies des intervalles entre les sons de la 1ère et de l'une quelconque des autres.

élevés à des puissances ou affectés de radicaux. Il est nécessaire, pour l'intelligence des explications qui suivent, de lire, avec un peu d'attention, la fin de la note de l'introduction.

On a vu, à la note citée, que tout nombre placé sous un radical pouvait être écrit sans ce radical à l'indice duquel on substituerait un exposant fractionnaire; ainsi $\sqrt[2]{3}=3^{\frac{1}{2}}$; $\sqrt[3]{5^2}=5^{\frac{2}{3}}$; $\sqrt[4]{7^{\frac{3}{5}}}=7^{\frac{3}{4\times 5}}=7^{\frac{3}{20}}$, $\sqrt[\frac{3}{2}]{8^{\frac{4}{5}}}=8^{\frac{2\times 4}{3\times 5}}=8^{\frac{8}{15}}$, etc. En général n, p, q, r et s désignant des nombres quelconques, on a $\sqrt[\frac{p}{q}]{n^{\frac{r}{s}}}=n^{\frac{r\times q}{s\times p}}$; et la règle générale pour avoir le logarithme d'un nombre mis sous la forme $n^{\frac{r\times q}{s\times p}}$ est de multiplier le logarithme du nombre n par son exposant entier ou fractionnaire; le produit donne le logarithme cherché.

Exemples calculés par la table (2).

log. $47^3 = 3\times$ log. $47 = 3\times 66{,}655\,0662 = 199{,}965\,1986$

log. $\sqrt[5]{29^2} =$ log. $29^{\frac{2}{5}} = \dfrac{2\times\text{log. }29}{5} = \dfrac{2\times 58{,}2957719}{5} = 23{,}31830876$

log. $\sqrt[\frac{3}{4}]{17^{\frac{5}{6}}} =$ log. $17^{\frac{5\times 4}{3\times 6}} =$ log. $17^{\frac{10}{9}} = \dfrac{10\times\text{log. }17}{9} = \dfrac{10\times 49{,}0495541}{9}$
$= 54{,}4995$.

(18) Je vais terminer ce § par l'indication d'un mode de réduction des intervalles musicaux dont on a souvent besoin; il s'agit de ramener dans les limites de l'octave immédiatement supérieure au *son fixe*, tous les intervalles qui sortent de ces

$$\text{De l'autre part} \ldots \ldots \ldots 4^d,3119368 = r'$$

$$\text{Log.} f'' = \log. 113 = 81^d,8421475$$
$$\text{Log.} b = \log. 85 = 76\ ,9126912$$
$$\text{Log.} f'' - \log. b = r'' \ldots = \overline{4^d,9294563} \ldots \ldots 4^d,9294563 = r''$$
$$\overline{9^d,2413931 = r' + r''}$$

Le son a plus haut de $4^d,31$ que le *son fixe*, est entre la tierce majeure et la quarte au-dessus de ce son; le son b plus bas de $4^d,93$ que le son fixe, donne, à très-peu près, la quarte au-dessous; l'intervalle entre a et b est de $9^d,24$.

Soit pour exemple du 4e cas, $\dfrac{a}{f'} = \dfrac{121}{149}; \dfrac{b}{f''} = \dfrac{57}{63}$, on aura, table (2)

$$\text{Log.} f' = \log. 149 = 86^d,6300222$$
$$\text{Log.} a = \log. 121 = 83\ ,0263588$$
$$\text{Log.} f' - \log. a. = r' \quad = 3^d,6036634 \ldots \ldots 3^d,6036634 = r'$$

$$\text{Log.} f'' = \log. 63 = 71^d,7273591$$
$$\text{Log.} b = \log. 57 = 69\ ,9946802$$
$$\text{Log.} f'' - \log. b = r'' \quad = 1^d,7326789 \ldots \ldots 1^d,7326789 = r''$$
$$\overline{1^d,8709845 = r' - r''}$$

Les sons a et b sont, d'après les explications précédentes, plus bas que le *son fixe*, le premier de $3^d,60$, et le second de $1^d,73$; l'intervalle $1^d,87$, de l'un à l'autre, est, à très-peu près, celui que les musiciens appellent *seconde mineure*, dont on voit la mesure entre le *ré* et le *mi*, ou le *sol* et le *la*, du tableau (D) art. (7). La différence n'est que de $\frac{1}{20}$ de demi-ton.

(17) Je passe à la transformation en intervalles *vrais*, des intervalles représentés par des rapports de nombres qui sont

r'' sera l'intervalle musical entre les sons représentés par a et b, dans le 1er et le 4e des cas ci-dessus énumérés ; dans le 1er cas, le plus grand des restes logarithmiques r' et r'' correspond au moins grave des sons a et b, et le contraire a lieu dans le 4e cas.

Dans les 2e et 3e cas, qui peuvent être considérés comme n'en faisant qu'un, l'intervalle *musical* entre a et b est donné, non par la différence entre r' et r'', mais par la somme de ces deux quantités. Celui des numérateurs a et b qui excède son dénominateur, correspond à un son plus haut que le son *fixe*, et le son correspondant à l'autre numérateur est plus grave que le son fixe (*).

Exemples : L'art. (13) contient un exemple du 1er cas qui donne $r' = 8,84$; $r'' = 1,82$; $r' - r'' = 7^{\text{d}},02 =$ l'intervalle musical entre les sons a et b, tous deux plus haut que le son fixe.

Soit pour exemple commun des 2e et 3e cas $\frac{a}{f'} = \frac{127}{99}$; $\frac{b}{f''} = \frac{85}{113}$, on a, table (2)

$$\text{Log. } a = \text{log. } 127 = 83^{\text{d}},8642162$$
$$\text{Log. } f' = \text{log. } 99 = 79\ ,5522794$$
$$\text{Log. } a - \text{log. } f' = r' \quad\quad = 4^{\text{d}},3119368$$

(*) Les personnes qui ont l'usage du calcul logarithmique reconnaîtront que les 2e, 3e et 4e cas comportent l'emploi de *logarithmes négatifs* ; j'ai cru convenable de ne pas me servir de cette expression qui est suppléée par l'indication des rapports de vibrations correspondants à des sons plus aigus ou plus graves que le *son fixe* ; le calculateur le plus médiocre ne court aucun risque d'erreur en suivant exactement les règles posées dans l'art. (16), dont l'observation est on ne peut pas plus facile.

on voit que, lorsque ces rapports ne sont pas donnés immédiatement, mais qu'il faut les déduire de relations entre les sons a et b (*Voyez* la notation de l'art. 13.) et d'autres sons, non-seulement l'intervalle vrai a, b est dissimulé, mais que dans beaucoup de cas, les rapports constituant les données du calcul, ne laissent seulement pas reconnaître, à vue, lequel des deux sons a et b est plus haut que l'autre.

(16) Il reste à généraliser l'usage de la règle de calcul de l'art. (13); pour simplifier l'écriture, je supposerai que a et b représentent les nombres de vibrations des cordes qui émettent les sons désignés art. (13), par les mêmes lettres, et que ces nombres sont synchrones, respectivement avec les nombres f' et f'' de vibrations de la corde rendant le *son fixe* désigné art. cité par f. Les données du calcul seront, en général, $\frac{a}{f'}$ et $\frac{b}{f''}$ et elles peuvent fournir quatre cas, savoir : 1° $a > f'$; $b > f''$; 2° $a > f'$; $b < f''$; 3° $a < f'$; $b > f''$; 4° $a < f'$; $b < f''$; dans le 1er cas, qui est celui de l'exemple donné à l'art. (12), les sons a et b sont tous deux plus haut que le son *fixe*; dans le 2e cas, le le son a est plus haut et le son b plus bas que le son *fixe*; dans le 3e cas, le son a est plus bas et le son b plus haut que le son fixe ; dans le 4e cas, chacun des sons a et b est plus bas que le son *fixe*.

L'opération à faire, dans les quatre cas, sur chacune des fractions partielles $\frac{a}{f'}$ et $\frac{b}{f''}$, consiste à retrancher le logarithme du plus petit terme de cette fraction du logarithme de son plus grand terme. Désignant par r' et r'' les restes logarithmiques ainsi donnés, respectivement, par $\frac{a}{f'}$ et $\frac{b}{f''}$, la différence entre r' et

$$\begin{aligned}&\text{De l'autre part}\ldots\ldots\ldots 8^{d},8435871\\&\text{On a, pour le son }b\,(\text{table 2}),\begin{cases}\log.\ 90=77^{d},9022372\\ \log.\ 81=76\ ,0782000\end{cases}\\&\text{Intervalle }b,f\ldots\ldots=1\ ,8240372\ldots 1^{d},8240372\\&\hspace{6em}\text{Intervalle }a,b=\ldots\ldots 7^{d},0195499\end{aligned}$$

En jetant un coup d'œil sur le tableau (C) N° 1, art. 6, on reconnaîtra que le son a est la 6ᵉ note *la* de l'échelle diatonique, note cotée 8,84, et qu'en mettant la 2ᵉ note *ré*, de la même échelle, à la quinte juste au-dessous du *la*, on aurait le son b, l'intervalle a, b étant, d'après le calcul ci-dessus, de 7^d,02, mesure de la quinte juste ; on a vu, art. 7, que la quinte *ré*, *la* de l'échelle diatonique (C) N° 1, art. 6, était plus faible que la quinte juste de 0^d,22.

(14) On aurait pu faire le calcul précédent en prenant les sommes respectives des logarithmes du dénominateur 3 et du numérateur 90, du numérateur 5 et du dénominateur 81, et soustrayant ces sommes l'une de l'autre. Ce procédé tient à ce que les rapports de vibrations $\frac{5}{3}$ et $\frac{90}{81}$ des sons a et b avec le *son fixe*, équivalent au rapport de vibrations $\frac{3\times 90}{5\times 81}$ entre les sons a, b. Or, le logarithme de chacun des produits 3×90 et 5×81 est égal à la somme des logarithmes des facteurs, et d'après la règle de l'art. (12), le logarithme de la fraction $\frac{3\times 90}{5\times 81}$ a pour valeur, $\log.(3\times 90)-\log.(5\times 81)$.

(15) Les règles de calcul et les exemples qui précèdent mettent bien en évidence l'avantage du calcul des intervalles vrais par les logarithmes acoustiques, sur la représentation de ces intervalles par des rapports de nombres de vibrations ;

toujours donnés immédiatement; dans bien des cas, il faut les déduire de relations qui peuvent être présentées sous plusieurs formes, et qui, si elles n'étaient pas connues, rendraient les valeurs cherchées des intervalles entièrement indéterminées.

Il me suffit, pour l'objet que j'ai ici en vue, de considérer le cas où on connaît, pour chacun des deux sons dont on veut avoir l'intervalle, le rapport des nombres synchrones de vibrations faites par la corde qui rend ce son, et par celle qui émet le *son fixe*. Il sera convenu, de plus, que, dans l'expression des rapports, les nombres de vibrations de la corde *son fixe* seront toujours au dénominateur. *Exemple* : La corde qui émet l'un des sons dont on veut calculer l'intervalle, désigné par son a, fait 5 vibrations pendant que la corde *son fixe* en fait 3; l'autre son, désigné par son b, donne avec le même son fixe, désigné par f, 90 pour 81; les données sont les deux rapports $\frac{5}{3}$ et $\frac{90}{81}$, et, pour avoir les intervalles entre les sons a et b, on calculera, d'abord, par la règle de l'art. 3, les intervalles $a, f,$ et $b, f,$ et la différence entre ces intervalles sera l'intervalle cherché.

On a, pour le son a (table 2), $\begin{cases} \log.\ 5 = 27^d, 8631371 \\ \log.\ 3 = 19\ ,0195500 \end{cases}$

Intervalle $a, f \ldots \ldots = 8\ ,8435871$

―――――――――――――――

pendant un même temps. Il ne faut pas confondre les mots *synchrone* et *isochrone*. Le premier se rapporte à la comparaison des mouvements de plusieurs corps; le second s'applique aux mouvements successifs et d'égale durée d'un même corps, comme seraient les oscillations d'un pendule qui décrit de petits arcs.

(12) Lorsqu'un des termes du rapport n'est pas l'unité, il faut employer deux logarithmes acoustiques. *Exemple :* La corde rendant le *son fixe* fait 8 vibrations pendant la durée de 9 vibrations d'une autre corde. Le rapport est $\frac{9}{8}$, et pour trouver l'intervalle *vrai* entre les sons rendus par les deux cordes, il faut du logarithme acoustique de 9 retrancher celui de 8 ; on a, table (2) en prenant les logarithmes à côté des nombres inscrits dans la 1re colonne,

$$\begin{aligned}
\text{Log. } 9 &= 38^{d},0391000 \\
\text{Log. } 8 &= 36^{d},0000000 \\
\hline
\text{Log. } \tfrac{8}{9} &= 2^{d},0391000
\end{aligned}$$

L'intervalle entre les deux sons est donc de $2^{d},039$, ou $2^{d},04$. C'est celui qu'on trouve art. 6, tableau (C) N° 1, entre le *ré* et l'*ut son fixe*.

J'ai supposé que l'un des sons dont on veut calculer l'intervalle était le *son fixe ;* s'il s'agissait de déterminer l'intervalle entre deux sons quelconques par la connaissance du rapport des nombres de vibrations que font, dans le même temps, les cordes sonores qui émettent ces sons, la règle de calcul serait la même que celle qui vient d'être posée ; l'intervalle serait donné par la différence entre les logarithmes acoustiques des nombres synchrones de vibrations des cordes sonores.

(13) Ces nombres synchrones (*) de vibrations ne sont pas

(*) J'ai dit que l'expression *nombres synchrones de vibrations* désignait les nombres respectifs de vibrations faites par plusieurs cordes sonores

bres d'unités musicales vraies, si on a un nombre de vibrations isolé, 6 par exemple, il faut regarder ce nombre comme représentant l'expression $\frac{6}{1}$, et énonçant qu'une corde sonore fait 6 vibrations, pendant que celle qui rend le *son fixe*(*) n'en fait qu'une. Pour avoir l'intervalle *vrai* entre les deux sons, il faut, en général, prendre la différence entre les logarithmes *acoustiques* du numérateur et du dénominateur ; mais ce dernier logarithme étant zéro dans le cas dont il s'agit ici, l'intervalle *vrai* sera donné par le seul logarithme de 6, qu'on trouve dans chacune des tables (1) et (2) à côté du nombre 6, pris dans la 1re colonne. Si on emploie la table (2), l'intervalle donné, exprimé en demi-tons, ou 12es d'octave, sera 31^d,0195500, ou, en se bornant aux 100es de demi-ton, ce qui est plus que suffisant, 31^d,02. On peut remarquer que le tableau (C), N° 1, art. 6, ci-dessus, donne pour l'intervalle entre le *sol* et l'*ut*, *son fixe*, un intervalle de 7^d,02, c'est-à-dire l'intervalle 31^d,02 + 24^d ou 31^d,02 + 2 octaves. La corde sonore qui fait 6 vibrations pendant que la corde *son fixe* en fait une, donne donc la double octave de la quinte du *son fixe*.

(*) J'ai appelé *son fixe* (§ I, art. 3), la note *ut* de départ de l'échelle (A); il est bon, pour fixer les idées, de donner à cet *ut* une place déterminée sur le clavier, et celle qui me paraît la plus convenable est occupée par l'*ut* de la clef d'*ut*, le 3° du grave à l'aigu dans les forte-piano ordinaires, dont la note la plus grave est *fa*, ou le 4° dans les forte-piano qui descendent à l'*ut* au-dessous de ce *fa*. Il sera question, dans le § V, de la détermination du nombre de vibrations, dans un temps donné, de la corde sonore qui rend le *son fixe*; mais les règles du calcul, exposées dans la présente instruction sont indépendantes de cette détermination.

pareille unité, les 12 intervalles compris entre deux touches d'un forte-piano (que je suppose accordé suivant le *tempérament égal*) à l'octave l'une de l'autre, ne sont plus que des fractions décimales, et, en prenant le 12e d'octave pour unité, ces mêmes intervalles deviennent des nombres entiers, et un forte-piano (accordé comme il est dit ci-dessus) devient, ainsi que je l'ai déjà observé, un *étalon* de mesure *musicale*, sur lequel un intervalle quelconque peut être porté soit entre deux touches déterminées, soit à partir d'une touche *son fixe* jusqu'à l'intervalle séparant deux touches à demi-ton l'une de l'autre. Ce type de mesure est donc plus conforme que l'autre aux habitudes musicales, beaucoup mieux choisi pour mettre en faveur, parmi les musiciens praticiens, le *système métrique musical* que je propose, et, par cette raison, les exemples de calcul, ci-après, sont donnés d'après la table N° 2.

(10) Les nombres de la première colonne des tables (1) et (2) n'y sont compris que depuis 1 jusqu'à 150 ; c'est plus qu'il ne faut pour les calculs auxquels les tables doivent être employées ; je donnerai dans le § (IV), ci-après, les relations entre les logarithmes *acoustiques* et les logarithmes usuels (ceux des tables de Callet, Lalande, etc.), d'après lesquelles, étant donné un nombre quelconque de vibrations, on obtient le logarithme *acoustique* correspondant, et réciproquement ; mais cette extension de moyens de calcul intéresse particulièrement, ou exclusivement, les théoriciens qui liront ce § (IV).

(11) Les tables (1) et (2) étant destinées à transformer les intervalles que représentent les rapports par *quotients* des nombres de vibrations, en rapports, par différences, de nom-

je l'ai déja donné à entendre, être assimilé au mesurage géodésique par lequel on détermine les distances entre les points placés d'une manière quelconque les uns par rapport aux autres, sans avoir besoin de faire entrer en considération les conditions auxquelles leurs positions respectives peuvent être assujetties.

§ II.

Description et usage des tables (1) *et* (2) *de logarithmes acoustiques.*

(9) Il faut maintenant faire connaître les moyens par lesquels le tableau (C), art. 6, a pu être formé d'après les tableaux (A) et (B), art. (3), et expliquer, en général, la composition des tables (1) et (2), ci-après, et leur usage pour déduire les valeurs vraies des intervalles musicaux des rapports entre les nombres de vibrations des cordes sonores correspondant à des durées égales.

Les tables (1) et (2) se composent, chacune de deux colonnes, l'une intitulée *nombres*, l'autre intitulée *logarithmes*. La première indique des nombres synchrones de vibrations, et la seconde donne soit en demi-tons (ou 12e d'octaves) et fractions décimales de demi-tons (c'est le cas de la table (2)), soit en octaves et fractions décimales d'octaves (c'est le cas de la table (1)), les valeurs des intervalles pris dans le sens qui sera expliqué ci-après.

L'octave prise pour unité d'intervalle a l'avantage d'être un type immédiatement donné par la nature, propriété qui peut, dans certains cas, motiver son adoption. Cette considération m'a déterminé à donner la table n° 1. Mais, en employant une

d'autres ouvrages, l'avantage du *système métrique musical* que je propose deviendra bien sensible. Un praticien qui voit l'intervalle *mi, fa*, ou *si, ut*, représenté par $\frac{15}{16}$, sans explication sur l'espèce de quantité à laquelle se rapportent les nombres 15 et 16 (et même dans l'hypothèse où cette explication serait donnée), se trouvera bien plus satisfait de connaître la mesure *vraie* et immédiate (1 demi-ton + $\frac{1}{8}$ de demi-ton de *tempérament égal*) de cet intervalle. S'il a un forte-piano accordé, suivant l'usage, à demi-tons égaux, il saura que les touches *mi, fa*, et *si, ut*, y frappent des sons plus rapprochés d'environ $\frac{1}{8}$ de demi-ton que sur un instrument accordé suivant le système de l'échelle (D); de plus, il reconnaîtra aisément que les dissidences entre les intervalles partiels des deux partitions ont, dans la partition (D), des compensations telles que la somme $2,04 + 1,82 + 1,12 + 2,04 +$ etc., prise entre deux *ut* à l'octave, donne 12 demi-tons, dans cette partition, comme dans la partition égale.

On trouvera, dans les exemples placés à la suite des explications relatives à l'usage des tables (1) et (2), de nouvelles confirmations de tout ce qui précède; mais je ne dois pas oublier, en terminant ce §, de faire observer, ou de rappeler que le système de mesure, ou *système métrique musical*, dont il s'agit ici, est absolument indépendant de tout système de formation d'échelles musicales, d'accords d'instruments, etc. Son unique destination est de fournir des évaluations numériques *vraies*, précises, et adaptées à la nature des quantités soumises au calcul, quel que soit le mode de liaison établi entre ces quantités. Ce *système métrique musical* peut, ainsi que

porte moins l'altération de la tierce que celle de la quinte.

L'échelle diatonique *ut, ré, mi, fa, sol, la, si, ut*, se compose de deux tétracordes disjoints, *ut, ré, mi, fa*, et *sol, la, si, ut;* ces tétracordes sont parfaitement semblables dans l'échelle (C) n° 2, et on peut être curieux de les comparer dans l'échelle (C) n° 1. Cette opération se fera avec la même facilité que les précédentes, en prenant, pour chaque note, la différence entre le nombre de demi-tons qui lui correspond et celui qui correspond à la note précédente; on aura, ainsi,

	1ᵉʳ TÉTRACORDE.				2ᵐᵉ TÉTRACORDE.			
(D)...	ut	ré	mi	fa	sol	la	si	ut
	2ᵈ,04 ;	1ᵈ,82 ;	1ᵈ,12	2ᵈ,04	1ᵈ,82 ;	2ᵈ,04 ;	1ᵈ,12	

Les deux tétracordes ne diffèrent l'un de l'autre que par la disposition des deux premiers intervalles; les notes *ut, ré, mi*, offrent l'ordre $2^d,04$; $1^d,82$, respectivement appelés *ton majeur* et *ton mineur*, et les notes *sol, la, si* offrent l'ordre inverse $1^d,82$; $2^d,04$; le 3ᵉ intervalle $1^d,12$ est le même dans chaque tétracorde; si on haussait le *la* de l'échelle (C) n° 1, de $\frac{22}{100}$ de demi-ton, et qu'on le portât à $9^d,06$ au lieu de $8^d,84$, les deux tétracordes deviendraient parfaitement semblables, la quinte *ré, la* serait juste, mais la tierce *fa, la* se trouverait altérée de $\frac{22}{100}$ de demi-ton.

(8) En comparant le tableau (D) avec celui qui est censé remplir le même objet et qu'on trouve dans le Dictionnaire de Musique de Jean-Jacques Rousseau, au mot *Échelle*, et dans

Appliquant ces mesures aux échelles (C) n°s 1 et 2, et négligeant 5 décimales qui ne sont, ici, qu'un luxe de précision, on verra que les accords parfaits *ut, mi, sol,* et *fa, la, ut',* se trouvent dans le n° 1, sans aucune altération; le premier est immédiatement o; $3^d,86$ et $7^d,02$; le 2e s'obtient en écrivant o au lieu de $4^d,98$, et soustrayant ce nombre de $8^d,84$, et de $12^d,00$, ce qui donne

$$0;\quad 8^d,84 - 4^d,98 = 3^d,86;\quad 12^d,00 - 4^d,98 = 7^d,02.$$

Il n'en est pas de même de l'accord parfait mineur *ré, fa, la,* en soustrayant le nombre *ré* des nombres *fa* et *la*, et écrivant o au lieu de *ré,* on a

$$0;\quad 2^d,94;\quad 6^d,80.$$

La tierce mineure $2^d,94$, et la quinte $6^d,80$, sont chacune trop faibles de $\frac{22}{100}$ de demi-ton; par compensation l'accord parfait mineur *mi, sol, si,* ou

$$0^d;\quad 7^d,02 - 3^d,86 = 3^d,16;\quad 10^d,88 - 3^d,86 = 7^d,02,$$

est parfaitement juste.

Dans l'échelle n° 2, les accords parfaits majeurs et mineurs sont, respectivement,

	$0^d,00$;	$4^d,00$;	$7^d,00$.	et	$0^d,00$;	$3^d,00$;	$7^d,00$
au lieu de	$0\ ,00$;	$3\ ,86$;	$7\ ,02$.	et	$0\ ,00$;	$3\ ,16$;	$7\ ,02$
altération	$0^d,00$;	$+0^d,14$;	$-0^d,02$.	et	$0^d,00$;	$-0^d,16$;	$-0^d,02$

L'altération des quintes est très-faible; celle des tierces est beaucoup plus sensible, et, malheureusement, l'oreille sup-

et *si*, seraient plus bas dans le n° 1 que dans le n° 2, respectivement, de $\frac{14}{100}$, $\frac{16}{100}$ et $\frac{12}{100}$ de demi-ton; les deux instruments ne pourraient pas jouer ensemble sans blesser des oreilles délicates; leurs gammes chromatiques complètes seront bientôt mises en regard.

(7) Un des avantages signalés de la transformation des intervalles représentés par *quotients*, en intervalles *mesurés* par *différences*, est l'extrême facilité que donne cette transformation pour faire l'analyse, l'examen détaillé d'une suite de sons, d'une échelle diatonique, chromatique ou enharmonique, formée d'après un système harmonique quelconque, d'apprécier les plus légères nuances d'altération introduites dans les accords factices, comparés aux accords naturels produits par la résonnance du corps sonore. *Exemple:* cette résonnance du corps sonore donne pour accord parfait majeur les intervalles mesurés en demi-tons,

$$0^d; \quad 3^d,8631371; \quad 7^d,0195500$$

Tierce mineure formant le 2ᵉ intervalle, $\quad 3^d,1564129$

On est assez généralement d'accord de frapper l'accord parfait mineur en inversant l'ordre des tierces comprises entre le son fondamental 0, et sa quinte 7,0195500; et M. le baron Blein dit avoir reconnu que cet ordre de tierce est donné par les harmoniques d'un cylindre métallique suspendu dans le sens de son axe: ainsi les intervalles de l'accord parfait mineur mesurés en demi-tons, sont

$$0^d; \quad 3^d,1564129; \quad 7^d,0195500$$

Tierce majeure formant le 2ᵉ intervalle, $\quad 3^d,8631371$

	ut	ré	mi	fa	sol	la	si	ut
	d.	d.	d.	d.	d.	d.	d.	d.
(C)... N° 1.....	0,00	2,04	3,86	4,98	7,02	8,84	10,88	12,00
N° 2.....	0,00	2,00	4,00	5,00	7,00	9,00	11,00	12,00

Les tableaux (A) et (B), respectivement représentés par (C) n° 1 et (C) n° 2, satisfont, ainsi transformés, à toutes les conditions exigibles, relativement à leurs destinations, en donnant, *à vue*, l'ensemble complet des relations d'*intervalles* qu'on a besoin de connaître, énoncées en quantités parfaitement appréciables par les musiciens. Ainsi on voit (échelle n° 1) que l'intervalle d'*ut* à *ut* ou d'un son à son unisson, est zéro; que de *ré* à *ut*, on a deux demi-tons et $\frac{4}{100}$ de demi-ton; de *mi* à *ut*, 3 demi-tons et $\frac{86}{100}$ de demi-ton; de *fa* à *ut*, 4 demi-tons et $\frac{98}{100}$ de demi-ton, etc.

L'échelle (C) n° 2, n'offre d'après son mode de formation, aucune fraction d'unité dans les intervalles entre les sons qui la composent; mais il est curieux de la comparer avec le n° 1, et de connaître, avec une grande précision, les différences d'intonation entre les touches correspondantes de deux forte-piano dont l'un serait accordé suivant la partition n° 1, et l'autre suivant la partition n° 2, ou le *tempérament égal*, les *ut* étant supposés à l'unisson parfait sur l'un et sur l'autre instrument. On voit que les *ré* et les *sol* seraient plus haut sur le n° 1 que sur le N° 2, mais d'une faible quantité, $\frac{4}{100}$ et $\frac{2}{100}$ de demi-ton; les *fa* ne différeraient aussi que de $\frac{2}{100}$, mais les *mi*, *la*

ports, etc., tels qu'il est nécessaire de les considérer dans les raisonnements sur l'*art musical.*

(6) Ces avantages précieux s'obtiennent avec la plus grande facilité, par l'emploi de l'une ou de l'autre des deux tables logarithmiques qu'on trouve, à la suite de la présente instruction ; pour rendre, par un premier exemple, leur utilité manifeste, je vais déduire, de la table (2), les valeurs des intervalles entre les différents sons des échelles (A) et (B) ci-dessus ; je donnerai ensuite dans le § II, les règles infiniment simples, par lesquelles on trouve ces valeurs.

L'unité de mesure à laquelle cette table (2) se rapporte est le demi-ton du *tempérament égal*, ou la 12e partie de l'intervalle d'octave ; les forte-piano, dans le système d'accord usité maintenant, ont leur échelle chromatique entre deux touches sonnant l'octave l'une de l'autre, formée de la duodécuple répétition de cette unité (*Voyez* la note de l'art. 3) ; mais l'usage que j'en fais ici est absolument indépendant de tout système d'accord des instruments à touche ; je préfère cette unité à telle autre qu'on pourrait lui substituer arbitrairement, par des considérations de commodité de calcul, etc.

Voici les échelles (A) et (B) reproduites en substituant à des rapports de nombres de vibrations des mesures *effectives* d'intervalles, exprimées en demi-tons et 100es de demi-ton (*).

(*) Le signe d., placé au haut du chiffre des unités, signifie *demi-ton*; ex. $2^d, 04$, lisez *deux demi-tons* et $\frac{4}{100}$ de *demi-ton;* $3^d, 86$, lisez *trois demi-tons* et $\frac{86}{100}$ de *demi-ton*, etc.

d'acoustique musicale; ils doivent servir de base à un mode quelconque d'énonciation des intervalles, et il ne s'agit que d'effectuer convenablement leur transformation. Or cette transformation est importante, puisque les expressions $\frac{9}{8}$, $\frac{15}{16}$, etc., $\sqrt[6]{2}$, $\sqrt[3]{2}$ etc., ou d'autres qu'on pourrait prendre pour exemples, ne fournissent pas, ainsi que je l'ai expliqué ci-dessus, les représentations *intuitives* des intervalles *musicaux*, dans l'acception qu'il faut donner au mot *intervalle*, lorsqu'il s'agit de raisonnements applicables aux études relatives à la composition et à l'exécution musicales, aux systèmes d'accord des instruments, etc.; des effets, qui sont du domaine de l'ouïe, s'y trouvent rapportés à des phénomènes de mouvement qui déduits du calcul, échappent même à l'œil, et ne lui sont rendus sensibles et appréciables qu'à l'aide d'appareils scientifiques, tels que la très-ingénieuse *Sirène* de M. le baron Cagniard de la Tour.

(5) On rendra donc un service à l'art musical en soumettant les *intervalles*, considérés sous le point de vue qui convient à cet art, à un mode de mesure analogue à celui qu'on emploie pour évaluer les distances qui séparent des points situés dans l'espace. Il faut, dans l'un et l'autre cas, avoir une quantité *conventionnelle* de même nature que celles dont elle doit constituer *l'unité* ou *terme de comparaison;* et la mesure, tant des *intervalles musicaux* que des distances géométriques, consistera dans la détermination du nombre de fois (nombre qui peut être entier ou fractionnaire) que chaque intervalle ou chaque distance contient l'unité qui la concerne. Ces mesures effectuées donneront, *à vue*, les différences, les rap-

Voici le tableau des notes de cette échelle diatonique à *tempérament égal;* j'ai placé, au-dessous des radicaux, leurs valeurs calculées à la précision des 1000es d'unité; la 2e de ces valeurs a été donnée ci-dessus à la fin de l'art. (2) (Voyez, pour l'intelligence de la notation des radicaux, la note de l'Introduction) (*).

$$ut\ ;\ ré\ ;\ mi\ ;\ fa\ ;\ sol\ ;\ la\ ;\ si\ ;\ ut.$$
$$1\ ;\ \sqrt[6]{2}\ ;\ \sqrt[3]{2}\ ;\ \sqrt[12]{32}\ ;\ \sqrt[12]{128}\ ;\ \sqrt[4]{8}\ ;\ \sqrt[12]{2048}\ ;\ 2.$$
$$1,000;\ 1,122;\ 1,260;\ 1,335;\ 1,498;\ 1,682;\ 1,888\ ;\ 2.$$
$$\ldots(B)$$

Pendant la durée de 1000 vibrations de la corde qui fait entendre le son *ut*, ou *son fixe*, la corde *ré* fait 1122 vibrations; la corde *mi*, 1260; la corde *fa*, 1335, etc.

(4) Ces rapports énoncent, certainement, des phénomènes sonores très-réels, des vérités physiques; leur considération est non seulement utile, mais indispensable dans les théories

---

exactitude, j'ai voulu savoir quel était le système d'accord des forte-piano généralement pratiqué par les plus habiles accordeurs. Un des instruments que j'ai éprouvés était celui de la célèbre pianiste madame de Charnage (précédemment madame de Montgeroult); l'ensemble de mes épreuves m'a convaincu que le *tempérament égal* était aujourd'hui unanimement adopté pour l'accord des instruments à touches; les très-légères anomalies de quelques comparaisons doivent être attribuées ou à des erreurs d'opérations, ou à des variations de tension.

(*) Les nombres affectés de radicaux et correspondants aux notes *ré*, *mi*, *fa*, *sol*, *la*, *si*, sont respectivement équivalents aux nombres fractionnaires $2^{\frac{2}{12}}$, $2^{\frac{4}{12}}$, $2^{\frac{5}{12}}$, $2^{\frac{7}{12}}$, $2^{\frac{9}{12}}$ et $2^{\frac{11}{12}}$.

C'est sous cette forme que les mesures vraies des intervalles sont mises en évidence par les *exposants*, ainsi qu'on le verra dans le § IV.

Ce qui signifie que le temps employé par la corde *ut* à faire 8 vibrations est égal au temps employé par la corde *ré* à en faire 9; que des synchronismes analogues de nombres de vibrations donnent 4 pour 5 entre les cordes *ut* et *mi*, 3 pour 4 entre *ut* et *fa*, 2 pour 3 entre *ut* et *sol*, etc. En général, les dénominateurs et les numérateurs indiquent, respectivement, les nombres de vibrations rapportés au son *ut* de départ, que j'appellerai *son fixe*, et les nombres correspondants de vibrations rapportés aux différents sons que l'on compare avec ce *son fixe*.

Si les musiciens praticiens trouvent cette manière de représenter les sons tout-à-fait étrangère au mode de représentation qui leur paraît le plus naturel, ils seront encore plus déroutés dans le cas d'un système de partition plus simple que le précédent; je veux parler de la formation de l'échelle diatonique par le *tempérament égal*, qui rend les intervalles de tons *ut*, *ré*; *ré*, *mi*; *fa*, *sol*; *sol*, *la*; *la*, *si*; égaux entre eux, et doubles des intervalles de demi-tons *mi*, *fa*; *si*, *ut*. Ce système de tempérament est devenu celui d'après lequel on accorde, généralement, les instruments à touches et ceux qui se pincent, depuis que le luxe, et trop souvent l'abus des modulations, se sont introduits dans les compositions musicales (*).

(*) J'ai imaginé et construit un appareil pour soumettre à l'expérience les phénomènes de la vibration des cordes, soit en faisant varier le poids tendant supporté par une corde de longueur constante, soit en faisant varier la longueur sur une même tension. Mon savant et célèbre confrère à l'Académie des Sciences, M. Biot, m'a emprunté plusieurs fois cet appareil, aux époques de ses leçons de physique au collége de France. Ayant ainsi un moyen de mesurer, par le fait, les intervalles musicaux, avec la plus grande

sons *ut, ut#, ré*, qui, d'après ses habitudes, lui donne, en demi-tons, les différences d'intervalles

0 *demi-ton*, 1 *demi-ton*, 2 *demi-tons*,

est représentée par la série des rapports

$$\frac{1000}{1000}, \frac{1059}{1000}, \frac{1122}{1000},$$

qui sont les valeurs de 1, $\sqrt[12]{2}$ et $\sqrt[6]{2}$ (*).

(3) Voilà l'indication d'une source de difficultés que présentent la lecture et l'étude des ouvrages publiés sur la musique et les règles de la composition musicale. Les auteurs de ces ouvrages ont, généralement, l'usage, lorsqu'ils n'emploient pas la notation spécialement adaptée à l'écriture de la musique (et souvent même en l'employant), de désigner les sons, ou leurs intervalles, par des rapports de nombres de vibrations des cordes sonores rapportées à des temps égaux, nombres que j'appellerai, par abréviation, *nombres synchrones* ; ainsi l'échelle diatonique *ut, ré, mi, fa, sol, la, si, ut*, étant formée d'après un certain mode de génération, dont l'examen est étranger à l'objet de cet écrit, on représente, de la manière suivante, les sons de cette échelle et leurs relations :

$$\left. \begin{array}{l} ut\,;\ ré\,;\ mi\,;\ fa\,;\ sol\,;\ la\,;\ si\,;\ ut. \\ 1\,;\ \tfrac{9}{8}\,;\ \tfrac{5}{4}\,;\ \tfrac{4}{3}\,;\ \tfrac{3}{2}\,;\ \tfrac{5}{3}\,;\ \tfrac{15}{8}\,;\ 2. \end{array} \right\} \ldots (A)$$

―――――

(*) Les deux dernières valeurs, mises sous la forme 1,059 et 1,122, ont la 3ᵉ décimale exacte ; une plus grande approximation donne $\sqrt[12]{2}$ = 1,05946 30944 = la *base* de la table 2 de logarithmes acoustiques.
(*Voyez les dernières lignes de la note de l'Introduction.*)

lieu de maintenir les mesures *de sentiment* perfectionnées par les moyens de précision, de rigueur, qui leur manquent, on les remplace par des *symboles* de mesure, qui non-seulement ne laissent apercevoir aucune analogie, mais semblent même en dissidence avec les quantités mesurées.

Pour donner un exemple propre à mettre en évidence ce que je viens de dire, je supposerai qu'un musicien, simplement exercé à la pratique de son art, entende les sons *ut*, *ut♯*, *ré*, tels que les rend un instrument à clavier, accordé suivant le *tempérament égal;* il reconnaîtra aussitôt, par le seul sentiment de son oreille, que l'intervalle *ut*, *ut♯*, est celui d'un demi-ton, moitié de l'intervalle *ut*, *ré;* l'habitude de distinguer et d'apprécier les nuances chromatiques, acquise par la fréquence de l'audition et par l'exercice de la vocalisation, lui font reconnaître qu'en partant d'*ut* pour arriver à *ut♯*, on ne fait pas plus de chemin qu'en partant d'*ut♯* pour arriver à *ré;* et cette même distance, il saura ou l'apprécier ou l'entonner lui-même, en prenant un ton quelconque pour point de départ.

Maintenant qu'un théoricien vienne lui dire que les sons *ut*, *ut♯*, *ré*, sont représentés par les nombres $1, \sqrt[12]{2}, \sqrt[6]{2}$ (il s'agit ici du *tempérament égal*); ce musicien, ne sachant à quel genre de phénomène se rapportent ces nombres, ignorant qu'il n'est pas question de rapports d'intonation par *différences*, mais de rapports de nombres de vibrations par *quotients*, non-seulement ne comprendra pas le théoricien, mais sera tenté de regarder comme absurde sa représentation des sons, s'il vient à connaître les valeurs numériques des *radicaux* (Voyez la note de l'Introduction), et à savoir que la succession des

ou substitués aux noms des diverses notes des échelles musicales, leur paraissent tout-à-fait incohérents avec les notions usuelles d'intervalles acquises par les exercices de musique vocale et instrumentale. Les opérations de calcul, les compositions de rapports nécessaires pour comparer les intervalles, analyser, discuter les échelles musicales, sont tout-à-fait hors de leurs goûts et souvent hors de leur portée.

J'ajouterai que ces opérations, parfois longues et fastidieuses, surtout pour ceux qui n'ont pas une certaine habitude du calcul, peuvent donner lieu à des erreurs inaperçues, tant par les auteurs que par les lecteurs des traités de musique. Je citerai, pour exemple, le tableau d'échelle enharmonique de la planche L du Dictionnaire de Musique de J.-J. Rousseau, sur lequel se trouve, répétée trois fois, une valeur, ou *représentation* d'intervalle partiel, incompatible avec l'ensemble des autres intervalles. (Je reviendrai sur cette échelle dans le § III.)

(2) A ces inconvénients, signalés par le simple raisonnement, s'en réunit un autre bien grave, celui d'avoir un système de représentation des intervalles absolument en dehors des habitudes musicales acquises par l'organe de l'ouïe; ces habitudes donnent le sentiment de divers intervalles reçus et définis en musique, intervalles susceptibles de nuances désignées par les épithètes *majeur, moyen, mineur, superflu, diminué;* elles sont, à la vérité, insuffisantes pour des appréciations exactes, rigoureuses; mais elles constituent un mode naturel d'évaluation *vraie* des intervalles, évaluation effectuée par des comparaisons de quantités de même espèce; malheureusement on ne tire aucun parti de ces antécédents, et au

INSTRUCTION ÉLÉMENTAIRE

SUR LES MOYENS DE CALCULER

LES INTERVALLES MUSICAUX,

EN PRENANT, POUR UNITÉS OU TERMES DE COMPARAISON, SOIT L'OC-
TAVE, SOIT LE DOUZIÈME D'OCTAVE; ET EN SE SERVANT DE TABLES
QUI RENDENT CE CALCUL EXTRÊMEMENT PROMPT ET FACILE.

FORMULES ANALYTIQUES, POUR CALCULER LE LOGARITHME ACOUSTIQUE D'UN
NOMBRE DONNÉ, ET RÉCIPROQUEMENT; PROGRESSIONS HARMONIQUES, AUTRES
FORMULES RELATIVES A L'ACOUSTIQUE MUSICALE, AVEC DES APPLICATIONS
AUX INSTRUMENTS DE MUSIQUE; DÉTERMINATION DU SON FIXE, ETC.

§ I.

Inconvénients du mode ordinaire de représentation des intervalles musicaux; avantages de celui qui est l'objet de la présente instruction.

(1) J'ai eu de fréquentes occasions de reconnaître combien les étudiants en musique, et en général, les personnes qui veulent connaître la partie théorique de cet art, sont embarrassés, rebutés par le mode de représentation des intervalles musicaux, généralement employés dans les traités d'harmonie. Les nombres ou rapports de nombres qui s'y trouvent accolés

née de l'état actuel de cette théorie et de ses relations avec le système musical (exposition qui exige l'emploi des méthodes d'analyse transcendante) pourra fournir matière à une suite ou seconde partie du présent écrit.

d'intervalle, le demi-ton ou 12e d'octave; ce choix est déterminé par d'autres motifs exposés au § III. Il est cependant bon de faire observer que l'accord des instruments à touches, par *tempérament égal*, paraissant, maintenant, généralement adopté, un forte-piano peut, avec l'emploi d'une pareille unité, être assimilé à une espèce d'*étalon musical*, portant des divisions de nombres entiers; je parlerai, aux § I et III, d'un appareil acoustique que j'ai imaginé et construit, et qui donne les nombres entiers et fractionnaires.

L'intelligence des trois premiers paragraphes de mon Instruction exige simplement, ainsi que j'en ai prévenu, la connaissance des premières règles de l'arithmétique; les IVe et V^e paragraphes sont écrits pour ceux qui possèdent les éléments du calcul algébrique; on y trouve les formules relatives à la construction des tables de logarithmes acoustiques, aux progressions harmoniques, etc.; d'autres formules, déduites de la théorie générale des cordes vibrantes, et appliquées aux divisions des manches d'instruments de musique, à la détermination expérimentale du *son fixe*, aux tuyaux d'orgue à *bouche*, etc.; enfin après avoir, à la fin du § III, donné quelques détails sur la harpe enharmonique du célèbre Sébastien Érard, dont la perte récente afflige vivement les amis des arts, je termine le § V par une mention de son fortepiano à sept octaves, et de son orgue *expressif*, invention admirable, que Grétry signalait comme la découverte de la *pierre* philosophale en musique.

La théorie physico-mathématique du son a fait, depuis la fin du siècle dernier, de grands progrès, dus à des géomètres et des physiciens d'un très-grand mérite; une exposition raison-

caux, étant l'unique but que je me suis proposé d'atteindre dans la rédaction de mes trois premiers paragraphes, on n'y trouvera aucune considération, aucune vue systématique sur la composition des diverses échelles musicales; je me suis borné à mettre en évidence, par de nombreux exemples, l'éminente utilité des *logarithmes acoustiques* pour analyser et discuter une échelle donnée, faire la comparaison de plusieurs échelles, etc. Ainsi ce n'est pas d'après une préférence accordée au *tempérament égal* sur d'autres répartitions des sons de l'octave que j'ai calculé la table 2, en prenant, pour unité

$\sqrt[3]{2}$, $\sqrt[4]{2}$, etc., on peut écrire $2^{\frac{1}{2}}$, $2^{\frac{1}{3}}$, $2^{\frac{1}{4}}$, etc., cette dernière notation étant la synonymie de la précédente.

Si le nombre, placé sous le radical, est élevé à une *puissance*, *l'exposant* de cette puissance remplace le numérateur 1 des exposants fractionnaires $\frac{1}{2}$, $\frac{1}{3}$, $\frac{1}{4}$, etc. Ainsi $\sqrt{2^3}$, $\sqrt[3]{2^5}$, etc., sont représentés par $2^{\frac{3}{2}}$, $2^{\frac{5}{3}}$, etc.

On généralisera tout ce qui vient d'être dit, en substituant au nombre 2, pris pour exemple, un nombre quelconque.

Lorsqu'on a à opérer sur un nombre déterminé, on peut toujours calculer sa *puissance* d'un ordre quelconque, *l'exposant* étant supposé être un nombre entier; il n'en est pas de même du calcul des *racines*, et en général des *puissances* en *exposants fractionnaires*; elles ne peuvent le plus souvent être obtenues que par approximation; il est vrai qu'on a des moyens faciles de pousser une approximation jusqu'à un degré de précision arbitraire; ainsi, par exemple, la *racine* 12e du nombre 2, qui ne peut pas être assignée exactement, a, pour valeur approchée, à moins d'une demi-unité près de la décimale du 15e ordre,

$$\sqrt[12]{2} = 1,05946\ 30943\ 59295,$$

et on pourrait, sans beaucoup de difficulté, pousser l'approximation jusqu'à un ordre quelconque de décimale.

être considérées que comme *symboliques*, mais qui, cependant, énoncent les phénomènes sonores fournissant les données physiques desquelles on conclut les mesures naturelles et *vraies* des intervalles. Les opérations de calcul se réduisent à prendre des nombres dans l'une ou l'autre des tables 1 et 2 placées à la suite de l'instruction, et à opérer, sur ces nombres, par addition et soustraction, d'après les règles exposées au §. 2; le § 3 renferme plusieurs exemples de l'emploi de ces règles.

Cette transformation des nombres *symboliques*, par lesquels on est dans l'usage de représenter les intervalles musi-

---

ou $2 \times 2^4 = 32$; 32 est la 5ᵉ puissance de 2, ce qu'on désigne par la notation $32 = 2^5$, et ainsi de suite.

Les indices 2, 3, 4, 5, etc., placés au haut du chiffre 2, pour désigner sa 2ᵉ puissance 2^2, sa 3ᵉ puissance 2^3, etc., s'appellent des *exposants*.

Le nombre qui, par les multiplications successives dont on vient de parler, produit un autre nombre, qui est sa *puissance* d'un certain ordre, s'appelle la *racine* du nombre produit, *racine* d'un numéro ou d'un ordre, indiqué par l'exposant de la *puissance*; ainsi, dans les exemples précédents, 2 est la *racine* 2ᵉ ou *racine carrée* du nombre 4 (ce nombre 4 étant la *puissance* 2ᵉ ou le *carré* de 2), ce qu'on représente par la notation $2 = \sqrt[2]{4}$; ce même nombre 2 est la *racine cubique* de 8 (8 étant la *puissance* 3ᵉ ou le *cube* de 2), ce qu'on représente par $2 = \sqrt[3]{8}$; il est la *racine* 4ᵉ de 16, c'est-à-dire qu'on peut écrire $2 = \sqrt[4]{16}$; on écrirait pareillement $2 = \sqrt[5]{32}$, et ainsi de suite. On supprime ordinairement le n° 2 du signe $\sqrt{\ }$, lorsqu'il s'agit d'une *racine carrée*; mais c'est le seul cas où cette suppression est admise.

Les signes $\sqrt[2]{\ }$, $\sqrt[3]{\ }$, $\sqrt[4]{\ }$, etc., s'appellent des *radicaux*; on peut les remplacer par des *exposants* fractionnaires, c'est-à-dire qu'au lieu de $\sqrt[2]{2}$,

à transformer en expressions adaptées aux convenances et aux habitudes musicales d'autres expressions, qui ne doivent

---

Le signe $+$ veut dire *plus* ou *ajouté à*; ex. $4+3$, lisez 4 *plus* 3 ou 4 *ajouté à* 3.

Le signe $-$ veut dire *moins* ou *retranché de*; ex. : $12-7$, lisez 12 *moins* 7 ou 7 *retranché de* 12.

Le signe $\times$ (qu'il ne faut pas confondre avec $+$) signifie *multiplié par*; ex. 8×6, lisez 8 *multiplié par* 6.

Lorsque deux nombres sont placés l'un au-dessus de l'autre et séparés par un trait horizontal, comme $\frac{15}{8}$, cette notation indique la division de 15 par 8 ou le nombre de fois que 15 contient 8, ou enfin le rapport *par quotient* de 15 à 8. J'ai supposé que le lecteur connaissait cette notation; mais j'ajouterai, ou je rappellerai, qu'on exprime le même rapport en écrivant $15:8$, au lieu de $\frac{15}{8}$.

Le signe $=$ veut dire *égal à*; ex. $7+2=14-5$, lisez 7 *plus* 2 est *égal à* 14 *moins* 5.

Les signes $>$ et $<$ désignent respectivement *plus grand que*, *plus petit que*; ex. : $100 > \frac{1188}{12}$, lisez 100 *plus grand que* 1188 *divisé par* 12; $100 < \frac{1327}{12}$, lisez 100 *plus petit que* 1327 *divisé par* 12.

Le produit d'un nombre par lui-même donne ce qu'on appelle son *carré*, ou sa 2e *puissance*; le produit d'un nombre par son *carré* ou sa 2e *puissance*, donne son *cube* ou sa 3e *puissance*; le produit d'un nombre par sa 3e *puissance* donne sa 4e *puissance*; le produit d'un nombre par sa 4e *puissance* donne sa 5e *puissance*, et ainsi de suite.

Exemples : $2 \times 2 = 4$; le nombre 4 est la 2e *puissance* ou le *carré* de 2; ce qu'on désigne par la notation $4 = 2^2$; $2 \times 2 \times 2$, ou $2 \times 2^2 = 8$; le nombre 8 est la 3e *puissance* ou le *cube* de 2, ce qu'on désigne par la notation $8 = 2^3$; $2 \times 2 \times 2 \times 2$, ou $2 \times 2^3 = 16$; 16 est la 4e *puissance* de 2, ce qu'on désigne par la notation $16 = 2^4$; $2 \times 2 \times 2 \times 2 \times 2$,

INTRODUCTION.

La méthode et les procédés de calcul formant l'objet de la présente instruction, ont déja été indiqués dans ma *Mécanique analytique* (année 1815), et dans un article que j'ai fourni au *Bulletin des Sciences mathématiques,* dirigé par M. le baron de Férussac (avril 1825). Le premier de ces ouvrages renferme (tome II, page 472 et suiv.) une solution analytique du problème de la corde vibrante, à la suite de laquelle j'ai placé un chapitre fort détaillé sur *l'acoustique musicale,* dont une petite partie est reproduite dans le Bulletin Férussac. J'y insiste sur la nécessité d'appliquer au calcul des intervalles musicaux des procédés analogues à la nature des quantités soumises au calcul, et réunissant, à la simplicité et à la commodité des opérations, toute l'exactitude désirable; ces procédés peuvent aisément être employés par les personnes qui possèdent les éléments de l'arithmétique (1) et leur servir

---

(1) Supposant à mes lecteurs la connaissance des quatre premières règles de l'arithmétique appliquées aux nombres entiers, et au moins l'intelligence de la notation des fractions ordinaires et des fractions décimales, je me bornerai à donner l'interprétation de quelques signes qui abrégent l'écriture. Ces signes se rapportent à des opérations de calcul : mais il n'est pas nécessaire, pour se mettre en état de lire la présente instruction, de savoir faire ces opérations; il suffit seulement de comprendre le système de notation qui les indique.

INSTRUCTION ÉLÉMENTAIRE

SUR LES MOYENS DE CALCULER

LES INTERVALLES MUSICAUX,

EN PRENANT, POUR UNITÉS OU TERMES DE COMPARAISON, SOIT L'OCTAVE, SOIT LE DOUZIÈME D'OCTAVE, ET EN SE SERVANT DE TABLES QUI RENDENT CE CALCUL EXTRÊMEMENT PROMPT ET FACILE.

FORMULES ANALYTIQUES, POUR CALCULER LE LOGARITHME ACOUSTIQUE D'UN NOMBRE DONNÉ, ET RÉCIPROQUEMENT; PROGRESSIONS HARMONIQUES; AUTRES FORMULES RELATIVES A L'ACOUSTIQUE MUSICALE, AVEC DES APPLICATIONS AUX INSTRUMENTS DE MUSIQUE; DÉTERMINATION DU SON FIXE, ETC.

Par M. le Bon de PRONY,

MEMBRE DE L'INSTITUT ROYAL DE FRANCE (ACADÉMIE DES SCIENCES).

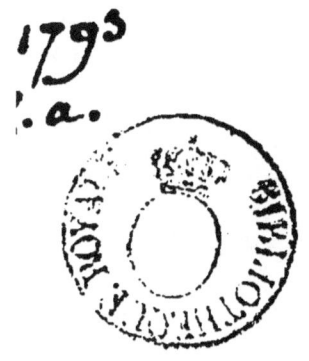

DE L'IMPRIMERIE DE FIRMIN DIDOT FRÈRES,
IMPRIMEURS DE L'INSTITUT, RUE JACOB, N° 24.

1832.

INSTRUCTION ÉLÉMENTAIRE

SUR LE CALCUL

DES INTERVALLES MUSICAUX.